# 終末期医療と刑法

Terminal Care and Criminal Law

## 甲斐克則
Katsunori Kai

医事刑法研究第7巻
Medicine and Criminal Law Vol.7

成文堂

はしがき　i

# はしがき

　本書『終末期医療と刑法』は，先に刊行した終末期医療に関する『安楽死と刑法〔医事刑法研究第1巻〕』(成文堂・2003年) および『尊厳死と刑法〔医事刑法研究第2巻〕』(成文堂・2004年) 以後に公表した論文をまとめた書であり，私の医事刑法研究シリーズの第7巻である。前記2書は，研究書でありながらも幅広く読まれ，増刷を何度か重ねた。その後，日本でも終末期医療に関する議論が深まったこともあり，機会あるごとに論文を書き続けたが，一般に入手しやすいとはかぎらない雑誌や書籍に書いた論文もあり，講演回数も相当数になったこともあり，そろそろ1書にまとめてほしいという要望も各方面からあった。そこで，この度，章により内容的に重複がある点を自覚しつつ，『終末期医療と刑法』という書名で公刊することにした。前記2書が，あくまでも法的 (特に刑法的) 観点から書かれたものであるのに対して，本書は，その後，臨床現場で終末期医療に携わっている方々や臨床倫理の研究および実践に携わっている方々との共同研究の成果，さらにはドイツ，イギリス，オランダ等での現地調査や比較法的分析の成果を盛り込み，さらに理論を展開し，幅を広げたところに特徴がある。前著の2冊と合わせて，私の終末期医療と (刑) 法に関する研究書の3部作といってよいであろう。以下，「はしがき」を楽しみにしている読者のために，各章の元になった論文の背景とポイントについて述べておきたい。

　序章「安楽死・尊厳死をめぐる法と倫理」は，2006年6月1日に神戸ポートピアホテルで開催された第53回日本麻酔科学会学術集会のシンポジウム「尊厳死と安楽死」における招待講演で講演した「尊厳死・安楽死をめぐる法と倫理」を麻酔55巻 (増刊・2006年) に掲載し，一部改題したものである。安楽死と尊厳死の法的・倫理的問題点と考え方を医療関係者向けにわかりやす

ii　はしがき

く論じたものであり，当時の状況を概括的に論じているので，本書の序章に
ふさわしいと考え，序章に配した。当日は，哲学・生命倫理の専門家である
霜田求教授（当時は大阪大学大学院医学系研究科，現在は京都女子大学現代社会学部）
や緩和ケアの専門家である月山淑准教授（和歌山県立医科大学）らと有益な議論
ができた。また，当時，心療・緩和医療の専門家である東京医科歯科大学の
松島英介教授を中心とする医学関係者や医療実務家らと 4 年間ほど共同研究
を行い，調査も実施したことをはじめとし，日本麻酔科学会，日本救急医学
会，日本集中治療医学会等の関係者と随分と議論や意見交換をして，法理論
と医療実務の調和に苦心していたが，今となっては，それらの積み重ねが研
究の進展に役立ったと思う。

第 1 章「終末期医療・尊厳死と医師の刑事責任——川崎協同病院事件第 1
審判決に寄せて」は，ジュリスト 1293 号（2005 年）に掲載した論文であり，本
書の中では最も古い論文である。副題が示すように，川崎協同病院事件第 1
審判決が出された直後に論評を兼ねて終末期医療，特に尊厳死と医師の刑事
責任について，当時ジュリストの編集部にいた田中朋子さんの熱心な勧めで
執筆した。この事件を担当された広瀬健二裁判長（当時）からも貴重なご意見
を伺う機会があったが，「終末期医療における患者の自己決定権の尊重は，自
殺や死ぬ権利を認めるというものではなく，あくまでも人間の尊厳，幸福追
求権の発露として，各人が人間存在としての自己の生き方，生き様を自分で
決め，それを実行していくことを貫徹し，全うする結果，最後の生き方，す
なわち死の迎え方を自分で決めることができるということのいわば反射的な
ものである。」という趣旨の判決文から，私見に近いものを感じた。その後，
広瀬裁判長は，立教大学法科大学院教授に転じられたのを機に，私も，立教
大学法科大学院で「医療と法」を数年間教える機会を得たのは，奇縁という
ほかない。また，丁度，上記の松島英介教授たちとの共同研究の成果として，
本論文で，試案ながら人工延命措置の差控え・中止に関するガイドライン案
を公表した。厚生労働省の「終末期医療の決定プロセスに関するガイドライン」
（2007 年）が出る前であったが，このガイドラインも私案に近いものがあった。

第 2 章「尊厳死問題における患者の自己決定のアポリア——河見誠教授の批判に答える——」は,『法の理論』24 号 (成文堂・2005 年) に掲載した論文である。この論文は, 若き有能な法哲学者河見誠助教授 (当時) が, 同誌に「人間の尊厳と死の管理化——甲斐克則『尊厳死と刑法』を読んで——」と題して, 拙著『尊厳死と刑法』(前出) を正面から取り上げて本質に迫る検討と批判を展開して下さったのを, 同時に私が同誌でその批判に答えるという形で論じたものである (河見誠助教授を河見誠教授と変更したことによる副題一部改題)。この企画は, 実にスリリングで刺激的であったと同時に, 前著『尊厳死と刑法』で展開した自説を, 議論の本質にまで遡って見つめ直す実に良い機会となった。2 人とも, 目指すところは同じでも, アプローチが異なることが確認できたのは, その後の研究に大きなプラスになった。また, その後, 河見教授は,『自然法論の必要性と可能性——新自然法論による客観的実質的価値提示——』(成文堂・2009 年) という本格的な研究書を公刊されたが, 奇しくも, その書で河見教授が博士学位を申請された際, 私も審査委員の 1 人として審査に加わるという光栄に浴した。河見教授のさらなる飛躍を心より祈念したい。

　以上の 3 つの章は, いわば, 前 2 書と本書を繋ぐ役割を果たす内容となっている。


　以下の章は, 国内外の新たな動向をフォローし, 分析・検討を加えた内容となっている。第 3 章「ドイツにおける終末期医療をめぐる法的・倫理的論議の最近の動向」は, 年報医事法学 22 号 (日本評論社・2007 年) に掲載したものであり, 主として前著『尊厳死と刑法』公刊以降の 21 世紀初頭のドイツにおける終末期医療と法をめぐる動向をフォローしたものである。本章により, ドイツでも, 苦悩しながら終末期医療をめぐる議論が理論的にも実践的にも続いたことが理解されるであろう。第 4 章「終末期医療と尊厳死——日本刑法学会ワークショップから——」は, 2007 年 5 月 26 日に名城大学で開催された第 85 回日本刑法学会大会のワークショップ「終末期医療と尊厳死」の記

録であり，刑法雑誌 47 巻 2 号（有斐閣・2008 年）に掲載した論稿に副題を付加したものである。私がオーガナイザーを務めて日本の状況を説明し，武藤眞朗教授（東洋大学）にドイツの状況を，そして東雪見教授（成蹊大学）にフランスの状況をそれぞれ報告していただいたが，その後の議論がかなり白熱したのを思い出す。本章により，当時の日本刑法学会の議論状況が理解できるであろう。

第 5 章「終末期医療における病者の自己決定の意義と法的限界」は，飯田亘之＝甲斐克則編『生命倫理コロッキウム④　終末期医療と生命倫理』（太陽出版・2008 年）に寄せた論文であり，本書の序章から次章の第 6 章までの内容を盛り込んだ包括的な内容になっている。したがって，読者は，本章を読めば，本書の前半の内容および私自身の考えを十分に理解することができるであろう。この本は，哲学者の飯田亘之先生（千葉大学名誉教授）と一緒に，生命倫理関係者向けに編集したものであるが，編集作業当初，医事法のパイオニアである唄孝一先生（故人）にもご相談に乗っていただき，明治大学の近くにある「山の上ホテル」で飯田先生と 3 人で頭をひねって企画を練ったことが懐かしく思い出される。その後も 2 人で苦心して編集作業を進めたが，幸いにも，この本は，相当に読まれ，増刷された。しかし，今では入手困難ということであり，飯田先生と唄先生に感謝の意を込めて，本書に収めた。

第 6 章「自殺幇助と患者の『死ぬ権利』：難病患者の『死ぬ権利』を否定した事例——プリティ判決（Pretty v. the United Kingdom, 29 April 2002, Reports 2002—Ⅲ）——」は，戸波江二ほか編『ヨーロッパ人権裁判所の判例』（信山社・2008 年）に掲載した論稿である。刑法的観点ではなく，ヨーロッパ人権条約に規定する「権利」に「死ぬ権利」は含まれるか否か，が争われた事案を分析・検討することは，比較法の視野を広げるという意味で，今までにない貴重な体験であった。なお，これが契機で，その後，2014 年 3 月 21 日にフランスのストラスブールにあるヨーロッパ人権裁判所を訪問することになる。同裁判所では，ドイツ出身のアンゲーリカ・ヌスベルガー（Angelika Nussberger）判事にその後の判例の展開についてご教示賜わったことに対して，謝意を表したい。

第7章「終末期医療のルール化と法的課題」は，2008年11月16に自治医科大学で開催された第38回日本医事法学会大会シンポジウム「終末期医療のルール化」において報告したものを論文にして，『年報医事法学』24号（日本評論社・2009年）に掲載したものである。私は，この企画の責任者であったことから，準備段階から，シンポジストの方々と様々な意見交換をした。シンポジウム当日は，終末期医療のルール化をめぐり，大竹輝臣氏（当時・厚生労働省医政局総務課課長補佐），かつて共同研究をしたことがある心療・緩和医療の専門家の松島英介教授（東京医科歯科大学），日本救急医学会のガイドラインをまとめられた救急医の有賀徹教授（当時・昭和大学），シンポジウムの共同企画責任者であった臨床医の塚本泰司教授（当時・川崎医療福祉大学），生命倫理に造詣の深い秋葉悦子教授（富山大学）らの内容ある報告をめぐり，ガイドライン方式か立法化か，さらには，家族はいかなる役割を果たすか，という点も含めて，質疑応答も活発になされたのを思い出す。日本でも，終末期医療に関する議論が，かなりオープンになったことを実感したシンポジウムであった。

　第8章「ドイツにおける延命治療中止に関するBGH無罪判決——プッツ事件——」は，年報医事法学26号（日本評論社・2011年）に掲載した論稿に副題を付加したものである。ドイツでは，2009年の世話法第3次改正に伴い，民法を改正して「患者の事前指示（Patientenverfügung）」の尊重が謳われていたが，その直後に起きたプッツ弁護士事件は，世話人と弁護士による人工栄養補給チューブの切断に伴う刑事責任の有無が争われた衝撃的事件であった。そして，2010年の連邦通常裁判所判決は，作為か不作為かに固執せず，「治療中止」という独自の範疇でこの問題を処理して無罪判決を下した。私は，その前後に，何度かフライブルクにあるマックス・プランク外国・国際刑法研究所にアルビン・エーザー（Albin Eser）博士とハンス-ゲオルク・コッホ（Hans-Georg Koch）博士を訪ねていたので，大体の動向は把握していたが，判決文については，当時同研究所の助手をしていた門下生の新谷一朗君（現・海上保安大学校准教授）から急ぎ送ってもらって読み，本章の元になる原稿を書いた。エーザー博士とコッホ博士には，その後，同判決の詳細な分析について

vi　はしがき

お聞きすることがあった点について，両博士にこの場をお借りして謝意を表したい。

　第9章「終末期医療と臨床倫理」は，医学雑誌「ICUとCCU」Vol. 36, No. 9（医学図書出版・2012年）に掲載した論文である。本章は，主として，人工延命措置の「差控え」と「中止」の区別を過剰に意識する日本の臨床現場とそれを支える古い刑法理論，すなわち，最初からの差控えは不作為だから許容されるが，1度開始した人工延命措置を中止する行為は作為だから殺人罪になる，という奇妙な形式的論理に反省を求めるべく書かれたものである。本書の元になる内容は，日本集中治療医学会研修会等で講演したものをベースにしており，臨床倫理に関わる専門家や医療関係者にも分かるように記述しているので，それらの方々にも参照していただければ幸いである。

　第10章「ベネルクス3国の安楽死法の比較検討」は，「比較法学」46巻3号（早稲田大学・2013年）に掲載した論文である。この論文は，本文でも記述しているとおり，盛永審一郎教授（富山大学：現・名誉教授）が中心となってファイザー・ヘルスリサーチ財団から国際共同研究として採択された資金を利用して，飯田亘之教授，本田まり准教授（芝浦工業大学），小林真紀准教授（愛知大学・現教授）らとオランダ，ベルギー，およびルクセンブルクの安楽死法制の運用を調査したが，オランダのエラスムス大学メディカルセンターのアグネス・ヴァン・デル・ハイデ（Agnes van der Heide）准教授，ベルギーのブリュッセルリュック大学医学部のリュック・デリエンス（Luc Deliens）教授，ルクセンブルクのルクセンブルク大学法学部のシュテファン・ブラウム（Stefan Braum）教授をお招きして，2012年3月27日に京都大学文学部で，そして3月28日には早稲田大学比較法研究所主催で公開シンポジウムを開催し，各国の安楽死制度とその運用について報告し，意見交換を行った。その記録は，甲斐克則編訳『海外の安楽死・自殺幇助と法』（慶応義塾出版会・2015年）に収めているので，参照していただきたい。また，2012年8月12日から24日にかけて，盛永教授とオランダとベルギーに調査に出かけ，ハイデ准教授とデリエンス教授を訪問し，その後判明した調査結果を伺ったことが懐かしく思い

はしがき vii

出される。後半には，それぞれ別行動で調査を続け，私は，旧知の友人であるナイメーヘン大学のペーター・タック（Peter J. P. Tak）名誉教授を訪ね，自宅で昼食のみならず夕食までいただきながら，広い庭で 8 時間ほど，旧知の法医学者ウィルマ・ダウスト（Wilma Duijst）博士らを含めて，オランダの安楽死の現状と課題について意見交換をした。実に楽しい贅沢な時間であった。なお，**第 11 章「オランダの安楽死の現状と課題」**は，哲学関係の専門誌である「理想」692 号（理想社・2014 年）に掲載したものであるが，オランダに焦点を絞り，第 10 章のオランダの部分をコンパクトにまとめた内容であり，オランダだけに関心がある読者は，この章だけ読めば，ポイントがわかるであろう。

第 12 章「イギリスにおける人工延命措置の差控え・中止（尊厳死）論議」は，甲斐克則編『医事法講座第 4 巻　終末期医療と医事法』（信山社・2013 年）に寄せた論文である。イギリスの終末期医療には，前書以来，ずっと関心を抱いていたが，1993 年のトニー・ブラウン事件判決以後の動向を調査すべく，2010 年 8 月 16 日にオックスフォード大学に調査に行き，生命倫理センター（Bioethics Centre）所長のデイビッド・ジョーンズ（David A Jones）教授と法学部のジョナサン・ヘリング（Jonathan Herring）専任講師（現・教授）とお会いして，近時の終末期医療に関するイギリスの状況について詳細に情報を提供していただいた。本章の後半は，その際に収集した情報を元にしてまとめたものである。柔軟でかつ厳然とこの種の問題に取り組むイギリスの姿勢に感銘したことであった。この調査で，特に，「最善の利益」に関して，さらなる関心を持つことができた。

第 13 章，第 14 章，および終章は，全体の結論といってもよい内容になっている。**第 13 章「PEG 施行についての患者の事前指示と家族の希望が異なる場合どうするか――法律家の立場から――」**は，医学専門誌である「消化器の臨床」Vo. 17　No. 3（ヴァンメディカル・2014 年）に掲載した論稿であり，臨床現場から提起された問題に答えたものである。改めて，臨床現場でのジレ

ンマに苦しむ関係者の問題提起に，法律家は答える義務がある，と考える次第である。

第 14 章「人工延命措置の差控え・中止 (尊厳死) 問題の「解決」モデル」は，井田良ほか編『川端博先生古稀記念論文集 [上巻]』(成文堂・2014 年) に寄稿したものであり，これまでの研究を元にして，アメリカ，日本，およびドイツの状況を，若干の最新動向を加味しつつ，人工延命措置の差控え・中止 (尊厳死) 問題の「解決」モデルを呈示しようとしたものである。要するに，延命拒否権を尊重する「自己決定モデル」を中心としつつ，「最善の利益モデル」と「治療義務限界モデル」を補完的に採用すべきである，という結論を導いている。倫理学の専門家である宮坂道夫教授 (新潟大学) を中心とする研究班での共同研究の成果も，ここに反映されている。宮坂教授にも，この場をお借りして謝意を表したい。

終章「終末期の意思決定と自殺幇助——各国の動向分析——」は，井田良ほか編『浅田和茂先生古稀祝賀論文集 [上巻]』(成文堂・2016 年) に寄稿したものであり，終末期の意思決定と自殺幇助に関するベネルクス 3 国 (特にオランダ)，アメリカ，イギリス，ドイツの最新の動向を分析した内容になっている。特にドイツの動向については，盛永教授らとの共同研究の一環としてアルビン・エーザー博士 (前出) をお招きして講演をしていただき，最新情報を知ることができた。盛永教授にも，ベネルクス 3 国の調査も含めてお世話になった点について，この場をお借りして謝意を表したい。各国で揺れ動くこの問題は，絶えずフォローしておく必要性を痛感する。なお，海外の動向の詳細については，先に挙げた甲斐編訳『海外の安楽死・自殺幇助と法』において，各国の専門家の報告を翻訳しているので，併せて参照されたい。

　以上のような内容の本書は，今読み返すと，重複している点や不十分な点も多々あることに気付くが，法科大学院長の職にある身としては，1 書にまとめるには時間的にこれが限界である。ということは，終末期医療に関する研究がまだ完成していないということであり，頭の中では，なおロンドが続

いている。いずれ，第4部作が出るかもしれない。本書が，これまでの本シリーズと同様，広く読まれることを期待したい。

　冒頭でもやや触れたが，本書の内容は，国内外を問わず，刑法学の分野のみならず，哲学・倫理学，生命倫理学，臨床医をはじめとする医療現場の多様な専門職の方々との共同研究の成果である。また，様々な学会や大学等での30回を超える講演も，研究の継続に大きなエネルギーとなった。これまで関係していただいた方々に感謝申し上げたい。さらに特筆すべきは，2015年8月7日にポルトガルのコインブラで開催された第21回世界医事法会議（21th World Congress on Medical Law（WCML），in Coimbra, Portugal）の全体セッションにおいて，「End of Life Decision in Japan」と題する講演をすることができたことは，名誉なことであった。また，2015年に，尊敬すべきアルビン・エーザー博士の80歳祝賀論集（B. Burkhardt, H-G. Koch, W. Gropp, O. Lagodny, M. Spaniol, S. Walther, A. Künschner, J. Arnord, und W. Perron (Hrsg.), Scripta amicitae. Freundschaft für Albin Eser zum 80. Geburtstag am 26. Januar 2015, BWV・BERLINER WISSEN-SCHATS-VERLAG, SS. 37-52）において「End of Life Decision-Making and Criminal Law in Japan」と題する論文を寄稿することができたことも，実に喜ばしいことであった。研究成果の海外発信の重要性を痛感する昨今である。エーザー博士は，1985年の3月にお会いして以来，30年余りの長い間，若輩の私を友人として遇してくださり，終末期医療をはじめとする医事刑法に関するドイツの新たな情報と知的刺激をいつも提供してくださった。また，その門下であるハンス−ゲオルク・コッホ博士も，同様に，フライブルクのマックス・プランク外国・国際刑法研究所を訪問するたびに，エーザー博士と共に私のために時間を割いて下さり，貴重なご教示を賜った。さらに，ペーター・タック教授も，1995年の3月にはじめてお会いして以来，20年以上にわたり，学術的親交を結んできた。安楽死をはじめとするオランダの医事刑法に関する情報は，私にとり，実にありがたいことであった。以上の次第で，本書を，謹んでアルビン・エーザー博士，ハンス−ゲオルク・コッホ博士，そしてペーター・タック教授に献呈したい。

x　　はしがき

　最後になるが，本書の刊行に際しては，いつもながら，成文堂の阿部成一社長のご支援を賜った。特に今回は，夏休みに初校を集中して行うため，成文堂の熱海の別荘を利用させていただき，温泉に浸かりながら疲れを癒しつつ仕事ができたことに心より感謝申し上げたい。また，編集部の篠崎雄彦氏には，本書においても細やかなご支援をいただいた。記して御礼申し上げたい。


　2017 年 9 月 18 日
　　　　　広島カープがセリーグ連覇,8 度目の優勝を飾った日に南京にて
　　　　　　　　　　　　　　　　　　　　　　甲　斐　克　則

（初出一覧）

序　章　安楽死・尊厳死をめぐる法と倫理（一部改題）

初出題目：尊厳死・安楽死をめぐる法と倫理

麻酔 55 巻（増刊）（2006 年）

第 1 章　終末期医療・尊厳死と医師の刑事責任――川崎協同病院事件第 1 審判決に寄せて

ジュリスト 1293 号（有斐閣・2005 年）

第 2 章　尊厳死問題における患者の自己決定のアポリア――河見誠教授の批判に答える――（副題一部改題）

初出題目：尊厳死問題における患者の自己決定のアポリア――河見誠助教授の批判に答える――

法の理論 24 号（成文堂・2005 年）

第 3 章　ドイツにおける終末期医療をめぐる法的・倫理的論議の最近の動向

年報医事法学 22 号（日本評論社・2007 年）

第 4 章　終末期医療と尊厳死――日本刑法学会ワークショップから――（副題付加）

初出題目：終末期医療と尊厳死

刑法雑誌 47 巻 2 号（有斐閣・2008 年）

第 5 章　終末期医療における病者の自己決定の意義と法的限界

飯田亘之＝甲斐克則編『終末期医療と生命倫理』（太陽出版・2008 年）

第 6 章　自殺幇助と患者の「死ぬ権利」：難病患者の「死ぬ権利」を否定した事例――プリティ判決（Pretty v. the United Kingdom, 29 April 2002, Reports 2002―Ⅲ）――

戸波江二ほか編『ヨーロッパ人権裁判所の判例』（信山社・2008 年）

第 7 章　終末期医療のルール化と法的課題

年報医事法学 24 号（日本評論社・2009 年）

第 8 章　ドイツにおける延命治療中止に関する BGH 無罪判決――プッツ事件――（副題付加）

初出題目：ドイツにおける延命治療中止に関する BGII 無罪判決

年報医事法学 26 号（日本評論社・2011 年）

第 9 章　終末期医療と臨床倫理

ICU と CCU Vol. 36, No. 9（医学図書出版・2012 年）

第10章　ベネルクス 3 国の安楽死法の比較検討

比較法学 46 巻 3 号（早稲田大学・2013 年）

xii　初出一覧

第11章　オランダの安楽死の現状と課題

理想 692 号（理想社・2014 年）

第12章　イギリスにおける人工延命措置の差控え・中止（尊厳死）論議

甲斐克則編『医事法講座第 4 巻　終末期医療と医事法』（信山社・2013 年）

第13章　PEG 施行について患者の事前指示と家族の希望が異なる場合どうする

か――法律家の立場から――

消化器の臨床　Vo. 17 No. 3（ヴァンメディカル・2014 年）

第14章　人工延命措置の差控え・中止（尊厳死）問題の「解決」モデル

井田良ほか編『川端博先生古稀記念論文集［上巻］』（成文堂・2014 年）

終　章　終末期の意思決定と自殺幇助――各国の動向分析――

井田良ほか編『浅田和茂先生古稀祝賀論文集［上巻］』（成文堂・2016 年）

目　　次　xiii

# 目　　次

はしがき

## 序章　安楽死・尊厳死をめぐる法と倫理 ………………………………… 1

1　序 ……………………………………………………………………… 1
2　安楽死をめぐる法と倫理 …………………………………………… 2
3　尊厳死をめぐる法と倫理 …………………………………………… 4
4　終末期医療（特に尊厳死）のガイドラインの枠組み呈示 ……… 9
5　結　語 ………………………………………………………………… 11

## 第1章　終末期医療・尊厳死と医師の刑事責任
### ——川崎協同病院事件第1審判決に寄せて—— ……………… 15

1　序 ……………………………………………………………………… 15
2　川崎協同病院事件の事実の概要 …………………………………… 17
3　川崎協同病院事件第1審判決の要旨 ……………………………… 18
4　終末期医療・尊厳死と医師の刑事責任
　　——第1審判決の検討と位置づけ—— …………………………… 22
5　厚生労働省「報告書」の分析と尊厳死問題ガイドライン要綱私案 … 30
6　結　語 ………………………………………………………………… 32

## 第2章　尊厳死問題における患者の自己決定のアポリア
### ——河見誠教授の批判に答える—— ……………………… 35

1　序 ……………………………………………………………………… 35
2　尊厳死問題における患者の自己決定のアポリア ………………… 36
3　「物語としての生と身体」論の意義と問題性 …………………… 41
4　結　語 ………………………………………………………………… 45

xiv 目　次

**第3章** ドイツにおける終末期医療をめぐる法的・倫理的論議の
　　　　最近の動向 ………………………………………………………*49*

　1　はじめに………………………………………………………………*49*
　2　ドイツにおける議論の動向………………………………………*49*
　3　おわりに………………………………………………………………*55*

**第4章** 終末期医療と尊厳死
　　　　――日本刑法学会ワークショップから―― ……………………*57*

**第5章** 終末期医療における病者の自己決定の意義と法的限界…*63*

　1　序………………………………………………………………………*63*
　2　安楽死と病者の自己決定…………………………………………*65*
　3　自殺幇助と病者の「死ぬ権利」
　　　――ダイアン・プリティ事件を素材に―― ……………………*74*
　4　尊厳死と病者の自己決定…………………………………………*80*
　5　結　語…………………………………………………………………*102*

**第6章** 自殺幇助と患者の「死ぬ権利」：
　　　　難病患者の「死ぬ権利」を否定した事例――プリティ判決
　　　　(Pretty v. the United Kingdom, 29 April 2002, Reports 2002―Ⅲ)―― ……*113*

　1　事　実…………………………………………………………………*113*
　2　判　旨…………………………………………………………………*115*
　3　解　説…………………………………………………………………*118*

目　次　xv

**第7章** 終末期医療のルール化と法的課題‥‥‥‥‥‥‥‥‥‥ *123*

　1　序‥‥‥‥‥‥‥‥‥‥‥‥‥‥‥‥‥‥‥‥‥‥‥‥‥‥‥‥‥‥ *123*
　2　終末期医療の「ルール化」の意味・意義と問題点‥‥‥‥‥‥ *124*
　3　ルール化の内容と法的根拠‥‥‥‥‥‥‥‥‥‥‥‥‥‥‥‥ *126*
　4　結　語――今後の課題――‥‥‥‥‥‥‥‥‥‥‥‥‥‥‥‥ *129*

**第8章** ドイツにおける延命治療中止に関する BGH 無罪判決
　　　――プッツ事件――‥‥‥‥‥‥‥‥‥‥‥‥‥‥‥‥‥‥ *133*

　1　はじめに‥‥‥‥‥‥‥‥‥‥‥‥‥‥‥‥‥‥‥‥‥‥‥‥ *133*
　2　事実の概要‥‥‥‥‥‥‥‥‥‥‥‥‥‥‥‥‥‥‥‥‥‥‥ *133*
　3　判　旨‥‥‥‥‥‥‥‥‥‥‥‥‥‥‥‥‥‥‥‥‥‥‥‥‥‥ *135*
　4　若干の論評‥‥‥‥‥‥‥‥‥‥‥‥‥‥‥‥‥‥‥‥‥‥‥ *139*

**第9章** 終末期医療と臨床倫理‥‥‥‥‥‥‥‥‥‥‥‥‥‥‥‥ *141*

　1　はじめに‥‥‥‥‥‥‥‥‥‥‥‥‥‥‥‥‥‥‥‥‥‥‥‥ *141*
　2　日本における近年の問題状況‥‥‥‥‥‥‥‥‥‥‥‥‥‥‥ *142*
　3　司法の動向‥‥‥‥‥‥‥‥‥‥‥‥‥‥‥‥‥‥‥‥‥‥‥ *143*
　4　人工延命措置の差控え・中止（尊厳死）をめぐる法理と倫理‥‥‥ *148*
　5　おわりに‥‥‥‥‥‥‥‥‥‥‥‥‥‥‥‥‥‥‥‥‥‥‥‥ *154*

**第10章** ベネルクス3国の安楽死法の比較検討‥‥‥‥‥‥‥‥‥ *157*

　1　序‥‥‥‥‥‥‥‥‥‥‥‥‥‥‥‥‥‥‥‥‥‥‥‥‥‥‥‥ *157*
　2　オランダにおける安楽死の法制度とその運用の実態‥‥‥‥‥ *159*
　3　ベルギーにおける安楽死の法制度とその運用の実態‥‥‥‥‥ *176*
　4　ルクセンブルクにおける安楽死の法制度‥‥‥‥‥‥‥‥‥‥ *178*
　5　結　語‥‥‥‥‥‥‥‥‥‥‥‥‥‥‥‥‥‥‥‥‥‥‥‥‥‥ *182*

xvi 目 次

**第11章** オランダの安楽死の現状と課題‥‥‥‥‥‥‥‥‥‥‥‥‥‥ *187*

　1　序‥‥‥‥‥‥‥‥‥‥‥‥‥‥‥‥‥‥‥‥‥‥‥‥‥‥‥‥‥‥‥‥ *187*
　2　オランダの安楽死等審査法の基本要件と手続‥‥‥‥‥‥‥‥ *188*
　3　安楽死等審査法施行後の動向‥‥‥‥‥‥‥‥‥‥‥‥‥‥‥‥ *191*
　4　緩和ケア・緩和的鎮静と安楽死‥‥‥‥‥‥‥‥‥‥‥‥‥‥‥ *194*
　5　結　語‥‥‥‥‥‥‥‥‥‥‥‥‥‥‥‥‥‥‥‥‥‥‥‥‥‥‥ *197*

**第12章** イギリスにおける人工延命措置の差控え・中止（尊厳死）
　　　　　論議‥‥‥‥‥‥‥‥‥‥‥‥‥‥‥‥‥‥‥‥‥‥‥‥‥‥ *201*

　1　序‥‥‥‥‥‥‥‥‥‥‥‥‥‥‥‥‥‥‥‥‥‥‥‥‥‥‥‥‥‥ *201*
　2　イギリスにおける判例の動向
　　　──トニー・ブランド事件判決の射程──‥‥‥‥‥‥‥‥‥ *202*
　3　イギリスにおける終末期医療の意思決定のルール作り‥‥‥‥ *207*
　4　結　語‥‥‥‥‥‥‥‥‥‥‥‥‥‥‥‥‥‥‥‥‥‥‥‥‥‥‥ *214*

**第13章** PEG施行について患者の事前指示と家族の希望が異なる
　　　　　場合どうするか──法律家の立場から──‥‥‥‥‥‥‥ *219*

　1　はじめに‥‥‥‥‥‥‥‥‥‥‥‥‥‥‥‥‥‥‥‥‥‥‥‥‥‥ *219*
　2　患者の事前指示の法的意義‥‥‥‥‥‥‥‥‥‥‥‥‥‥‥‥‥ *220*
　3　胃瘻造設差控えの患者の事前指示と家族の希望とが衝突した場合
　　　‥‥‥‥‥‥‥‥‥‥‥‥‥‥‥‥‥‥‥‥‥‥‥‥‥‥‥‥‥‥ *223*
　4　ひとたび胃瘻を開始した後に患者の胃瘻中止の事前指示と
　　　家族の希望とが衝突した場合‥‥‥‥‥‥‥‥‥‥‥‥‥‥‥‥ *224*

| 第14章 | 人工延命措置の差控え・中止（尊厳死）問題の「解決」モデル |
|---|---|

...................................................................... *227*

1　序——問題状況と問題設定—— ······································· *227*
2　「自己決定モデル」とその検討 ······································· *229*
3　補完モデルとしての「最善の利益モデル」と「治療義務の限界
　　モデル」 ······································································· *245*
4　結　語 ············································································ *252*

| 終 章 | 終末期の意思決定と自殺幇助——各国の動向分析—— ······· *259* |
|---|---|

1　序——問題状況—— ······················································ *259*
2　ベネルクス3国（特にオランダ）の動向 ·························· *260*
3　アメリカ合衆国の動向 ···················································· *265*
4　イギリスの動向 ····························································· *268*
5　ドイツの動向 ································································· *272*
6　結　語——日本における議論の方向性—— ······················ *279*

## 序章

# 安楽死・尊厳死をめぐる法と倫理

## 1　序

　周知のように，終末期医療をめぐっては，安楽死と尊厳死の問題がある。近年，わが国では終末期医療，とりわけ尊厳死をめぐり，川崎協同病院事件をはじめ，いくつかの具体的事件を契機に議論が沸騰しつつある[1]。それは，かつての東海大学病院事件[2]当時の問題関心を上回っているように思われる。しかし，問題設定を明確にしておかないと，議論に混乱を来す懸念がある。現に，明確なルールがない状況下で，医療現場に混乱がみられる。そもそも，尊厳死にせよ安楽死にせよ，この種の問題の前提として，いかなる状況にあれ，患者の生存権を十分に保障することが重要である。それによって初めて，"自分らしい最期をどう生きるか"ということ，その反射的効果として"自分らしい最期をどう迎えるか"ということが法的・倫理的議論の俎上に上がることになるのである。もちろん，現実は，より厳しいものがあるが，このことを忘却して，"死ぬ権利"が過度に強調されてはならないであろう。さもなくば，"死ぬ権利"が"死なせる権利"へと移行し，由々しき問題へとエスカレートしかねないからである。

　以上の問題意識から，本章では，近時の国内外の動向を射程に入れて安楽死と尊厳死の問題を法的・倫理的観点から整理しつつ，終末期医療の規範的ルールについて若干の提言を行うこととする。

## 2 安楽死をめぐる法と倫理

**1** 安楽死（euthanasia : Euthanasie）とは，死期が切迫した病者の激しい肉体的苦痛を病者の真摯な要求に基づいて緩和・除去し，病者に安らかな死を迎えさせる行為である[3]。すなわち，(1)死期の切迫性，(2)激しい肉体的苦痛の存在，(3)病者の真摯な要求，といった3要件が揃って初めて“安楽死”の土俵で議論をすることができる。単なる同情で死なせる行為は“慈悲殺人（mercy killing）”であり，安楽死ではない。ときおり，この両者が混同されることがあるので，注意を要する。また，安楽死にはいくつかの形態がある[4]。

**2** 安楽死を形態別にみると，第1に，肉体の苦痛を適宜取っていっても死期が早まらない“純粋な安楽死”は，治療行為＝緩和ケアそのものであり，本人の希望があるかぎり特に問題はなく，一般に適法である。なお，現在，この用語はほとんど用いられていない。

第2に，鎮痛薬の継続的投与による苦痛緩和・除去の付随的効果として死期が早まる“間接的安楽死”（より正確には積極的間接的安楽死という。）も，法律上の正当化根拠については争いがあるものの，インフォームド・コンセントが確保されていることを前提にして，本人の真摯な要求があれば一般に適法であり[5]，倫理的にも“二重結果理論（theory of double effect）”〔“二重の結果（良い結果と悪い結果）を引き起こす1つの行為は，その悪い結果が予見されていなければ，かつまた悪い結果に釣り合う良い結果がもたらされるならば，道徳的に正当化されるとする道徳規則”〕[6]により許容されている。もっとも，癌の告知の問題や意識混濁者の意思表示の扱いの問題など，緩和ケアの実態を考慮すると，本人の真摯な要求まで要件とするのは厳しく，家族による推定で足りるとする見解もありうるかもしれないが，やはり，本人の明確な意思を要求すべきではなかろうか。

ちなみに，オランダでは，医師による積極的安楽死が安楽死等審査法によ

り厳格な要件の下に認められているが（ベルギーも同様），2003 年に緩和的鎮静（palliative sedation）を行って患者を死亡させた医師が謀殺罪で起訴されるという，医学界にとってはショッキングな事件が起きた。結局は無罪となったが（2005 年），オランダ王立医師会は，緩和的鎮静のためのガイドラインを作って，緩和ケアを実施する医師を起訴しないようにと検察庁の説得にあたり，両者の合意がうまく機能し始めたという注目すべき経緯がある[7]。日本では，この種の事件で医師が起訴されることはないと思われるが，患者の意思をまったく考慮せずに緩和的鎮静を行えば，刑事事件となる可能性を否定できないであろう。

第 3 に，積極的延命治療を差し控えることにより死期が早まる"消極的安楽死"は，本人の延命拒否の意思を尊重することにより作為義務が解除され，法的に正当化可能である。本人の意思に反する延命の強制はできない。

**3** 第 4 に，殺害により病者の苦痛を直接除去する"積極的安楽死"（より正確には積極的直接的安楽死）は，違法説（場合により責任阻却＝免責とする説）と適法説（自己決定権を強調する説，もしくは一定の要件の下に違法性阻却を認める説）という具合に法的評価が分かれる。後者のうち，自己決定権を強調する見解は，生命の自己処分を過大視しており，"殺害される権利"ないし"死ぬ権利"への承認に帰着する懸念があり，支持しえない。また，後者のうち，一定の要件の下に違法性阻却を認める見解は，例えば，東海大学病院事件判決（横浜地判平成 7・3・28 判例タイムズ 877 号 148 頁，判例時報 1530 号 28 頁）が医師による積極的安楽死の適法化 4 要件〔(1)患者が耐えがたい肉体的苦痛に苦しんでいること，(2)患者は死が避けられず，その死期が迫っていること，(3)患者の肉体的苦痛を除去・緩和するために方法を尽くし他に代替手段がないこと，(4)生命の短縮を承諾する患者の明示の意思表示があること〕を呈示したところである[8]。しかし，必ずしもこれが一般に承認されているわけではない。特に(3)の"他に代替手段がないこと"という要件の判断基準は難しく，病院により差異が出てくる懸念がある。ましてやオランダやベルギーのように，医師に

4 序章 安楽死・尊厳死をめぐる法と倫理

よる積極的安楽死を立法で合法化することは，"堤防決壊"ないしは"滑りやすい坂道（slippery slope）"に至る懸念が大きい。したがって，生命保護の根幹を揺るがす積極的安楽死は違法であり，せいぜい個別事情を考慮して責任阻却＝免責とする見解が妥当である[9]。

　さらに，第5に，その修正形態とでもいうべき"医師による自殺幇助（physician assisted suicide：PAS）"がある。アメリカでは，〔2006年段階で〕医師による自殺幇助が唯一合法化されているのがオレゴン州の"尊厳死法"であるが〔その後，いくつかの州に拡大〕，これについて，2006年1月17日，連邦最高裁がそれを認める判決を下した。しかし，PASの評価をめぐり，世界中で評価が揺れ動いている。少なくとも医師による積極的な自殺幇助は，正当化困難と思われる[10]。

## 3　尊厳死をめぐる法と倫理

　**1**　これに対して，"尊厳死（death with dignity）"〔ないし自然死（natural death）〕とは，新たな延命技術の開発により患者が医療の客体にされること（"死の管理化"）に抵抗すべく，人工延命治療を拒否し，医師が患者を死にゆくにまかせることを許容することである[11]。一般的に，患者に意識・判断能力がなく（例外あり），本人の真意や肉体的苦痛の存否の確認が困難な点，死期が切迫しているとはかぎらない点で，安楽死と異なる。また，尊厳死の対象となる患者の病状は，いわゆる遷延性植物状態（PVS）のほか，白血病，癌，腎不全など，さまざまであり，救急患者の場合，筋萎縮性側索硬化症（ALS）のように慢性の難治性患者の場合，癌のように緩和ケアを受けている患者の場合，さらには高齢の認知症患者の場合といったように，患者群の多様さに応じて，治療拒否の対象となるべき人工延命治療の内容も，典型例としての人工呼吸器の使用から，特殊化学療法，人工透析，人工栄養補給チューブの使用にまで広がっている。なかには，栄養分のほかに水分まで中止の対象としてよいとする見解もあるが，本人がこれらすべてについて明確に拒否してい

ない以上，最低限のケアとして，水分だけは必要な範囲で補給し続けるべきであると思われる。栄養分については，個別的に対応すべきであろう。

**2**　意思決定能力ある患者が人工呼吸器などの措置を最初から拒否する場合は，医師が患者の希望に即して治療を差し控えて，かりに患者が死亡しても，この行為（不作為）は適法といえる。なぜなら，患者の意思に基づいて死にゆくにまかせることは，消極的安楽死の場合と同様，治療拒否権＝自己決定権の正当な行使といえるからである。同じことは，すでに開始された人工延命治療を本人の希望で中止する場合にも当てはまる。なぜなら，同じ治療内容について，最初からの治療拒否を認める以上，すでに開始された人工延命治療の拒否を認めないのは，自己決定権尊重の趣旨からして論理一貫しないからである。この場合は，生命維持利益に明確に対抗する利益が存在するので，一般的な自殺権の承認とは異なる[12]。私見によれば，自殺関与罪（刑法202条）がある現行法下では，一般的自殺への幇助行為と治療拒否に応じる医師の行為（不作為）は，いずれも自殺幇助罪の構成要件に該当するであろうが，違法性判断のレベルで"治療行為という場"を設定したうえで，そこに生命維持利益のほかに治療に直接関係する対抗利益（主として苦痛除去利益ないし必要以上に干渉を受けたくない利益）が生じる場合が治療拒否の範疇であり，この場合には，発生している作為義務（治療義務）が患者の延命拒否により解除され（緊急状況下で生命維持利益より対抗利益が優越），正当化が導かれる。それ以外は，正当化困難な可罰的自殺幇助の範疇と解される。このように解することにより，医師による一方的な治療中止の危険性を排除することができると思われる。

　もちろん，患者の要求に応じて家族が人工呼吸器を取り外す場合は，より慎重な検討を要する〔例えば，ALSの患者から母親が人工呼吸器を取り外して有罪となった事件として，横浜地判平成17年2月14日（判例集未登載）がある〕。

6 序章 安楽死・尊厳死をめぐる法と倫理

**3** ところが，本人が事前に明確な意思表示をしていなかったり，それが完全に不明確な場合は，代行判断（substituted judgment）がどこまで許されるか，が問題となる。代行判断にも幅がある。この点については，アメリカの多くの判例，イギリスのトニー・ブランド事件貴族院判決，ドイツのケンプテン事件連邦通常裁判所判決など，世界各国で興味深い裁判例が出ており，イギリスやドイツでは，ガイドラインで対応する方向にある[13]。日本でも最近，ガイドライン策定の動きがある。ここでは，基本的視座を確認しておこう。

まず，患者が事前に明確に口頭または文書など（リビング・ウィルやアドヴァンス・ディレクティヴ）で延命拒否の意思表示をしていた場合，"明白かつ説得力ある証拠（clear and convincing evidence）"がある以上，しかるべき代行決定者がそれを尊重して代行判断をしても，本人が直接延命を拒否した場合と同様，正当化可能である。つぎに，患者が日常会話などで延命拒否について一般的に述べていたにすぎない場合は，ある程度それに信頼を置くことができるが，決定的ではなく，患者の生命保持の負担が生存利益よりも明らかに重いと判断される場合にのみかろうじて正当化可能である。これに対して，患者が事前になんら意思表示をしていない場合は，近親者，医師，あるいは第三者が延命治療中止を勝手に判断することは，正当化の枠を超える。せいぜい，個別状況により責任阻却（免責）が認められるにすぎない[14]。

**4** ここで，最近の重要裁判例として，川崎協同病院事件第1審判決（横浜地判平成16年3月25日判例タイムズ1185号114頁）を挙げておこう。被告人は，長年主治医として担当していた患者Aが気管支喘息重積発作に伴う低酸素性脳損傷で意識が回復しないまま入院した際，延命続行で肉体が細菌に冒されるなどして汚れていく前に，気道確保のために鼻から気管内に挿入されているチューブを抜去して，できるかぎり自然なかたちで息を引き取らせて看取りたいとの気持ちをいだき，Aが死亡することを認識しながら，あえてそのチューブを抜去し，呼吸を確保する処置を取らずに死亡するのを待った。

ところが，予期に反して，Ａが身体を海老のように反り返らせるなどして苦しそうに見える呼吸を繰り返し，鎮静剤を多量に投与してもその呼吸を鎮めることができなかったことから，そのような状態を家族らに見せ続けることは好ましくないと考え，筋弛緩剤で窒息死させようと決意し，事情を知らない准看護婦（当時の呼称であり，現在は准看護師）に命じて，筋弛緩薬である臭化パンクロニウム注射液（"ミオブロック注射液"）をＡの中心静脈に注入させて，呼吸筋弛緩に基づく窒息により死亡させた。検察官は抜管行為について殺人罪で同医師を起訴し，懲役５年を求刑したが，横浜地裁は，懲役３年執行猶予５年に処する判決を下した。判旨は，以下のとおりである（被告人控訴）。

"終末期における患者の自己決定の尊重は，自殺や死ぬ権利を認めるというものではなく，あくまでも人間の尊厳，幸福追求権の発露として，各人が人間存在としての自己の生き方，生き様を自分で決め，それを実行していくことを貫徹し，全うする結果，最後の生き方，すなわち死の迎え方を自分で決めることができるということのいわば反射的なものとして位置付けられるべきであ"り，"その自己決定には，回復の見込みがなく死が目前に迫っていること，それを患者が正確に理解し判断能力を保持しているということが不可欠の前提となる"。"また，そのような死の迎え方を決定するのは，……患者本人でなければならず，その自己決定の前提として十分な情報（病状，考えられる治療・対処法，死期の見通し等）が提供され，それについての十分な説明がなされていること，患者の任意かつ真意に基づいた意思の表明がなされていることが必要である。もっとも，末期医療における治療中止においては，その決定時に，病状の進行，容体の悪化等から，患者本人の任意な自己決定及びその意思の表明や真意の直接の確認ができない場合……には，前記自己決定の趣旨にできるだけ沿い，これを尊重できるように，患者の真意を探求していくほかない。……その真意探求に当たっては，本人の事前の意思が記録化されているもの（リビング・ウイル等）や同居している家族等，患者の生き方・考え方等を良く知る者による患者の意思の推測等もその確認の有力な手がか

りとなる……。そして，その探求にもかかわらず真意が不明であれば，『疑わしきは生命の利益に』医師は患者の生命保護を優先させ，医学的に最も適応した諸措置を継続すべきである”。〔改行〕“医師があるべき死の迎え方を患者に助言することはもちろん許されるが，それはあくまでも参考意見に止めるべきであって，本人の死に方に関する価値判断を医師が患者に代わって行うことは，相当ではない”。

　本判決は，前述の東海大学病院事件判決以来10年ぶりに終末期医療に関して医師の行為が刑事裁判で裁かれたものであり，同判決の論理[15]を多分に意識しつつも，とりわけ“疑わしきは生命の利益に”という原則を前面に出して末期患者への治療中止（尊厳死）の論理をさらに掘り下げた点に意義がある。この原則は，生命の尊重および平等性の保障を与え，人工的延命治療の最初からの差控え・中止の場合，そこに合理的な疑念が存在する以上，生命に不利益に解釈してはならないことを意味する[16]。したがって，本人の意思が明確な場合はそれを尊重し，それが必ずしも事前に明確でない場合について本判決が“患者の真意の探求”に固執し，それにもかかわらず真意が不明であれば患者の生命保護を優先させるべきことを説いているのは，論理一貫している。

　もちろん，患者の意思に固執していたのでは問題解決にならず，もっと家族などの意思を重視してよいという見解[17]や“最善の利益”テストを用いればよいという見解[18]もありうる。あるいは，“人間の尊厳”を持ち出すのならば，必ずしも患者の意思に固執する必要はないという見解[19]もありうる。確かに，遷延性植物状態患者を単なる人体実験の客体としてのみ延命するとか，臓器確保のためにだけ延命する場合を想定すると，自己決定権による解決を過大視するのは問題であるが，しかし他方で，安易に“代行判断”の枠を広げたり，当該治療の“無益性”を前面に出して問題解決を図ろうとするのは，かえって“生命の切捨て”の懸念，ひいては“人間の尊厳”に抵触する懸念がある。その意味で，本判決は，“延命拒否権”という枠内で，その合理的線

引きを真摯に展開している点で評価できる。

本件では，(1) 被害者の回復の可能性や死期切迫の程度を判断する十分な検査などが尽くされていない点，(2) 家族らに対しても，患者本人の意思について確認していないのみならず，その前提となる患者の病状・余命・本件抜管行為の意味などの説明すら十分にしていなかった点で大きな問題があり，被告人の本件抜管行為は早すぎる治療中止として非難を免れないし，ましてやその後の致死薬注射行為は殺人罪の罪責を免れないものと思われる[20]。

**5**　なお，人工延命治療の中止がどの時点から許されるかという問題についても，患者の延命拒否の意思が明確な場合には，必ずしも死期の切迫時点に固執する必要はないであろう。なぜなら，人工延命装置の使用により，どの時点から死期が切迫し始めるかが予測しえない事態も考えられるからである。この場合は，むしろ医師と患者に判断を委ねてよい，と思われる。これに対して，患者の意思が十分に明確とはいえないか，あるいは完全に不明確な場合は，前者では患者の延命拒否の意思がある程度推測できるかぎりで死期が切迫した時点（人工呼吸器使用の場合は切迫脳死の時点），後者では少なくとも死亡時点（人工呼吸器使用の場合は脳死の時点）までは治療を中止すべきでない，と思われる。

以上のような正当化の限界を超えた場合は，医師であれ家族の者であれ，やむにやまれぬ心情ないし良心的葛藤から人工延命治療を中止すれば，せいぜい義務衝突（医師の場合）ないし期待可能性の不存在（特に家族の場合）による免責（責任阻却）が個別的事案に応じて認められうるにとどまる。

## 4　終末期医療（特に尊厳死）のガイドラインの枠組み呈示

以上のような最近の動向を踏まえつつ，医療現場の混乱を回避するには，ハードな立法よりも，適切な公的ガイドラインを作るほうが賢明なように思われる。そこで，最後に，国民および医療界に対して，尊厳死の問題につい

てのガイドライン要綱の枠組みおよびガイドライン要綱の私案を呈示しておくことにする。2段階で考えることが現実に即した対応になるように思われる。もちろん，これは，暫定的なものである[21]。

### 1　あらゆる病態に共通の人工延命治療差控え・中止の基本的ガイドライン

**1**　尊厳死問題の中心となる人工延命治療の差控え・中止に際しては，原則として患者の現実の意思表明または事前の意思表明（2年以内のもの）を中心に考えるべきである。また，患者の延命拒否の意思を合理的に推定できる証拠があれば，患者の病状の推移を見極めて，予後が絶望的な場合にかぎり，人工延命治療の差控え・中止を認めることができる。

**2**　患者の事前の意思表明については，書面（リビング・ウィルやアドバンス・ディレクティヴ）のみならず，多様な形式を採用すべきである。ただし，口頭の場合には，家族および担当医・看護師を含め，複数人の確認を要する。いずれの場合も，最終的には，病院の倫理委員会またはそれに準じる委員会で確認することを要する。

**3**　人工延命治療の差控え・中止の対象患者および対象治療ならびに中止の時期については，複数のスタッフが患者の病状を多角的に検討しつつ，個別的に慎重に判断すべきである。

**4**　人工延命治療の差控え・中止に際しては，家族などの近親者に十分な情報提供と説明を行い，同意を得ておくことを要する。

**5**　人工延命治療の差控え・中止に際しては，原則として水分の補給を維持しつつ，"人間の尊厳"を侵害しないよう段階的に解除することが望ましい。なお，栄養分については，病状に応じて判断する。

**6** 以上の過程において，致死薬投与などの積極的な生命終結行為を行ってはならない。

**7** 死亡結果については，中止手順を各施設が責任をもって都道府県の所轄部署に届け出るものとする。この手続を遵守している場合，医師法 21 条は，適用除外とする。

### 2 病態ごとの人工延命治療差控え・中止のガイドライン

患者の病状は，救急患者の場合，筋萎縮性側索硬化症（ALS）のように慢性の難治性患者の場合，癌のように緩和ケアを受けている患者の場合，さらには高齢の認知症患者の場合など，多様であることから，それぞれの特性に応じて，上記 1 のガイドラインを遵守しつつ，4 種類程度の人工延命治療の差控え・中止の手順を各専門学会が中心になって作るものとする。

## 5 結 語

しかし，問題は，それほど簡単ではない。将来的には，高齢者医療ないし終末期医療の充実とともに，意思決定が困難になる場合も想定して，成人にも身上監護権者（世話人）を指名できる成年後見制度の拡充も射程に入れるかどうかの議論も蓄積していく必要があるように思われる。そして何より，患者の生存権の保障が蔑ろにされない配慮を絶えずしたうえで幅広い議論を行う必要性を忘れてはならない。

1) 川崎協同病院事件をはじめとする最近の問題状況の詳細については，甲斐克則「終末期医療・尊厳死と医師の刑事責任──川崎協同病院事件第 1 審判決に寄せて──」ジュリスト 1293 号（2005）98 頁以下〔本書第 1 章〕，同「末期患者への治療の中止──川崎協同病院事件」判例セレクト 2005（2006）33 頁参照。北海道の道立羽幌病院や広島県の福山市内の病院で起きた人工呼吸器取外しをめぐる事件（前者は不起訴処分，後者は現在捜査中〔その後，不

12　序章　安楽死・尊厳死をめぐる法と倫理

起訴処分〕）のほか，特に，富山県の射水市民病院で起きた人工呼吸器取外し
をめぐる事件（現在捜査中〔その後，不起訴処分〕）は，大きな波紋を呼んで
いる。なお，本章は，2006 年 6 月 1 日に神戸市で開催された日本麻酔科学会
第 53 回学術集会シンポジウム「尊厳死と安楽死」において報告した原稿に加
筆・修正を施したものである。

2）本件当時の議論の詳細については，甲斐克則『安楽死と刑法［医事刑法研
究第 1 巻］』（2003・成文堂）157 頁以下，および同『尊厳死と刑法［医事刑法
研究第 2 巻］』（2004・成文堂）279 頁以下参照。

3）甲斐・前出注 2）『安楽死と刑法』2 頁。

4）甲斐・前出注 2）『安楽死と刑法』3 頁以下および 33 頁以下参照。

5）甲斐・前出注 2）『安楽死と刑法』3 頁以下および 34 頁以下参照。

6）宮崎真矢：近藤均ほか編『生命倫理事典』（2002・大陽出版）492 頁〔同：
酒井明夫ほか編『新版増補・生命倫理事典』（2010・太陽出版）699 頁〕。

7）オランダの最新状況については，ペーター・タック（甲斐克則訳）「オラン
ダにおける緩和的鎮静と安楽死」ジュリスト 1308 号（2006）174 頁以下〔ペー
ター・タック（甲斐克則編訳）『オランダ医事刑法の展開——安楽死・妊娠中
絶・臓器移植——』（2009・慶應義塾大学出版会）49 頁以下〕参照。

8）本判決の詳細な分析については，甲斐・前出注 2）『安楽死と刑法』157 頁
以下参照。また，その他の関連判例については，同書 6 頁以下参照。

9）詳細については，甲斐・前出注 2）『安楽死と刑法』38 頁以下参照。

10）詳細については，甲斐・前出注 2）『安楽死と刑法』185 頁以下および甲斐
克則『医事刑法への旅 I〔新版〕』（2006・イウス出版）208 頁以下〔および本
書終章〕参照。

11）甲斐・前出注 2）『尊厳死と刑法』1 頁。

12）詳細については，甲斐・前出注 2）『尊厳死と刑法』92 頁以下および 286 頁
以下参照。

13）詳細については，甲斐・前出注 2）『尊厳死と刑法』の随所，最近の動向に
ついては特に 233 頁以下および 261 頁以下参照。〔なお，ドイツでは，その後，
2009 年に「世話法第 3 次改正」，すなわち，「患者の事前指示法」に伴う民法
改正に至り，特に 1901a 条に新しい規定を 1 項から 3 項まで設けて，世話人
（成年後見人）の権限をかなり重視することになった。詳細は，本書第 14 章
参照。〕

14）詳細については，甲斐・前出注 2）『尊厳死と刑法』287 頁以下参照。

15）この点については，甲斐・前出注 2）『尊厳死と刑法』284 頁以下参照。こ
の点について，東海大学病院事件判決では，(i) 事前の意思表示がある場合が
圧倒的に少ない現実，(ii) 医師による適正さの判断がなされ家族の意思だけで
全措置が中止されるわけではないこと，(iii) 患者の過去の日常生活上の断片的
な言動からよりも，むしろ家族の意思表示によるほうがはるかに中止検討段階
での患者の意思を推定できること，これらを根拠に「代行判断」（判決が直接

この言葉を用いているわけではない。）を許容できる，とした。しかし，ここには，患者の意思よりも家族の意思を優先する姿勢が看取される。アメリカでも一時期，判例上この傾向が広まったが，やがて患者の事前の意思表示の具体的手がかりを要求する方向に向かった。いずれにせよ，この場合，安易な代行判断を認めると，家族や関係者にとって不要な人間には何らの治療も施さずに死にゆくにまかせてよいとする他者処分に途を譲ることにもなりかねない。

16）この点については，甲斐・前出注2）『尊厳死と刑法』71頁以下参照。

17）佐伯仁志「末期医療と患者の意思・家族の意思」樋口範雄編著『ケース・スタディ生命倫理』ジュリスト増刊（2004・有斐閣）86頁以下参照。

18）これは，イギリスの1993年のトニー・ブランド事件貴族院判決（Airedale NHS Trust v Bland,［1993］1 All ER 821.）に代表される。しかし，このテストも，「最善の利益」の中に何を盛り込むかによって，ファジーな議論になる可能性を秘めているので，その判断構造を明確化する必要がある。

19）河見誠「人間の尊厳と死の管理化——甲斐克則『尊厳死と刑法』を読んで——」法の理論24（2005）159頁以下。なお，甲斐克則「尊厳死問題における患者の自己決定のアポリア——河見誠助教授の批判に答える——」法の理論24（2005）173頁以下〔本書第2章〕をも参照されたい。

20）本判決についての以上の分析は，甲斐・前出注1）「終末期医療・尊厳死と医師の刑事責任」ジュリスト1293号98頁以下〔本書第1章参照〕，同「末期患者への治療の中止」判例セレクト2005, 33頁ですでに行ったものである。

21）この提言は，すでに甲斐・前出注1）「終末期医療・尊厳死と医師の刑事責任」ジュリスト1293号106頁〔本書第1章参照〕で行ったものに若干の修正を加えたものである。

第1章

# 終末期医療・尊厳死と医師の刑事責任
## ——川崎協同病院事件第1審判決に寄せて——

## 1 序

1 尊厳死問題をめぐる最近の日本における動向は，かつてないほどに新たな局面を迎えつつある。

まず，2004年7月には，厚生労働省「終末期医療に関する調査等検討会報告書——今後の終末期医療の在り方について」（平成16年7月）（以下「報告書」という。）が公表された[1]。この報告書は，5年毎に実施されているアンケートをもとにしてまとめられたものである。後述のように，同報告書は，調査対象が大規模な病院が主たる対象であり，かつアンケート分析に力点がある内容であるとはいえ，尊厳死の許容性の枠組みについて一定の方向を示している[2]。

つぎに，医療現場および関係者の間で，尊厳死のためのガイドライン策定の希望が一定程度出されつつある。しかし，必ずしも公的な動きにはなっていない。他方，日本尊厳死協会によるリビング・ウィルを中心とした立法化要請の動き，あるいは自民党と公明党が「尊厳死」の容認に向けた与党協議機関（会長，丹羽雅哉元厚相）を新設するという表明（2005年1月9日）もある[3]。

2 さらに，このような中，2005年3月25日，終末期医療をめぐる刑事事件として注目を集めていた川崎協同病院事件第1審判決が横浜地裁で下された（横浜地判平成17・3・25判タ1185号114頁）。かの東海大学病院「安楽死」事件

判決（横浜地判平成7・3・28判時1530号28頁）以来，10年ぶりに終末期医療に関して医師の行為が刑事裁判で裁かれた。しかも，同じ横浜地裁で，かつて陪席であった裁判官が今度は裁判長として本件の裁判を担当したことに，奇縁めいたものを感じざるをえない。当然ながら，今回の判決は，東海大学病院事件判決の論理を多分に意識した内容であるが，とりわけ「尊厳死」論に関してさらにその内容を深化させた興味深いものも含まれており，各方面に終末期医療のあり方について改めて問題提起をした[4]。しかし，川崎協同病院事件の背景を調べると，かつての東海大学病院事件のときと同様，終末期医療におけるチーム医療のあり方がきわめて不十分であること，また，それに関するガイドラインが存在しないこと，その結果，担当医の一方的思い込みに伴う行為が悲劇を招く傾向がある。これに対して，アメリカでは，各州での立法化による対応のほか，判例の集積による対応をしており，また，ドイツやイギリスでは，入念にガイドラインを策定する傾向にある[5]。

**3** なお，2004年12月18日フジテレビ「(サイエンス・ミステリー) テリー・ウォレス：20年ぶりに植物状態から意識を回復」では，アメリカにおいて，交通事故で意識を喪失し，遷延性植物状態となった患者が母親の懸命の介護（特に連日の声かけ）により，損傷していたアデニテート（7番染色体）が回復し，20年ぶりに意識を回復したという報道がなされた。このような回復例がある点も忘れてはならない。また，アメリカでは，フロリダ州で15年間も植物状態を続けたテレサ（テリ）・シャイボさんの人工栄養補給チューブ取外しをめぐる問題〔家族間で意見が対立〕が政治問題とも絡んで大きな関心を呼んだ[6]。

**4** 以上の動向を踏まえて，本章では，まず，川崎協同病院事件の概要および同判決を紹介し，つぎに，判決の論理を分析して同判決の位置づけを行いつつ，終末期医療，特に尊厳死と医師の刑事責任について論じ，最後に，厚生労働省「報告書」の分析をしつつ，法的・倫理的観点から尊厳死問題の

ガイドライン策定のための枠組みおよび尊厳死ガイドライン要綱私案を呈示することにしたい。

## 2　川崎協同病院事件の事実の概要

　まず，川崎協同病院事件の事実の概要を示しておこう。第1審の横浜地裁が認定した事実によると，被告人は，平成6年〔1994年〕5月から川崎協同病院の呼吸器内科部長に就任し，医師として同病院の患者の診療等に従事していた者であるが，昭和60年〔1985年〕ころから主治医として担当していた患者Ｉが，平成10年〔1998年〕11月2日から気管支喘息重積発作に伴う低酸素性脳損傷で意識が回復しないまま入院し，治療中の患者Ｉについて，延命を続けることでその肉体が細菌に冒されるなどして汚れていく前に，Ｉにとって異物である気道確保のために鼻から気管内に挿入されているチューブを取り去ってできるかぎり自然なかたちで息を引き取らせて看取りたいとの気持ちをいだき，同月16日午後6時ころ，同病院南2階病棟228号室において，患者Ｉ（当時58歳）に対し，前記気管内チューブを抜き取り呼吸確保の措置を取らなければＩが死亡することを認識しながら，あえてそのチューブを抜き取り，呼吸を確保する処置を取らずに死亡するのを待った。ところが，予期に反して，Ｉが「ぜいぜい」などと音を出しながら身体を海老のように反り返らせるなどして苦しそうに見える呼吸を繰り返し，鎮静剤を多量に投与してもその呼吸を鎮めることができなかったことから，そのような状態を在室していた幼児を含むその家族らに見せ続けることは好ましくないと考え，このうえは，筋弛緩剤で呼吸筋を弛緩させて窒息死させようと決意し，同日午後7時ころ，事情を知らない准看護婦（当時24歳）に命じて，注射器に詰められた非脱分極性筋弛緩薬である臭化パンクロニウム注射液（商品名「ミオブロック注射液」）を，Ｉの中心静脈に注入させて，まもなくその呼吸を停止させ，同日午後7時11分ころ，同室において，Ｉを呼吸筋弛緩に基づく窒息により死亡させて殺害した。

18　第1章　終末期医療・尊厳死と医師の刑事責任

　検察官は，上記医師を殺人罪で起訴し，懲役5年を求刑したが，弁護人は，本件抜管行為が，治療不可能で回復の見込みがなく死が不可避な末期状態において，治療を中止すべく被害者の意思を推定するに足りる家族の強い意思表示を受けて，被害者に自然の死を迎えさせるために治療行為の中止としてなされたものであり，東海大学病院事件判決（前出）の説示に照らしても実質的違法性ないし可罰的違法性がない旨を主張して争った。横浜地裁第4刑事部は，平成17年〔2005年〕3月25日，次のような理由で被告人を懲役3年執行猶予5年に処する判決を下した（被告人控訴中）。

## 3　川崎協同病院事件第1審判決の要旨

### 1　判決文の構成

　第1審判決は，患者からの抜管行為に至る医師と患者の家族とのやりとり，さらには病院内での医療者間でのやりとりについて入念な事実認定を行った後，総論ともいうべき「末期医療における治療中止について」において基本的考え方を示し，それを受けて，各論ともいうべき「本件における問題点」において，(1)「回復可能性及び死期の切迫性について」，(2)「患者本人の意思の確認について」，(3)「治療義務の限界について」という具合に3点について検討を加え，「結論」を導いている。また，「量刑の事情」でも重要な指摘がなされているが，これについては後述する。以下，判決の論理の中心部分を抜粋しておこう。

### 2　末期医療における治療中止について

　「このような事例，すなわち，末期医療において患者の死に直結し得る治療中止の許容性について検討してみると，このような治療中止は，患者の自己決定の尊重と医学的判断に基づく治療義務の限界を根拠として認められるものと考えられる。

　生命が尊貴であり，生命への権利・生命の最大限の保護がその担い手の生存期間の長短，健康，老若，社会的な評価等において段階付けられることなく保

障されなければならないことはいうまでもない。とりわけ，医療において，生命が最大限尊重され，その救助・保護・維持が可能な限り追求されるべきであることは論を待たない。しかしながら，既に指摘されているように，近時の高度な延命医療技術発展の結果，過去の医療水準であれば人間の自然な寿命が尽きたと思われる後も，種々の医療機器等の活用によって生物学的には延命が可能な場合が生じ，過剰医療との批判も生じてきている。そのような状況が，患者に，自己の生の終わりをどのような形にするか，自己の生き方の最後の選択として，死の迎え方，死に方を選ぶという余地を与えるとともに，医師の側には，実行可能な医療行為のすべてを行うことが望ましいとは必ずしもいえないという問題を生ぜしめて来ているものと思われる。この前者が患者の終末期における自己決定の問題であり，後者が治療義務の限界の問題である。

　したがって，末期，とりわけその終末期における患者の自己決定の尊重は，自殺や死ぬ権利を認めるというものではなく，あくまでも人間の尊厳，幸福追求権の発露として，各人が人間存在としての自己の生き方，生き様を自分で決め，それを実行していくことを貫徹し，全うする結果，最後の生き方，すなわち死の迎え方を自分で決めることができるということのいわば反射的なものとして位置付けられるべきである。そうすると，その自己決定には，回復の見込みがなく死が目前に迫っていること，それを患者が正確に理解し判断能力を保持しているということが，その不可欠の前提となるというべきである。回復不能でその死期が切迫していることについては，医学的に行うべき治療や検査等を尽くし，他の医師の意見等も徴して確定的な診断がなされるべきであって，あくまでも『疑わしきは生命の利益に』という原則の下に慎重な判断が下されなければならない。また，そのような死の迎え方を決定するのは，いうまでもなく患者本人でなければならず，その自己決定の前提として十分な情報（病状，考えられる治療・対処法，死期の見通し等）が提供され，それについての十分な説明がなされていること，患者の任意かつ真意に基づいた意思の表明がなされていることが必要である。もっとも，末期医療における治療中止においては，その決定時に，病状の進行，容体の悪化等から，患者本人の任意な自己決定及びその意思の表明や真意の直接の確認ができない場合も少なくないと思われる。このような場合には，前記自己決定の趣旨にできるだけ沿い，これを尊重できるように，患者の真意を探求していくほかない。この点について，直接，本人からの確認ができない限り治療中止を認めないという考え方によれば解決の基準は明確になる。しかし，その結果は，そのまま，患者の意に反するかもしれない治療が継続されるか，結局，医師の裁量に委ねられるという事態を招き，かえって患者の自己決定尊重とは背馳する結果すら招来しかねないと思われ

る。そこで，患者本人の自己決定の趣旨に，より沿う方向性を追求するため，その真意の探求を行う方が望ましいと思われる。その真意探求に当たっては，本人の事前の意思が記録化されているもの（リビング・ウイル等）や同居している家族等，患者の生き方・考え方等を良く知る者による患者の意思の推測等もその確認の有力な手がかりとなると思われる。そして，その探求にもかかわらず真意が不明であれば，『疑わしきは生命の利益に』医師は患者の生命保護を優先させ，医学的に最も適応した諸措置を継続すべきである。

治療義務の限界については，前述のように，医師が可能な限りの適切な治療を尽くし医学的に有効な治療が限界に達している状況に至れば，患者が望んでいる場合であっても，それが医学的にみて有害あるいは意味がないと判断される治療については，医師においてその治療を続ける義務，あるいは，それを行う義務は法的にはないというべきであり，この場合にもその限度での治療の中止が許容されることになる（実際には，医師が，患者や家族の納得などのためそのような治療を続ける場合もあり得るがそれは法的義務ではないというべきである。）。なお，この際の医師の判断はあくまでも医学的な治療の有効性等に限られるべきである。医師があるべき死の迎え方を患者に助言することはもちろん許されるが，それはあくまでも参考意見に止めるべきであって，本人の死に方に関する価値判断を医師が患者に代わって行うことは，相当ではないといわざるを得ない。もちろん，患者が医師を全面的に信頼し全てを任せるということも自己決定の一つとしてあり得る。さらに，医師と患者・家族の揺るぎない信頼関係が確立され，死に方の問題も医師の判断・英知に委ねるのが最も良い解決法であるとの確信が一般化しているような状況があれば（それは終末医療の一つの理想ともいえよう。），医師の裁量に委ねることは望ましいことともいえよう。しかし，残念ながら，そのような状況にあるとはいえない現状であることは大方の異論のないところであろう。」

## 3 本件における問題点

### (1) 回復不可能性および死期の切迫について

「被告人は，被害者の脳波等の検査すら実施していないため，被害者の余命等について鑑定を嘱託された K 教授が，被害者の余命を事後的に推定するために必要な臨床的情報が揃っておらず発症から未だ 2 週間の時点であることからも幅をもたせた推定しかできないと指摘している……。したがって，本件においては，被害者の回復の可能性や死期切迫の程度を判断する十分な検査等が尽くされていないことが明らかである。また，本件病院は川崎市所在の病床数

200 を超える総合病院で，被告人は当時 19 年余の臨床経験を有し，その呼吸器内科の長であったこと，本件抜管行為を緊急に実施すべき事情も何ら認められないことから，被告人が脳神経外科医等他の医師の意見等を徴して被害者の病状について慎重に検討を加えることは容易に可能であったというべきである。また，治療中止の前提としての死期切迫等を検討する場合には，既に述べたように『疑わしきは生命の利益に』判断すべきであるところ，本件においては，この点も問題である。すなわち，K 鑑定等によれば，被害者の余命は，① 昏睡が脱却できない場合（およそ 50 パーセント程度の確率），短くて約 1 週間，長くて約 3 か月程度，② 昏睡から脱却して植物状態（完全に自己と周囲についての認識を喪失すること）が持続する場合（同 40 パーセント），最大数年，③ 昏睡・植物状態から脱却できた場合（同 10 パーセント程度），介護の継続性及びその程度により生存年数は異なるとされていること，当時本件病院の同僚医師であった A 及び B も，被害者については，入院 2 週間しか経過しておらず，未だ回復を待つべき段階にあった旨供述していること……などに照らせば，被害者に対しては，まずは昏睡から脱却することを目標に最善を尽くし，昏睡から脱却した場合にはさらに植物状態から脱却することを目標に最善を尽くして治療を続けるべきであったというべきであって，到底，前述の『回復不可能で死期が切迫している場合』に当たると解することはできない。」

(2) **患者本人の意思の確認について**

「本件においては，患者の意識が回復していないので，前記のように他の資料からその意思を探求していくほかない場合といえるが，本件において，被告人は，患者を最も良く知ると思われる家族らに対しても，患者本人の意思について確認していないのみならず，その前提となる家族らに対する患者の病状・余命，本件抜管行為の意味等の説明すら十分にしていなかったことは，既に認定説示したとおりである。すなわち，被告人は，突然の被害者の入院，心肺停止，蘇生，昏睡等によって精神的に相当不安定となり医学的知識もない妻らに，9 割 9 分植物状態になる，9 割 9 分 9 厘脳死状態などという不正確で，家族らの理解能力，精神状態等への配慮を欠いた不十分かつ不適切な説明しかしておらず，結局，本件抜管の意味さえ正確には伝えられていなかったのである。家族らにおいても，患者本人の治療中止に関する意思を検討する前提となる情報を欠いていたことは明らかというほかない。なお，前記認定のように，被告人としては本件の家族らが治療中止を了解しているものと誤信していたが，この誤解も，被告人の説明等が不十分であること，患者本人の真意の探求を尽くしていないことの顕れというべきである。結局，本件においては，被告人が診療の

際に受けた患者本人の印象と前記のような家族らの誤解に基づく了承以外には，患者本人に治療中止の意思があったことを窺わせるような事情はなく，前記要件をみたしていないことは明らかである。」

### (3) 治療義務の限界について

「被害者が本件病院に搬送されてからの病状並びに医師及び看護婦による処置の内容等は既に認定したとおりであるが，2日に心肺停止状態で本件病院に搬送されて必死の救命措置により蘇生され，集中治療室に搬送されて以降適切な医療・看護が施され，自発呼吸が出てきたことから，気道確保のために気管内チューブを残したまま人工呼吸器を離脱させて酸素を供給する装置を接続し，10日及び11日には脳の機能回復を目標に高気圧酸素療法が試みられ，12日に一般病棟に移った後もナースステーションに向き合う個室において本件抜管行為の直前まで適切な医療措置が行われていたものと認めることができる（K鑑定等）。しかし，本件抜管の時点においては，前述のように，被害者には未だ昏睡からの回復，さらには植物状態からの回復という可能性も前述のような確率で残されていたのであるから，医師としては，本件患者の昏睡等の脱却を目標に最善を尽くして治療を続けるべきであったというべきである。そうすると，被告人の本件抜管行為は，治療義務の限界を論じるほど治療を尽くしていない時点でなされたもので，早すぎる治療中止として非難を免れないというべきである。本件においては，この観点からの治療中止も許容されないことが明らかである。」

## 4 終末期医療・尊厳死と医師の刑事責任
### ——第1審判決の検討と位置づけ——

**1**　本判決は，先の東海大学病院事件判決の論理を前提としつつも，それをさらに深化させた部分がある。すなわち，東海大学病院事件判決では，傍論ながら，治療行為の中止（いわゆる尊厳死）は，意味のない治療を打ち切って人間としての尊厳性を保って自然な死を迎えたいという患者の自己決定権の理論と，そうした意味のない治療行為までを行うことはもはや義務ではないとの医師の治療義務の限界を根拠に，一定の要件（3要件）の下に許容される，と述べたが，今回の判決は，それをもう少し掘り下げている。そこで，その

異同を意識しつつ，本判決の位置づけを行う必要がある。その際に，尊厳死問題へのアプローチの基本的視点を確認しつつその作業を行うこととする。

　まず第1に，「疑わしきは生命の利益に (in dubio pro vita)」という基本的視点は不可欠である。この原則は，生命の尊重および平等性の保障を与えるものであり，人工延命治療を最初から施さない場合，あるいは中止する場合，そこに合理的な疑念が存在する以上，生命に不利益に解釈してはならないことを意味する[7]。本判決でも，この原則が立論の基礎に置かれた点は，東海大学病院事件判決にはなかっただけに，高く評価される。東海大学病院事件判決では，自己決定権は死ぬ権利を認めたものでなく，死の迎え方ないし死に至る過程についての選択権を認めたにすぎないとする点は妥当であったとしても，治療義務の限界がそれとどのように関係するのか，あるいはその限界がどこから導かれるのかは，不明であった。もし，「意味のある治療」と「意味のない治療」の区別を医師の裁量にまかせ，それを根拠に治療義務の限界を画するとするのであれば，裁量濫用の懸念を払拭できず，問題である。今回の判決は，この点を明確にしたものと思われる。「疑わしきは生命の利益に」の原則は，具体的には，例えば，本人の意思を何ら確認することなく，医師が一方的に当該延命治療について「無意味」とか「無益」という価値判断を押し付けてはならないことを意味する。本件では，被告人医師が単独の価値判断で，ある種の自己の死生観を患者側に押し付けた観がある。本件の医師の行為は，明らかに医師の裁量（許される「判断裁量」）を逸脱したもの（いわば許されない「行為裁量」）といえる[8]。ましてや，抜管行為の後，筋弛緩剤を注射して患者を積極的に死亡させているのであるから，なおさらである。最終的に，医師の刑事責任は免れがたいと思われる。

　**2**　これと関連して，第2に，「人間の尊厳」を保障することである。これは，生存権の保障と生命の平等性の保障を当然含むほか，患者を医療技術の単なる客体に貶めること（人間を手段としてのみ用いること）を避けるよう要請する[9]。もちろん，過剰な延命が「人間の尊厳」を侵害する場合とはどのような

24　第1章　終末期医療・尊厳死と医師の刑事責任

場合かをより具体的に呈示する必要がある。少なくとも，移植用の臓器確保のためにだけ，あるいは人体実験のためにのみ延命する場合は，それに該当するといえよう。本判決は，この点でも，「人間存在としての自己の生き方」ないし「最後の生き方」の問題として捉えつつ，東海大学病院事件判決よりも1歩踏み込んで，「人間の尊厳」を意識して事案解決に取り組んでおり，評価できる。

**3**　第3に，対象の明確化が必要である。典型例とされるいわゆる植物状態患者の病状も多様であり，遷延性植物状態（PVS）の段階からそこに至らない程度のものまであるのでその慎重な把握が必要であるし，がんの末期患者の病状も多様であるのでその慎重な把握も必要である。東海大学病院事件判決でも，第1要件として，「患者が治癒不可能な病気に冒され，回復の見込みがなく死が避けられない末期状態にあること」が挙げられていた。すなわち，治療中止が患者の自己決定権に由来するとはいえ，その権利は死ぬ権利を認めたものではなく，死の迎え方ないし死に至る過程についての選択権を認めたにすぎず，早すぎる治療中止を認めることは生命軽視の一般的風潮をもたらす危険があり，「死の回避不可能の状態に至ったか否かは，医学的にも判断に困難を伴うと考えられるので，複数の医師による反復した診断によるのが望ましい」，と。また，この状態は，当該対象行為の死期への影響の程度によって相対的に決してよい，とも述べていた。ところが，本件では，「9割9分植物状態になる，9割9分9厘脳死状態」などと不正確な表現で家族側に説明しており，前提がきわめて不明確である。「本件においては，被害者の回復の可能性や死期切迫の程度を判断する十分な検査等が尽くされていないことが明らかである」と本判決が断じているのは，正鵠を射ている。

なお，差控え・中止対象となる延命治療の内容も，人工呼吸器，人工栄養補給，化学療法等多様であり，これは東海大学病院事件判決も第3要件で述べていた。本件の場合も，気管内チューブの抜管が当初の対象行為であったので，この点では特に問題はない。ちなみに，重大な侵襲を伴わない水分や

栄養分の補給については争いがある。すべてを対象にしてよいとする見解もあるが[10]，本人が栄養分・水分のすべてについて拒否をしていない以上，最低限それらは（特に水分は）補給することが「人間の尊厳」に適った段階的な治療解除である，と思われる[11]。

**4**　第4に，本判決が重視したように，患者の意思の確認が重要である。厳密には，それも，いくつかの場合分けが必要である。

まず，① 患者の延命拒否の意思が明確な場合は，結論的に，それを尊重して，かりに患者が死亡しても，法的に民事・刑事の責任を負わないであろう。より厳密には，さらに，⑴患者が延命治療当時に直接意思表示ができ，かつ延命拒否の意思表示をしていた場合と，⑵延命治療当時には直接意思表示ができなかったが，一定期間内の事前の明確な意思表示がある場合とに分かれる。前者の場合には，自殺との区別が問題になりうるが，プライバシー権としての延命拒否権の尊重ということであり，後述のように，一般的な自殺とは区別すべきであり，特段の問題はない，と考える[12]。後者の場合も，一定期間内の事前の明確な意思表示があれば，その意思が継続しているとみることができ，基本的に同様に解釈してもよい，と思われる。リビング・ウィルやアドバンス・ディレクティヴ（事前の指示書）は，そのかぎりで尊重してよいであろう。

つぎに，② 患者の意思が必ずしも十分に明確でない場合には，「代行判断（substituted judgment）」を考えざるをえない。問題は，どのような場合に誰が代行判断をすることが許されるか，である。ここで参考になるのが，1985 年のアメリカ合衆国ニュージャージー州におけるコンロイ事件上告審判決（In re Conroy, 486 A. 2d 1209）である[13]。本判決では，代行判断の際の代行決定方式として，⒜主観的テスト（代行決定者が患者の願望を十分に知ったうえで明確な証拠に基づいて決定する），⒝制限的・客観的テスト（患者の治療拒否を推定せしめるある程度信頼に値する証拠があるとき，および患者の生命保持の負担が生存利益より明らかに重いと決定者が判断するとき，差控え・撤去〔抜去〕を認める），そして⒞純客観的テ

スト（患者の生の負担が生存利益より明らかに重く，治療実施がインヒューマンなものになる場合，主観的証拠なしで差控え・撤去〔抜去〕を認める）という３つのテストが呈示された。主観的テストは患者本人の意思と同視してよいであろうし，制限的客観的テストも患者の意思の手がかりを探りつつ客観的状況を加味して判断するというものであるから，客観面の状況把握をきめ細かく行う体制が整えば考慮に値する，と思われる。しかし，純客観的テストは，すでに代行判断の枠組みを超えるものであり，例えば，遷延性植物状態の患者を単なる人体実験の客体としてのみ延命するとか，臓器確保のためにだけ延命する場合が考えられるが，むしろこのような場合には「人間の尊厳」に反するという論理で延命治療を中止すべきである，と思われる。以上の点に留意すれば，これは，日本でも導入可能なテストである，と思われる。川崎協同病院事件第１審判決が「治療義務の限界」として論じている部分は，むしろこの脈絡で理解すべきように思われる。

　最後に，③患者の意思がまったく不明確な場合には，なお「代行判断」を採用できるか，疑問である。アメリカでは，家族の意思だけで代行判断を認めたケースもあるが[14]，問題である。今回の川崎協同病院事件第１審判決では，医師は患者の家族側の了解があったと「誤解」したと認定されたように，家族の判断は複数人にわたることもあり，確認しにくいケースもある。正確な情報提供ないし説明が誰に対してなされたかも，重要な要因となる。また，仮に本件のような場合に正確な情報が家族に伝わっていて，家族が判断を迫られた場合，家族が本人に代わって本当にこの種の問題で判断できるか，あるいはその判断が適法性を導けるかは，もう少し慎重に議論する必要がある。近時，「問題は，家族の意思による推定を広く認めることが理想的かどうかではなく，認めない場合と比較してどちらが望ましいかである」という観点から，家族の意思による推定を認めることを支持する有力説も出始めたが[15]，家族の有り様が多様なだけに，疑問がある。それが認められるのは，患者本人の延命拒否の意思の合理的な推定が可能な場合に限定されるべきものと思われる。

この点について，東海大学病院事件判決では，(i)事前の意思表示がある場合が圧倒的に少ない現実，(ii)医師による適正さの判断がなされ家族の意思だけで全措置が中止されるわけではないこと，(iii)患者の過去の日常生活上の断片的言動からよりもむしろ家族の意思表示による方がはるかに中止検討段階での患者の意思を推定できること，これらを根拠に「代行判断」(判決が直接この言葉を用いているわけではない。)を許容できるとした。しかし，ここには患者の意思よりも家族の意思を優先する姿勢が看取される。アメリカでも一時期，判例上この傾向が広まったが，やがて患者の事前の意思表示の具体的手がかりを要求する方向に向かった。いずれにせよ，この場合，安易な代行判断を認めると，家族や関係者にとって不要な人間には何らの治療も施さずに死にゆくにまかせてよいとする他者処分に途を譲ることにもなりかねない。

ところが，今回の判決は，この点についても掘り下げた判断を示した。すなわち，「末期医療における治療中止においては，その決定時に，病状の進行，容体の悪化等から，患者本人の任意な自己決定及びその意思の表明や真意の直接の確認ができない場合も少なくないと思われる。このような場合には，前記自己決定の趣旨にできるだけ沿い，これを尊重できるように，患者の真意を探求していくほかない。この点について，直接，本人からの確認ができない限り治療中止を認めないという考え方によれば解決の基準は明確になる。しかし，その結果は，そのまま，患者の意に反するかもしれない治療が継続されるか，結局，医師の裁量に委ねられるという事態を招き，かえって患者の自己決定尊重とは背馳する結果すら招来しかねないと思われる。そこで，患者本人の自己決定の趣旨に，より沿う方向性を追求するため，その真意の探求を行う方が望ましいと思われる。その真意探求に当たっては，本人の事前の意思が記録化されているもの(リビング・ウイル等)や同居している家族等，患者の生き方・考え方等を良く知る者による患者の意思の推測等もその確認の有力な手がかりとなると思われる。そして，その探求にもかかわらず真意が不明であれば，『疑わしきは生命の利益に』医師は患者の生命保護を優先させ，医学的に最も適応した諸措置を継続すべきである」，と。「患者の

28　第1章　終末期医療・尊厳死と医師の刑事責任

真意探求」ないし「患者の意思の推測」を目指しつつ，「疑わしきは生命の利益に」という枠で絞るという工夫がここには見られるのである。これは，上記の私見からも支持できる論理であるように思われる。いずれにせよ，本件では，その前提を欠いていることが問題である。

　なお，イギリスでは，1993年のトニー・ブランド事件貴族院判決（Airedale NHS Trust v Bland,〔1993〕1 All ER 821.）に代表されるように，患者の自己決定権よりも患者の「最善の利益（best interests）」テストを重視する傾向にある[16]。しかし，このテストも，「最善の利益」の中に何を盛り込むかによって，ファジーな議論になる可能性を秘めているので，その判断構造を明確化する必要がある。


　**5**　以上のような限度で患者の自己決定権＝延命拒否権を認める場合，解釈論上，延命拒否と自殺および自殺関与罪との関係も，次のような論理で解明できる。

　私見によれば，自殺関与罪（刑法202条）がある現行法下では，一般的自殺への幇助行為と治療拒否に応じる医師の行為（不作為）はいずれも自殺幇助罪〔刑法202条〕の構成要件に該当するであろうが，違法論のレベルで，「治療行為という場」を設定したうえで，そこに生命維持利益のほかに治療に直接関係する対抗利益（主として苦痛除去利益ないし必要以上に干渉を受けたくない利益）が生じる場合が治療拒否の範疇であり，この場合には，発生している作為義務（治療義務）が患者の延命拒否により解除され（緊急状況下で生命維持利益より対抗利益が優越），正当化が導かれる。それ以外は，正当化困難な可罰的自殺幇助の範疇と解される。このように解することにより，医師による一方的な治療中止の危険性を排除することができる，と思われる。また，東海大学病院事件判決が「早すぎる治療中止」に懸念を示し，対象を原則として「末期状態」に限定しつつ，「複数の医師による反復した診断」を条件に当該対象となる行為の死期への影響の程度によって相対的に決してよいとしているのも，そして今回の川崎協同病院事件第1審判決がそれに依拠しているのも，遷延性植

物状態患者の場合を考えれば当然である点を別としても，上述のような患者の延命拒否を前提としてのみ理解可能である。

　したがって，人工延命治療の中止がどの時点から許されるかという問題についても，患者の延命拒否の意思が明確な場合には，必ずしも死期の切迫時点に固執する必要はないであろう。なぜなら，人工延命装置の使用により，どの時点から死期が切迫し始めるかが予測しえない事態も考えられるからである。この場合は，むしろ医師と患者に判断を委ねてよい，と思われる。これに対して，患者の意思が十分に明確とはいえないか，あるいは完全に不明確な場合は，前者では患者の延命拒否の意思がある程度推測できるかぎりで死期が切迫した時点（人工呼吸器使用の場合は切迫脳死の時点），後者では少なくとも死亡時点（人工呼吸器使用の場合は脳死の時点）までは治療を中止すべきでない，と思われる。

　以上のような正当化の限界を超えた場合は，医師であれ家族の者であれ，やむにやまれぬ心情ないし良心的葛藤から人工延命治療を中止すれば，せいぜい義務衝突（医師の場合）ないし期待可能性の不存在（特に家族の場合）による免責（責任阻却）が個別的な事案に応じてありうるにとどまる[17]。

　**6**　その他，最初からの差控えと開始後の中止は区別すべきか，という問題や，医療費の問題もあるが，ここでは割愛する。

　なお，量刑事情の中で，判決が，家族らとの意思疎通を欠いたと指摘している点，そして，「病院の管理体制には相当な問題があった」と指摘しつつ，「深刻かつ重大な判断を日夜迫られる終末医療の現場において，いわゆるチーム医療充実の必要性が指摘されて久しいにもかかわらず，本件病院においては，例えば，昏睡状態の患者にどのような態度で医療に臨み，余命推定等の重要事項をどう診断するかなどについてすら，チーム医療，すなわち複数の医師及び看護婦等が連携して症例を検討し，対応を決めていくことのできる体制が確立されていなかったことを指摘せざるを得ない。」と述べている点は，きわめて重要である。終末期医療においても，真のチーム医療の確立が

30　第1章　終末期医療・尊厳死と医師の刑事責任

望まれる。

　かくして，本判決は，これまでの学説および判例の議論の積重ねを十分に
考慮し，これをさらに発展させる内容を含むものであり，さらに医療現場へ
の警鐘を鳴らすものとして高く評価できる。

## 5　厚生労働省「報告書」の分析と尊厳死問題ガイドライン要綱私案

　1　さて，最後に，川崎協同病院事件第1審判決が投じた問題提起や国内
の最近の動向を踏まえつつ，国民および医療界に対して何らかの提言もして
おく必要性を痛感することから，先に取り上げた厚生労働省の「報告書」を
一定の範囲で参考にしつつ，尊厳死の問題についてのガイドライン要綱の枠
組みを呈示しておくことにする。同「報告書」は，貴重なデータを提供して
いるが，ガイドラインの枠組みを呈示するうえで重要と思われる部分の分析
を簡潔にしておこう。

　まず，自分が治る見込みのない持続的植物状態の患者になった場合，単な
る延命医療について，「やめたほうがよい」，または「やめるべきである」と
回答した者が多く（一般80％，医師85％，看護職員87％，介護施設職員84％──以下
略称とする。），その多くは，単なる延命医療を中止するとき，「人工呼吸器等生
命維持のために特別に用いられる治療は中止して良いが，それ以外の治療（床
ずれの手当や喀痰吸引等）は続ける」と回答している（般53％，医62％，看71％，介
65％）が，「一切の治療を中止してよい」とするものも少なくない（般28％，医
22％，看14％，介18％）。ここから，やはり中止の対象として，人工延命治療の
ような侵襲の程度の強いものが広く容認されていることがわかる。逆に，水
分や栄養分の補給については，原則として維持すべきことが方向として出て
くる。

　2　つぎに，リビング・ウィル（書面による生前の意思表示）については，5年

前の調査よりも賛成者が増加している（般59％，医75％，看75％，介76％）。とは
いえ，割合は医療関係者において多いものの，一般国民にはまだ周知されて
いない部分があるように思われる。しかし，書面に固執せずとも，「患者の意
思を尊重するという考え」には，全般的により賛同者が多い（般84％，医88％，
看89％，介87％）。また，リビング・ウィルの立法化については，いたって慎重
な姿勢がみられ，5年前の調査よりも賛成者が減少している（賛成は，般37％，
医48％，看44％，介38％）。

　ここから，患者の意思を尊重するにせよ，「報告書」も提言するように，立
法というハードな方式ではなく，選択肢としては，書面に限らず多様な方式
を採用するガイドライン方式のような柔軟な対応をすることの妥当性が導か
れるように思われる。もちろん，その場合でも，患者の意思の確認には慎重
さが要求され，意思確認を繰り返し行う必要がある。この点を強調している
点でも，「報告書」の提言の方向性は妥当である。

　しかし，課題として，家族・後見人の意思をどの程度考慮すべきか，とい
う問題は残る。この点についてのアンケートの結果は，肯定的回答はそれほ
ど多くない（般57％，医67％，看62％，介60％）。ということは，患者本人が明確
な意思表示または何らかの手がかりとなる意思表示をしていない以上，現段階
では問題点の解決にはならないということであろうか。さらに検討を要する。


　**3**　最後に，以上の世論の動向および「報告書」の提言，さらには先に示
した基本的視点をもとに，尊厳死問題についてのガイドライン要綱の私案を
示しておくことにする。もちろん，これは，暫定的なものである。

1 ）尊厳死問題の中心となる人工延命治療の差控え・中止に際しては，原
　則として患者の現実の意思表明または事前の意思表明（2年以内のもの）を
　中心に考えるべきである。また，患者の延命拒否の意思を合理的に推定
　できる証拠があれば，患者の病状の推移を見極めて予後が絶望的な場合
　にかぎり，人工延命治療の差控え・中止を認めることができる。

2 ）患者の事前の意思表明については，書面（リビング・ウィルやアドバンス・

ディレクティヴ）のみならず多様な形式を採用すべきである。ただし，口頭の場合には，家族および担当医・看護師を含め，複数人の確認を要する。いずれの場合も，最終的には，病院の倫理委員会またはそれに準じる委員会で確認することを要する[18]。

3）人工延命治療の差控え・中止の対象患者および対象治療ならびに中止の時期については，複数のスタッフが患者の病状を多角的に検討しつつ，個別的に慎重に判断すべきである。

4）人工延命治療の差控え・中止に際しては，家族等の近親者に十分な情報提供と説明を行い，同意を得ておくことを要する。

5）人工延命治療の差控え・中止に際しては，原則として栄養分・水分の補給を維持しつつ，「人間の尊厳」を侵害しないよう段階的に解除することが望ましい。その際，致死薬投与等の積極的な生命終結行為を行ってはならない。

# 6 結 語

以上，川崎協同病院事件第1審判決の分析をしつつ，併せて尊厳死問題の解決のためのガイドライン策定に向けた要綱私案を呈示してきたが，あくまで議論のたたき台であり，今後さらに患者側や医療職の意見を盛り込みつつ，もう少し具体化する必要がある。そして，「報告書」も指摘しているように，医療現場でのコミュニケーション・スキルの向上も不可欠である。

いずれにせよ，患者の生存権を十分に保障したうえでこの問題について何らかの具体的措置を講じなければ，前述の川崎協同病院事件，あるいは北海道羽幌町の道立羽幌病院で患者（90歳）の人工呼吸器を家族の同意を得ただけで取り外して患者を死亡させたという事件[19]，さらには福山市内の病院で家族の意思を尊重して医師が患者の人工呼吸器を取り外して死亡させたという事件[20]のように，この種の事件は日本でも頻発し，医療現場は混乱するであろう[21]。

1) 厚生労働省・終末期医療に関する調査等検討委員会（座長・町野朔教授）『終末期医療に関する調査等検討会報告書——今後の終末期医療の在り方について』（平成16年（2004年）7月）。同報告書は，厚生労働省のホームページ（http://www.mhlw.go.jp/shingi/2004/07/s0723-8.html）および部分的ながら樋口範雄編著『ケース・スタディ　生命倫理と法』（ジュリ増刊，2004年）92頁以下にも掲載されている。

2) また，2004年度に，中小規模の病院については，東京医科歯科大学の松島英介助教授〔現教授〕の研究班が調査を実施しており，同様に興味深い傾向が示されている。平成16年度厚生労働科学研究費補助金（効果的医療技術の確立推進臨床研究事業）「我が国における尊厳死に関する研究」（代表・東京医科歯科大学・松島英介助教授〔現教授〕）の『平成16年度　総括・分担研究報告書』所収の「アンケート調査のまとめ」（2005年）。なお，私もこの研究班に属し，「尊厳死問題の法的・倫理的側面に関する一考察——ガイドライン策定のための提言」を同報告書に寄稿した。本章の後半の提言部分は，その原稿に一部加筆を施したものである。

3) 毎日新聞2005年1月10日付朝刊等参照。

4) 朝日新聞ほかの2005年3月25日付夕刊，毎日新聞および朝日新聞ほかの2005年3月26日付朝刊等参照。

5) 外国（英米独）の動向および日本の議論の詳細については，甲斐克則『尊厳死と刑法』（成文堂，2004年）参照。本書の書評として，伊東研祐・ジュリ1285号（2005年）7頁，秋葉悦子・年報医事法学20号（2005年）176頁以下，河見誠・法の理論24（2005年）159頁以下がある。また，私見は，甲斐克則『安楽死と刑法』（成文堂，2003年）163頁以下でも示している。本書の書評として，町野朔・法教275号（2003年）75頁，佐久間修・現刑5巻1号（2004年）84頁以下，井田良・年報医事法学19（2004年）208頁以下，石井トク・Quality Nursing vol. 10 no. 1（2004年）88頁がある。いずれも丁重な書評であり，逐一取り上げて検討すべきであるが，別途行うこととし，本章では，重複を避けるため，学説の分析・検討は控えた。

6) 毎日新聞2005年3月31日朝刊等参照。〔テリ・シャイボ（Thevesa Marie Schiavo）事件の詳細については，佐藤雄一郎「PVS患者の治療中止と政治的介入との関係をめぐって——アメリカ合衆国・フロリダ州の一事件から——」生命倫理 Vol. 15, No. 1（2005）135頁以下，井樋三枝子「テリ・シャイボ事件において制定された2つの法律をめぐる問題点」外国の立法225号（2005）158頁以下参照。〕

7) この点については，甲斐・前掲注5)『尊厳死と刑法』71頁参照。

8) この点については，甲斐・前掲注5)『尊厳死と刑法』29頁参照。

9) この点については，甲斐・前掲注5)『尊厳死と刑法』86頁以下参照。

10) 例えば，1994年5月26日付で出された日本学術会議「死と医療特別委員会報告書『尊厳死について』」参照。

11) この点については，甲斐・前掲注5)『尊厳死と刑法』288〜289頁参照。

12) この点については，甲斐・前掲注5)『尊厳死と刑法』185〜186頁参照。

13) 事案の詳細については，甲斐・前掲注5)『尊厳死と刑法』207頁以下参照。

14) 例えば，1986年のブロフィー事件判決（In re Brophy, 497 N.E. 2d 626）について，甲斐・前掲注5)『尊厳死と刑法』186頁以下参照。

15) この立場を表明する最近の論稿として，佐伯仁志「末期医療と患者の意思・家族の意思」樋口編著・前掲注1) 86頁以下，特に89〜90頁，91頁がある。佐伯教授の問題提起は重要であり，別途検討したい。

16) この点については，甲斐・前掲注5)『尊厳死と刑法』271頁以下参照。

17) この点については，甲斐・前掲注5)『尊厳死と刑法』287〜288頁参照。

18) ここで倫理委員会を挙げているのは，世界のリーディング・ケースである1976年のアメリカ・ニュージャージー州のカレン・クィンラン事件判決（In re Quinlan, 70 N.J. 10, 355 A. 2 d 647）において，医師の専断を排するために倫理委員会が重要な役割を果たすことを指摘していた点を考慮したからである。この点について，唄孝一「『倫理委員会』考・2──カレン事件と倫理委員会」法時61巻6号（1989年）159頁以下参照。倫理委員会設置が無理でも，それに準じる特別委員会程度は必要である。

19) 読売新聞2004年5月14日付朝刊，朝日新聞2004年5月14日付夕刊，北海道新聞2004年5月14日付夕刊等参照。本件は2005年5月18日に書類送検された（読売新聞2005年5月18日付夕刊，毎日新聞2005年5月19日付北海道支社版朝刊等参照）。

20) 毎日新聞2005年3月26日付朝刊等参照。

21) 本章脱稿後，2005年6月に公表されたドイツの首相直属の国家倫理評議会の勧告『患者の事前指示──自己決定のひとつの道具だて（Nationaler Ethikrat, Patientenverfügung──Ein Instrument der Selbstbestimmung）』に接した。同評議会は，人工延命治療の差控え・中止の問題について，積極的な生命終結（積極的臨死介助）とは一線を画しつつ，患者の事前の指示に基づく行為の許容性（世話人〔Betreuer〕の役割を含む。）に関する14の勧告をしている。私見と近い内容も多々あり，大変参考になるが，紙数の関係で別途取り上げて検討したい。なお，この勧告文については，ドイツから早稲田大学大学院に留学している Katharina Gauchel さんより教示を得たことを付記しておきたい。

## 第2章

# 尊厳死問題における患者の自己決定のアポリア
## ——河見誠教授の批判に答える——

## 1　序

　最近（特に 2004 年以降），日本においても，尊厳死問題がにわかに動き始めた。厚生労働省「終末期医療に関する調査等検討会報告書——今後の終末期医療の在り方について」（2004 年 7 月）では，大病院対象のアンケート分析が中心ながら，一定の方向性を打ち出し，また，日本尊厳死協会によるリビング・ウィルを中心とした立法化要請の動きや，自民党と公明党が「尊厳死」の容認に向けた与党協議機関（会長，丹羽雅哉元厚相）を新設するという表明（2005 年 1 月 9 日）もあり，さらには，後述のように，2005 年 3 月 25 日には，人工延命治療の中止の許容性について川崎協同病院事件第 1 審判決（横浜地判平成 17・3・25（公刊物未登載〔判タ 1185 号 114 頁〕））が実に興味深い論理を展開している[1]。

　このような状況の中，先に刊行した拙著『尊厳死と刑法〔医事刑法研究第 2 巻〕』（2004・成文堂）に対して，法哲学者の河見誠教授〔元の論文当時は助教授であったが，本章では教授という呼称で統一した。〕は，身震いするほどの実に丁重かつ奥行きの深い批判と問題提起をされた〔河見誠「人間の尊厳と死の管理化——甲斐克則『尊厳死と刑法』を読んで————」法の理論 24 号（2005 年）159 頁以下〕。自著をここまで真摯に読んでいただいたことに深い敬意を表し，同時にそこで展開された批判の部分には真摯に答える学問的義務がある，と感じる次第である。そこで，本章では，河見教授が取り上げられた尊厳死問題における自己決定（権）の問題と「物語としての生と身体」論に

36　第2章　尊厳死問題における患者の自己決定のアポリア

焦点を絞って論じることにする。

## 2　尊厳死問題における患者の自己決定のアポリア

1　尊厳死（自然死）とは、「新たな延命技術の開発により患者が医療の客体にされること（「死の管理化」）に抵抗すべく、人工延命治療を拒否し、医師が患者を死にゆくにまかせることを許容すること」である、と私は定義したが[2]、河見教授は、この中の「死の管理化」に着目され、「患者の明確な治療拒否の意思表示がない限り尊厳死が認められないとすれば、医療によりもたらされる死の管理化への抵抗は、不十分なものに留まることにならないだろうか」、「また逆に、個人の『自己決定』を強調しすぎる場合、意思による『死の管理化』の問題が生じうる、ということも考える必要があるのではないだろうか」、と説かれる。この点に関しては、若干の誤解があるように思われる。

第1に、私見が自己決定を強調しすぎる見解であると捉えておられる点についてであるが、これは根本に関わるので、再反論しておきたい。終末期医療にかかわらず、生命の発生の諸問題を含めて生命と法に関する諸問題において、私は、基本的に自己決定万能主義に警鐘を鳴らしてきた。ここでは、安楽死を例にとると、まず、その前提となる嘱託・同意殺人の可罰根拠については、次のように説いた。すなわち、「一人の人間は、個人とはいえ、単に個として孤立的に存在するものではない。同時に社会的存在である。個的存在と社会の存在とは不可分の関係にある。生命は、そのような存在を担う法価値である。そして、各個人は、その生命という法益の享受者なのである。……個としての存在が同時に社会的紐帯を有するところに人間の人間たる所以がる。それゆえ、法は、その社会の根幹を形成する個々の人間の生命の放棄を許容しえないのである」[3]、と。そして、これを踏まえて、とりわけ積極的安楽死について、自己決定権を強調して正当化を論じる見解を批判的に検討して、そのような見解は、「結局、法自体が人間の社会的存在としての側面を危殆化せしめることになる」し、また、「殺害による苦痛除去は、規範論理

的に矛盾である」[4]，と説いた。このように，自己決定権を過度に強調する見解に対して，私は批判的立場であることを確認しておきたい。近時，宗岡嗣郎教授が「生命の自己所有と生命への自己決定」の問題を「自由の法理」の根源にまで掘り下げて批判的に検討して，私見の立場を擁護しておられるのは[5]，その意味で力強い支えとなる。そして，「自己決定権は重要だが，万能ではない」[6]という命題をここで再度呈示しておきたい。

2　第2に，しかし，自己決定権の問題を尊厳死の問題に当てはめて考えるとき，河見教授の目には，私見が自己決定権を強調する立場に映るのであろうか，それが前述のような批判になっているように思われる。そこで，この点を再考してみたい。

自己決定（権）の内容は，論者によって許容範囲に幅があるだけに，とりわけ医療問題においては多様である。私が批判した前述の立場は，積極的に生命を終結させる行為を嘱託・承諾するという意味での自己決定権を許容する見解である。これに対して，尊厳死の場合は，延命拒否権という意味での自己決定（権）に本質がある。「人間の尊厳」の内容をカントに倣って「人間を手段としてのみ使ってはならない」という脈絡で理解すると[7]，そこには自ずと，合理的根拠のない強制を拒否する権利を保障する内容が含まれざるをえないように思われる。人工延命器具を中心とした積極的な侵襲的介入に対して，患者は，少なくとも「ノー」と言える拒否権を持たない以上，生死を病院に管理されきってしまうことになるのではなかろうか。同書で私が主張しているのは，その意味における自己決定権の尊重である。最高裁が輸血拒否権を認めたのも（最判平成12・2・29民集54巻2号582頁），この脈絡で理解すべきである[8]。したがって，「個人の『自己決定』を強調しすぎる場合，意思による『死の管理化』の問題が生じうる」という批判は，必ずしも説得力を持っているとは思われない。

3　第3に，むしろ私見にとって重要と思われる批判は，「患者の明確な治

療拒否の意思表示がない限り尊厳死が認められないとすれば，医療によりもたらされる死の管理化への抵抗は，不十分なものに留まることにならないだろうか」，という点にある。ただ，この部分も若干の誤解があるように思われる。私見は，「患者の明確な治療拒否の意思表示がない限り尊厳死が認められない」というリジッドな見解ではない点を再確認しておきたい。同書の随所で展開したように，私は，患者の事前の延命拒否の意思を，① 明確な場合，② 十分に明確でない場合，③ 不明確な場合，という具合に３段階に分け，とりわけアメリカのコンロイ事件判決 (In re Conroy, 486 A. 2d 1209 (1985)) の３つのテストを意識しつつ，① の場合は当然にその意思を尊重してよく，② の場合も事前の意思表明に一定の合理的根拠があればこれを尊重してよいとし，③ の場合は患者が単なる客体に貶められているような場合（例えば，臓器提供のためにだけ延命されているとか，人体実験の客体にされている場合）を除き，基本的に延命治療の中止は認められない，という見解を展開している[9]。このうち，最も争いになるのは，② の場合であろう。この場合，私見によれば，コンロイ事件判決の説く制限的・客観的テスト（患者の治療拒否を推定せしめるある程度信頼に値する証拠があるとき，および患者の生存保持の負担が生存利益より明らかに重いと決定者が判断するとき，人工延命措置の差控え・撤去（抜去）〔中止〕を認めるテスト）をクリアーする場合が延命治療中止の許容性の限界だと考えるので，おそらく，河見教授の批判も，この場合に私見による許容範囲が限定されすぎている点に向けられているものと思われる。すなわち，「もしそうだとすれば，尊厳死問題が生じてきた根幹にある，『1分1秒でも』可能な限り延命をすべきだという近代医療の『延命至上主義』それ自体に対しては，正面からの問い直しが展開されていないことにならないだろうか」，と。町野朔教授や伊東研祐教授による私見に対する批評も，おそらく同様だと思われる[10]。

　このような批判の根底には，② の場合には（そして ③ の場合にも同様に）治療義務の限界をもっと緩やかに設定して広く延命治療の中止を認めてよいし，そのためには患者の意思に厳格に固執する必要はない，とする考えがあるように思われる。確かに，このような考えは，ある意味では，現実的な解決策

となり，医療現場にも歓迎されるかもしれない。しかし，他方で，それは，安易に第三者の判断を優先する方向に舵を切ることになりはしないか，という危惧の念がある。そして，その立場は，例えば，1993 年のイギリスのトニー・ブランド事件貴族院判決（Airedale NHS Trust v Bland,〔1993〕1 All ER 821）に代表されるように，患者の意思に固執せずに，むしろ「最善の利益」判断で対応する考えに接近するように思われる[11]。

**4**　最近，いわゆる川崎協同病院事件第 1 審判決（横浜地判平成 17・3・25 公刊物未登載〔判タ 1185 号 114 頁〕）は，東海大学病院「安楽死」事件判決（横浜地判平成 7・3・28 判時 1530 号 28 頁）以来 10 年ぶりにこの問題に言及した[12]。争点は，本件抜管行為が，治療不可能で回復の見込みがなく死が不可避な末期状態において，治療を中止すべく被害者の意思を推定するに足りる家族の強い意思表示を受けて，被害者に自然の死を迎えさせるために治療行為の中止としてなされたものであり，東海大学病院事件判決の説示に照らしても実質的違法性ないし可罰的違法性がないかどうか，であった。横浜地裁第 4 刑事部は，次のような論理を展開してこの主張を否定し，被告人を懲役 3 年執行猶予 5 年に処する判決を下した（被告人控訴中）。

①　治療中止は，患者の自己決定の尊重と医学的判断に基づく治療義務の限界を根拠として認められる。これは，生命の尊貴さを前提としつつ，自己の生き方の最後の選択としての死の迎え方・死に方の問題である。実行可能な医療行為のすべてを行うことが望ましいとは必ずしもいえない。

②　終末期における患者の自己決定の尊重は，自殺や死ぬ権利を認めるというものではなく，あくまでも人間の尊厳，幸福追求権の発露として，各人が人間存在としての自己の生き方，生き様を自分で決め，それを実行していくことを貫徹し，全うする結果，最後の生き方，すなわち死の迎え方を自分で決めることができるということのいわば反射的なものである。

40　第2章　尊厳死問題における患者の自己決定のアポリア

③　自己決定には，回復の見込みがなく死が目前に迫っていること，それを患者が正確に理解し判断能力を保持しているということが不可欠の前提である。回復不能でその死期が切迫していることについては，医学的に行うべき治療や検査等を尽くし，他の医師の意見等も徴して確定的な診断がなされるべきであって，あくまでも「疑わしきは生命の利益に」という原則の下に慎重な判断をすべきである。

④　自己決定の前提として十分な情報（病状，考えられる治療・対処法，死期の見通し等）が提供され，それについての十分な説明がなされていること，患者の任意かつ真意に基づいた意思の表明がなされていることが必要である。

⑤　病状の進行，容体の悪化等から，患者本人の任意な自己決定およびその意思の表明や真意の直接の確認ができない場合には，前記自己決定の趣旨にできるだけ沿い，これを尊重できるように，患者の真意を探求していくほかない。

⑥　その真意探求に当たっては，本人の事前の意思が記録化されているもの（リビング・ウイル等）や同居している家族等，患者の生き方・考え方等を良く知る者による患者の意思の推測等もその確認の有力な手がかりとなる。その探求にもかかわらず真意が不明であれば，「疑わしきは生命の利益に」医師は患者の生命保護を優先させ，医学的に最も適応した諸措置を継続すべきである。

⑦　医師が可能な限りの適切な治療を尽くし医学的に有効な治療が限界に達している状況に至れば，患者が望んでいる場合であっても，それが医学的にみて有害あるいは意味がないと判断される治療については，医師においてその治療を続ける義務，あるいは，それを行う義務は法的にはない。

⑧　この際の医師の判断はあくまでも医学的な治療の有効性等に限られるべきである。医師があるべき死の迎え方を患者に助言することはもちろん許されるが，それはあくまでも参考意見に止めるべきであって，本人

の死に方に関する価値判断を医師が患者に代わって行うことは，相当でない。

これらの枠組みは，私見に近いものであり，妥当なものと思われる（ただし，⑦については若干疑問がある。）。特に，④で，自己決定について患者の任意かつ真意に基づいた意思の表明がなされていることを原則としつつ，⑤で，病状の進行，容体の悪化等から，患者本人の任意な自己決定およびその意思の表明や真意の直接の確認ができない場合には，前記自己決定の趣旨にできるだけ沿い，これを尊重できるように，患者の真意を探求していくほかない，としている点，そして，⑥で，その真意探求に当たっては，本人の事前の意思が記録化されているもの（リビング・ウィル等）や同居している家族等，患者の生き方・考え方等を良く知る者による患者の意思の推測等もその確認の有力な手がかりとなる，としている点は重要である。さらには，その探求にもかかわらず真意が不明であれば，「疑わしきは生命の利益に」医師は患者の生命保護を優先させ，医学的に最も適応した諸措置を継続すべきである，としている点も看過してはならない。これらは，私の考えからも支持できる内容である。ただ，「患者の真意の探求」に際して家族等による「患者の意思の推測」について，河見教授の理解と私とでは許容度が異なるように思われる。そこで，つぎに，この点について論じることとする。

## 3 「物語としての生と身体」論の意義と問題性

1 河見教授は，「身体の尊重を，『1分1秒でも』身体的生命を延長することを求める『身体の絶対化』には結び付かせるべきではないだろう。それは身体を『肉体』として人工的制御のもとに置こうとすることであり，むしろ身体をモノ化，手段化し，侮辱的に破壊してしまう恐れがある」，と説かれる。これは，適切な指摘だと思われる。私も，この点に異論はない。問題は，その先にある。河見教授は，続けて，こう言われる。すなわち，「人間として『死

の過程』に突入しているにもかかわらず、『1分1秒でも』長く『肉体』を生かそうとすることは、『肉体』のみに身体の尊重、ひいては人間の尊厳性を矮小化しており、『肉体』に収まりきらない言わば『からだ』としての身体の存在性を無視しているのではないか。その意味で、死の過程において『肉体としての生命』の尊重を無条件に貫くことは『人間としての生命』の尊重につながらず、むしろ人間の尊厳の尊重に反する恐れがあるということになろう」、と。

　まず、ここで強調したいのは、私見は、決して「死の過程において『肉体としての生命』の尊重を無条件に貫くこと」を主張しているわけではない、という点である。コンロイ事件判決（前出）が呈示した3つのテストのうちの純客観的テストを、代行判断の枠組みにおいてではなく、むしろ患者が単なる客体に貶められているような場合（例えば、臓器提供のためにだけ延命されているとか、人体実験の単なる客体にされている場合）に採用して、治療義務の限界として人工延命治療を中止すべきだ、と考えているのである[13]。まさにこのような場合には、「人間を手段としてのみ扱ってはならない」というカントの命題に照らしても、河見教授が言われるように、「人間の尊厳」に反すると考えられる。したがって、ここまでは、河見教授の見解と私見とは、かなり近いものといえる。


　**2**　つぎに、むしろ問題とすべきは、河見教授が、「人が『死の過程』に入っているのを無理に引き戻そうとすることは、生命それ自体の尊厳に反する」との観点から、「身体がもはや生きようとしておらず、人間として『死の過程』に入っているときには、延命治療はむしろ原則的に行うべきでない」とされ、その「死の過程」とは「『人間として』の末期状態であり、人格的苦悩すらもはや不可能な状態（例えば遷延性植物状態や継続的激痛に苛まされ思考すら不可能に近い状態など）であることに加えて、身体全体として機能停止の段階に入りつつある状態である」、とされている点である。はたして、この立論は、妥当であろうか。確かに、遷延性植物状態患者は、尊厳死論議の対象の典型である

が，しかし，これにも医学的には幅があり，救急医は，絶望的でない以上，可能なかぎり救命措置をとる，という。極端な例かもしれないが，2004年12月18日放映のフジテレビ「(サイエンス・ミステリー) テリー・ウォレス：20年ぶりに植物状態から意識を回復」では，アメリカにおいて，交通事故で意識を喪失し，遷延性植物状態となった患者 (20歳) が母親の懸命の介護 (特に連日の声かけ) により，損傷していたアデニテート (7番染色体) が回復し，20年ぶりに意識を回復したとの報道がなされた。このような例もあることを忘れてはならない。「死の過程」に入っているかどうかは，それほど微妙であり，河見教授の見解だと，このような可能性も閉ざされてしまわないだろうか。ましてや，本人の意思から離れて，そのような判断を医師が下せるであろうか。また，「継続的激痛に苛まされ思考すら不可能に近い状態」の患者をその範疇に入れてよいかも，疑問である。

　3　河見教授は，ここで，「単に生命を引き延ばすに過ぎないことが明らかな積極的延命治療 (主因たる病気の治療のための治療や，蘇生術など) は，患者の明確な要望の意思表示がない限り原則的に行うべきでないし，反対に基本看護 (必要な程度の水分や栄養補給) や疼痛緩和治療等は，患者の明確な拒否の意思表示がない限り原則的に行うべきであろう」としつつ，両者の間の「グレイゾーンにおいては，延命治療一辺倒で対処することでは済まされない」として，「どう対処すべきかについての『対話空間』を当事者 (患者，家族，医療者など) に開くこと」を提唱される。すなわち，「患者の明確な意思表示がある場合には，それを最大限尊重するべきであろうが，明確な意思表示がない場合でも，『当該患者にふさわしい』扱いであるかどうかという基準で他の当事者 (まず第1位は家族などの近親者であり，それを医療者などがサポートする形になろう) が判断する余地が開かれる。何が『当該患者にふさわしい』か，というのは，家族の独断でも，医療上の判断であってもならず，……『患者の物語としての生』に基づくものでなければならない」，と。

44 第2章 尊厳死問題における患者の自己決定のアポリア

　この「対話空間」への参加を基軸とした「物語としての生と身体」論は，確かに，魅力的なものである。そして，「たとえ遷延性植物状態になったとしても身体全体として『生きよう』とする方向に向かっているならば，身体はなおその個人の人間としての生を切り開こうとしていると思われる。もはや意識や意思や思考が停止してしまっているとしても，過去においてその人が形成してきた人生の物語は存在する」という主張には，共感を覚える。「他者との新たな関係性」の展開可能性，あるいは「『からだ』を通してのコミュニケーションの可能性」を重視するこの立場は，結論において，河見教授も認められるように，存在論を志向する私の主張と重なる部分が多い。しかし，「微妙に異なる帰結をもたらす」部分こそが重要である。それは，「延命治療に関する具体的な意思表示が過去に見られず，現在の意思が確認できない場合でも，その人生の物語から推測して，治療拒絶という生き方を選ぶであろうと確言しうるならば，家族など近親者による推定的意思判断を認めることが可能であろう」，とされる点である。

　患者の現実の意思表示がない場合に，家族の意思による患者の意思の推定を広く認めようとする見解は，近時，佐伯仁志教授によっても唱えられている[14]。もっとも，佐伯教授の見解は，「家族の意思と患者の意思が合致しない可能性が高いことを医師が特に知っている場合や，家族の判断が著しく不合理で患者の意思と合致しない可能性が高いと思われる場合のような，例外的場合を除いて，原則として家族の意思から患者の意思を推定することが許される」という限定が付いており，しかも，「問題は，家族の意思による推定を広く認めることが理想的かどうかではなく，認めない場合と比較してどちらが望ましいかである」[15]，とされる点で，河見教授の見解と若干基本的スタンスが異なる。河見教授においては，「人格共同展開」の人間関係を構築してきた者として家族が位置づけられているので，より比重が重い。確かに，これは，傾聴に値する。しかし，2005年にアメリカ・フロリダ州で15年間も植物状態を続けたテレサ（テリ）・シャイボさんの人工栄養補給チューブ取外しをめぐる問題で，取外しをテリ・シャイボさん本人が望んでいたという夫とそ

れを否定するテリ・シャイボさんの母親の意見が食い違い，政治家が介入するという問題にまで発展したケース[16]等を考慮すると，安易に家族の判断を優先することもできない。また，川崎協同病院事件が示すように，医療者がサポートするにせよ，医師が生命に関する自己の価値観を患者側に押し付けるような懸念もある。したがって，私は，濫用を警戒する「猜疑心」ある刑法学者としての性かもしれないが，「物語」を他者が改竄する懸念ないし「暗雲」を指摘しつつ，この問題に取り組まざるをえない，と考える次第である。それは，決して「意思の絶対化」を主張するものではない。自己の生を最期まで自分らしく生きることを保障する重要な砦として患者の延命拒否権を位置づけ，川崎協同病院事件第1審判決も説くように，可能なかぎり「患者の真意の探求」の途を模索すべきだと考えるものである。ドイツの国家倫理評議会の最近の勧告[17]もその方向にあるし，私が提言している尊厳死問題ガイドライン要綱私案[18]もその方向にある。そして，将来的には，成年後見制度の活用なども一定の範囲で考える必要性も痛感する。

# 4 結 語

　以上，拙著に対する河見教授の真摯な批判に答えてきたが，舌足らずのところがあるかもしれない。それにしても，こうして懸命に再反論をしてみると，自己の見解がまだまだ論じ足りない部分があることを自覚せざるをえず，学問の奥行きを感じ，何よりも爽快感が残る対話であったような気がしてならない。尊厳死の問題は，日本でももっとこのような腰の据わった議論や対話が専門領域を超えて各方面で進むことが望まれる。そして，今後も，機会があれば，河見教授と学問的対話をしてみたいという余韻を残しつつ擱筆することとする。

　　1) 最近の動向の詳細については，甲斐克則「終末期医療・尊厳死と医師の刑
　　　事責任——川崎協同病院事件第1審判決に寄せて——」ジュリスト1293号

46　第2章　尊厳死問題における患者の自己決定のアポリア

（2005年7月1日号）98頁以下〔本書第1章〕参照。その他，2004年に北海道羽幌町の道立羽幌病院で患者（90歳）の人工呼吸器を家族の同意を得ただけで取り外して患者を死亡させたという事件が2005年になって書類送検されたり，福山市内の病院で家族の意思を尊重して医師が患者の人工呼吸器を取り外して死亡させたという事件が捜査の対象となっている〔その後，いずれも不起訴処分となっている。〕。

2）甲斐克則『尊厳死と刑法［医事刑法研究第2巻］』（2004・成文堂）1頁。本書の書評として，伊東研祐・ジュリスト1285号（2005）7頁，秋葉悦子・年報医事法学20（2005）176頁以下がある。

3）甲斐克則『安楽死と刑法［医事刑法研究第1巻］』（2003・成文堂）25頁。本書の書評として，町野朔・法学教室275号（2003）75頁，佐久間修・現代刑事法5巻1号（2004）84頁以下，井田良・年報医事法学19（2004）208頁以下，石井トク・Quality Nursing vol. 10 no. 1（2004）88頁がある。

4）甲斐・前出注3）41頁。

5）宗岡嗣郎「自由の法理――共生の現実の中で――」三島淑臣教授古稀祝賀『自由と正義の法理念』（2003・成文堂）43頁以下，特に46頁以下参照。

6）甲斐・前出注3）5頁。

7）「人間の尊厳」については，甲斐・前出注2）86頁以下のほか，同「『人間の尊厳』と生命倫理・医事法――具現化の試み――」前出注5）三島古稀『自由と正義の法理念』489頁以下〔甲斐克則『被験者保護と刑法［医事刑法研究第3巻］』（2005・成文堂）11頁以下所収〕参照。

8）この輸血拒否事例および最高裁判例については，甲斐克則『医事刑法への旅I』（2004・現代法律出版）52頁以下，特に56頁以下参照。

9）甲斐・前出注2）92頁以下，209頁以下，286頁以下参照。

10）町野・前出注3）75頁，伊東・前出注2）7頁参照。

11）トニー・ブランド事件貴族院判決を含めたこの問題の詳細については，甲斐・前出注2）271頁以下参照。

12）第1審が認定するところによれば，被告人（川崎協同病院の呼吸器内科部長）は，昭和60年（1985年）ころから主治医として担当していた患者Iが，平成10年（1998年）11月2日から気管支喘息重積発作に伴う低酸素性能損傷で意識が回復しないまま入院し，治療中の患者Iについて，延命を続けることでその肉体が細菌に冒されるなどして汚れていく前に，Iにとって異物である気道確保のために鼻から気管内に挿入されているチューブを取り去ってできるかぎり自然なかたちで息を引き取らせて看取りたいとの気持ちをいだき，同月16日午後6時ころ，同病院南2階病棟228号室において，患者I（当時58歳）に対し，前記気管内チューブを抜き取り呼吸確保の措置を取らなければIが死亡することを認識しながら，あえてそのチューブを抜き取り，呼吸を確保する処置を取らずに死亡するのを待った。ところが，予期に反して，Iが「ぜいぜい」などと音を出しながら身体を海老のように反り返らせる

などして苦しそうに見える呼吸を繰り返し，鎮静剤を多量に投与してもその呼吸を鎮めることができなかったことから，そのような状態を在室していた幼児を含むその家族らに見せ続けることは好ましくないと考え，このうえは，筋弛緩剤で呼吸筋を弛緩させて窒息死させようと決意し，同日午後7時ころ，事情を知らない准看護婦（当時24歳）に命じて，注射器に詰められた非脱分極性筋弛緩薬である臭化パンクロニウム注射液（商品名「ミオブロック注射液」）を，Iの中心静脈に注入させて，まもなくその呼吸を停止させ，同日午後7時11分ころ，同室において，Iを呼吸筋弛緩に基づく窒息により死亡させて殺害した。なお，本判決の詳細な分析については，甲斐・前出注1）98頁以下〔本書第1章〕参照。

13）甲斐・前出注2）211頁参照。しかし，これは，同書においてあまり強調していないので，誤解を受けているのかもしれない。その補足として，甲斐・前出注1）103頁〔本書第1章〕参照。本文での回答は，町野・前出注3）75頁および伊東・前出注2）7頁に対する回答にもなるであろう。

14）佐伯仁志「末期医療と患者の意思・家族の意思」樋口範雄編著『ケース・スタディ　生命倫理と法』（2004・ジュリスト増刊）86頁以下。

15）佐伯・前出注14）90-91頁。

16）毎日新聞2005年3月31日付朝刊等参照。〔テリ・シャイボ（Theresa Marie Schiavo）事件の詳細については，佐藤雄一郎「PVS患者の治療中止と政治的介入との関係をめぐって——アメリカ合衆国・フロリダ州の一事件から——」生命倫理 Vol. 15, No. 1（2005）135頁以下，井樋三枝子「テリ・シャイボ事件において制定された2つの法律をめぐる問題点」外国の立法225号（2005）158頁以下参照。〕

17）Vgl. *Nationaler Ethikrat*, Patientenverfügung-Ein Instrument der Selbstbestimmung.

18）甲斐・前出注1）106頁〔本書第1章〕参照。

第3章

# ドイツにおける終末期医療をめぐる
# 法的・倫理的論議の最近の動向

## 1 はじめに

　終末期医療をめぐり，日本，ドイツ，オランダ，フランス，イギリス，ア
メリカ等で法的・倫理的議論が盛んに行われている。私は，これまで，諸外
国における終末期医療をめぐる議論の経緯を一定程度フォローしてきた
が[1]，本章では，ドイツにおける終末期医療をめぐる法的・倫理的論議の最近
の動向について述べることにする[2]。

## 2 ドイツにおける議論の動向

　　1　大きなインパクトを与えたケンプテン事件連邦通常裁判所判決（1994
年9月13日 BGHSt. 40, 257）は，すでに紹介したように，末期とはいえない意思
決定能力のないアルツハイマー病の患者(70歳)から人工栄養補給を打ち切っ
た刑事事件であり，厳格な要件の下での推定的同意による打切りの正当化の
余地を認めた[3]。その後，フランクフルト上級地方裁判所判決（1998年7月15
日 MedR 1998, S. 519ff.）は，不可逆的昏睡状態患者（85歳）の経管栄養補給打切
りの許可を求めた民事事件で，本人に同意能力がない場合に世話人の同意が
後見裁判所の許可を必要とするかについて，ドイツ民法1904条の類推適用
を認めた[4]。また，ミュンヘン地方裁判所判決（1999年2月18日 MedR 2000, S.
89ff.）は，脳梗塞に罹患した重度の脳組織精神症候群の患者から栄養補給

チューブを打ち切るよう世話人（＝息子）が許可を求めた民事事件において，ドイツ民法 1904 条の直接適用ないし類推適用を否定し，延命措置に関する決定は世話人に委ねることのできない事柄であり，それゆえ後見裁判所の決定を必要とする事柄ではない，と判示した[5]。

　その後，さらに重要な民事判例が登場した。2003 年 3 月 17 日のリューベック事件連邦通常裁判所決定である（BGHZ 154）。本件は，失外套症候群に罹患した患者の世話人に指定された息子が患者の事前指示に基づいて「ゾンデ送管による栄養補給」中止を求めた民事事件である。区裁判所およびラント裁判所は請求を却下したが，連邦通常裁判所は破棄差戻しの決定を下した。その論拠は，(i) 患者に同意能力がなく不可逆的な経過を辿り始めた場合は，「患者の事前指示」の意思表示に基づいて延命措置を中止すべきである，(ii) 世話人は，医師や看護スタッフに対して，自己の法的責任および民法 1901 条の基準に従って患者の意思を表現し，認めさせなければならない，というものであった[6]。


　**2**　これらの一連の判例に触発されて，ドイツ連邦医師会を中心に医学界にも変化が出てくる。ドイツ連邦医師会は，古く 1979 年に「臨死介助の指針」（Bundesärztekammer, Richtlinien für die Sterbehilfe）を出していた。それによれば，臨死介助は，不可逆的な過程の途上にあり，近いうちに死に至る不治の疾病に罹患している患者の場合にのみ許容されるのであり，事前の書面を手掛かりに患者の推定的意思を顧慮しようとするものであった。そして，その後の状況および議論の変遷に対応すべく，1993 年には，「医師による死の看取りのためのドイツ連邦医師会の指針」（Richtlinien der Bundesärztekammer für die ärztliche Sterbebegleitung）が出された。それによれば，「死にゆく人（Sterbender）」とは，ひとつまたはいくつかの生命機能が不可逆的に不全し，死の到来が近いうちに予想されている患者であるという前提のもと，延命処置の中止は，死の到来の引延ばしが死にゆく人の苦痛の過酷な引延ばしであり，原疾患の不可逆的な過程に影響を与えることはもはや不可能である場合に許容さ

れるというものであった。「死の看取り（Sterbebegleitung）」という言葉がこのころから使われ始めている点に留意する必要がある。

そして，前述のケンプテン事件判決の影響を受けて，1998年には，「医師による死の看取りのためのドイツ連邦医師会の諸原則」（Grundsätze der Bundesärztekammer zur ärztlichen Sterbebegleitung）が出された。それによれば，臨死介助は，不治の疾病に罹患しているが死への過程がまだ始まっていない患者でも，生命維持処置が苦痛を引き延ばすにすぎない場合には許容される。具体的には，① 臨死介助は，患者の意思に合致しなければならない，② 患者指示（Patientenverfügung）は，医師の活動の「本質的な援助」であり，治療を必要とする具体的な状況に言及し，患者により撤回された示唆がないかぎり，拘束力を有する，という内容のものであった。これは，かなり支持を得ていたようである。しかし，前述のリューベック事件決定の影響を受けて，これに修正を加え，2004年に，「医師による死の看取りのためのドイツ連邦医師会の諸原則」の改定版を出した。それにより，① 患者指示を定義し（「意思表示無能力となった場合に将来の治療についての承諾能力ある患者の文書または口頭の意思表示」），患者指示で述べられた意思が医師を拘束する，② 栄養および液体の補給は必ずしも基本看護に含まれない，という具合に変更された。

**3** この動向に触発されて，公的ルール策定の動きも始まった。2002年のドイツ連邦議会審議会答申「最終報告書」『現代医療の倫理と法』（Ethik und Recht der Modernen Medizin）は，「死の看取りと臨死介助」について問題提起をしていたが（SS 428-437），2004年9月13日に『患者の指示に関する中間報告』（Zwischenbericht der Enquete-Kommission Ethik und Recht der modernen Medizin, Patientenverfügungen）を出した[7]。詳細は割愛するが，そこでは，入念な検討と事前指示に関するいくつかの提言（少数意見付）が行われている〔「中間報告」とあるが，実質的には「最終報告」である〕。とりわけ患者の事前指示の射程範囲を，基本疾病が不可逆的であり，医学的な治療にもかかわらず死に至る事案に限定し，基本看護を患者指示によって除外することはできない，と提

52　第3章　ドイツにおける終末期医療をめぐる法的・倫理的論議の最近の動向

言している。しかも，有効条件として，書面主義を堅持すべきだとしている。かなり厳格な立場を打ち出したといえよう。

　他方，2004年6月10日，司法大臣ツィプリース（Zypries）が設置した「末期における患者の自律」を検討する作業部会が「報告書」（Patientenautonomie am Lebensende—Ethische, rechtliche und medizinische Aspekte zur Bewertung von Patientenverfügungen. Bericht der Arbeitgruppe "Patientenautonomie am Lebensende" vom 10. Juni 2004. www.bmj.bund.de/media/archive/695.pdf）を出している。そこでは，終末期医療における自己決定権の尊重が説かれ，とりわけ推定的意思の尊重にウェイトが置かれている。これを受けて，2004年11月1日に司法省第3次世話法改正法参事官草案が作成されたが，棚上げになり，2005年2月に撤回された。

　**4**　さらに重要なのが，2005年6月2日に首相直属の国家倫理評議会（Nationaler Ethikrat）が出した「患者指示——自己決定のひとつの道具立て」（Patientenverfügung—Ein Instrument der Selbstbestimmung）という報告書である[8]。本文では入念な検討が行われているが，ここでは紙数の関係で，最後にまとめられた勧告14のポイント（立法提言も含む）を簡潔に紹介しておくことにする。立法化には疑問点もあるが，論理は，日本の議論においても実に参考になる。

　1．議論が積極的臨死介助の禁止に疑問を投げかけるものであってはならない。
　2．決定能力を有する者は，将来に決定能力を失う場合に備えて，患者指示により，将来採られる医学的処置（生命維持処置を含む。）についてそれを受けるか否かを決定する権利を有する。患者指示の要件および射程範囲は，法律によって規定されなければならない。
　3．患者指示は，患者と医師，看護スタッフ，代理人もしくは近親者との間の法律関係に影響を及ぼすので，民法典の中に規定されるべきである。刑法においても補充的規制が望ましい。

4．立法者は，ある人が明確かつ十分に具体的にある医学的処置に関して
　決定した患者指示が医師および看護スタッフに対して拘束力を有するこ
　とを明確にすべきである。

5．患者指示の射程範囲と拘束力を疾病の特定の段階に限定すべきではな
　い。

6．患者指示の規律を行うと同時に，世話人および任意代理人の権限を法
　律上明確化すべきである。立法者は，本人が指名した代理人や裁判所が
　選任した世話人が患者指示で定められた治療のあり方を，医師および看
　護職者に対して，場合によっては近親者に対しても貫徹しなければなら
　ない，と命じるべきである。

7．患者が明確かつ十分に具体的に懸案の状況に関して自己決定した患者
　指示は，たとえ世話人や代理人の視点から見れば患者の福祉に反してい
　る場合であっても，世話人や代理人に対して拘束力がある。

8．代理人や世話人が患者指示を濫用している根拠が存在する場合には，
　後見裁判所の管轄を準備すべきである。さらに，立法者は，患者指示の
　承認と解釈にあたり，世話人，医師，看護職者，および近親者の間に意
　見の相違が生じる場合には，世話人の決定について後見裁判所の許可を
　必要とする，と規定すべきである。

9．当該患者指示が存在しない場合，代理人と世話人の権限をそれぞれ区
　別して規定すべきである。

　　上記の場合，世話人は，被世話人の推定的意思に沿った被世話人の福
　祉に拘束されるべきである。世話人は，被世話人にとって死亡や相当程
　度重大かつ長期的な被害の危険と結び付く決定についてはすべて後見裁
　判所の許可を得なければならないようにすべきである。

　　これに対して，任意代理人の決定権限は，委任状とそれによって与え
　られた裁量の余地に従うべきである。後見裁判所は，任意代理人が与え
　られた裁量の余地を越えていることに根拠がある場合にかぎり，管轄が
　認められるべきである。

54 第3章 ドイツにおける終末期医療をめぐる法的・倫理的論議の最近の動向

10. 立法者は，書面またはそれに比肩しうる確実な証拠記録（ビデオテープ等）を患者指示の有効要件とすべきである。この要件に合致しない表明は，推定的意思の探求にあたって斟酌されるべきものとする。

11. 患者指示の有効性は，専門的知識に基づいた相談の先行に関らしめるべきではない。

12. 患者指示に現実性（Aktualität）をもたせるべきである。

13. 立法者は，とりわけ認知症患者の増加を顧慮して，決定能力を有しない人が生きる意欲の徴候を示したときは，治療行為を拒絶する患者指示の拘束力が取り消されることを明確にしなければならない。ただし，以下の場合には，このかぎりではない。

　a）医療に関する決定を行う状態が患者指示の中に十分に具体的に記述されている場合。

　b）患者指示が上述の生きる意欲の徴候に言及し，それが決定要素として重要性を有することを否定している場合。

　c）患者指示が書面で作成され，またはそれに比肩しうる方法で確実に記録されている場合。および

　d）患者指示の作成に先立って適切な相談が行われている場合。

14. 患者指示の有無は，養護施設の入所の要件にされてはならない。患者指示は，決して経済的な目的で濫用されてはならない。


　5　以上の法曹界，医学界および政界の動きに触発されて，2006 年には，ドイツ刑法学会でも，刑法改正を含む新たな「死の看取り法対案（Alternativ-Entwurf Sterbebegleitung）」がハインツ・シェヒ（Heinz Schöch）やトルステン・ヴェレル（Torsten Verrel）ら 24 名の学者から提言された（GA2005, S. 553ff.）。1986 年の「臨死介助法対案（Alternativentwurf eines Gesetz über Sterbehilfe）」[9]に次ぐ立法化の提言ではあるが，賛否両論があり（詳細は別途取り上げる。），連邦医師会の上記ガイドラインで対応するのが趨勢のようである。

## 3　おわりに

　最近，日本においても，終末期医療ないし尊厳死に関する事件（射水市民病院事件等），裁判例（川崎協同病院事件第1審判決（横浜地判平成16・3・25判タ1185号114頁）および第2審判決（東京高判平成19・2・28判タ1237号153頁））に触発されて，日本緩和医療学会，日本救急医学会，日本医師会等の医学界のガイドラインの策定の動きや厚生労働省を中心にした「終末期医療に関するガイドライン」策定の動き（たたき台の呈示）があり，また，国会議員も超党派で立法化を目指す動きがある状況にある[10]。以上のドイツの議論は，日本の今後の議論への示唆を含むものが多いように思われる。


1)　甲斐克則『安楽死と刑法』（成文堂，2003年），同『尊厳死と刑法』（成文堂，2004年）等参照。
2)　フランスについては，本誌〔年報医事法学22号〕掲載の本田まり「病者の権利および生命の末期に関する2005年4月22日の法律」参照。
3)　甲斐・前出注1)『尊厳死と刑法』233頁以下参照。
4)　甲斐・前出注1)『尊厳死と刑法』254頁以下参照。
5)　甲斐・前出注1)『尊厳死と刑法』255頁参照。
6)　詳細は，武藤眞朗「人工栄養補給の停止と患者の意思」東洋法学49巻1号（2005）1頁以下，特に12頁以下参照。
7)　邦訳として，山本達監訳：松田純＝宮島光志＝馬渕浩二訳『人間らしい死と自己決定──終末期における事前指示』（知泉書館，2006年）がある。
8)　詳細については，カタリナ・ガウヘル「患者の自己決定権と臨死介助の規制──自己決定の手段としての患者指示に関するドイツ国家倫理評議会の報告（翻訳と解説）」生命と医療・法と倫理 Vol.1（2006）（早稲田大学）36頁以下参照。
9)　甲斐・前出注1)『安楽死と刑法』80頁以下参照。
10)　甲斐克則「法律からみた尊厳死」医療情報センター編『尊厳死を考える』（中央法規，2006年）77頁以下，同「尊厳死・安楽死をめぐる法と倫理」麻酔55巻増刊号（2006年）93頁以下〔本書序章〕参照。

## 第4章

# 終末期医療と尊厳死
## ——日本刑法学会ワークショップから——

**1** 日本刑法学会では，これまでも終末期医療に関するワークショップを行ったことがあるが（甲斐克則「安楽死・尊厳死の新局面」刑法雑誌 36 巻 3 号（1997）110 頁以下参照），今回は，日本でも終末期医療ないし尊厳死に関するガイドラインの策定をめぐって厚生労働省を中心に動き（「たたき台」の呈示（2006 年）および「終末期医療の決定プロセスに関するガイドライン」の呈示（2007 年））があり，また，国会議員も超党派で立法化を目指す動きがある状況下で，「終末期医療と尊厳死」の問題のルール作りに対して刑法学がどのように対応すべきか，という点に焦点を当てて討論を行うことにした。10 年前にも一定の動きがあったが，あまり進展はなかった。しかし，今回は，相次ぐ医療現場での延命治療打切りをめぐる事件が発生するに及び，各方面からの問題関心が強く，とりわけ刑事責任の問い方にも大きな関心が集まっている。これは，日本だけではない。そこで，比較法的観点も視野に入れながら，50 名程度の参加者とともに議論を深めた。

**2** 前半 90 分間では，まず，甲斐の方から，この問題に関する最近の日本における事件（射水市民病院事件等），裁判例（川崎協同病院事件第 1 審判決〔横浜地判平成 16・3・25 判タ 1185・114〕および同第 2 審判決〔東京高判平成 19・2・28 判タ 1237・153〕），医学界の対応（日本救急医学会ガイドライン案等），公的ガイドライン（前出），立法化，および学説の動向等を簡潔に紹介した。つぎに，武藤眞朗会員（東洋大学）に，ドイツのケンプテン事件（1994 年）およびリューベック事件（2003 年）の 2 つの重要な連邦通常裁判所判例およびドイツ連邦医師会のガイドラ

58　第4章　終末期医療と尊厳死

イン（特に2004年）の紹介をしていただき，ドイツにおける判例の動向および連邦医師会のガイドラインの法的意義について述べていただいた。なお，最近出された連邦議会審議会の提言（2004年）と国家倫理評議会の提言（2005年）およびドイツ刑法学会の動向については，甲斐が補足した。さらに，東雪見会員（成蹊大学）には，2005年4月22日に成立した「患者の権利と終末期に関する法律」（いわゆる「フランス尊厳死法」）について，立法経緯，背景，およびその内容と問題点について述べていただき，併せて立法による解決方式の意義と問題点について，日本の状況との比較も視野に入れつつ指摘していただいた。

　3　10分間程度の休憩の後，後半95分間程度を総合討論に当て，参加された会員間での意見交換を十分に行った。理論的争点は，患者の自己決定（延命拒否）権の意義と限界を中心に，代行判断，推定的意思，家族の役割，「最善の利益」テスト，医師の裁量の範囲，治療義務の限界，刑事法的介入の是非等に絞った。また，ルール形成として，立法方式か，ガイドライン方式か，それとも従来通り個別的解釈に委ねるか，手続として配慮すべき点は何か，についても議論した。以下，順次，議論のポイントを整理する。

　まず，前提問題として，いくつかの質問が出された。第1に，川崎協同病院事件の第1審および第2審判決では死期が切迫していなかったという点を重視しているが，人工延命治療中止の問題においてフランスやドイツでは「死期の切迫性」はどのようになっているのか，という質問が出された。これに対して，ドイツやフランスでは，やり方次第では死期が切迫していなくても抜管行為のような治療中止は認められているとの回答がそれぞれなされた。

　第2に，日本の裁判例では，抜管ないし生命維持装置の取外しが消極的安楽死の問題として扱われているように思われるが，どう理解すればよいか，という確認の意味の質問が出された。これに対して，尊厳死の問題としてはもっと幅を持たせて議論してもよいのではないか，あるいは，抜管でただちに死が訪れる場合と栄養補給停止の場合を同一に扱えると一概にはいえない，との回答がなされた。

第4章　終末期医療と尊厳死　59

　第3に，これと関連して，医療現場では，最初からの延命治療差控えと一度装着した延命器具の取外しを同等に扱えるのか（特に後者の場合は殺人罪の正当化が困難とされている点），について悩んでいるが，これをどう考えるのか，という重要な質問が出された。これに対して，確かに，両者の区別を強調する見解も根強く，それが医療現場に影響を及ぼしているが，その見解だと，最初から延命器具を装着しない方がよいということになりかねず，救命を優先する救急医療の本旨や実態とそぐわないことになるのではないか，むしろ両者は本質的には「これ以上の延命治療をしない」という不作為として考えるべきではないか（もちろん，その条件は慎重に判断すべきではあるが），という回答がなされた。

　第4に，やはり関連問題として，東海大学事件判決以来，エアウェイの撤去も人工呼吸器や人工栄養補給と同レベルの治療中止の問題だとして議論が行われているのは疑問であるとの質問が出された。これに対して，尊厳死・延命治療の中止の問題として議論すべき対象は，人工呼吸器とか人工栄養補給チューブといったかなり侵襲性の強い介入と考えられる治療であり，単なる気道確保のためのチューブだとかエアウェイといったものは，むしろ消極的安楽死の範疇ではないか，という回答，ドイツでは人工栄養補給は人工呼吸器の使用と基本看護との間の中間に位置するもので，相対的に判断される，という回答，さらには，フランスでは，患者の現実の意思がある場合についてはそれに従うが，患者が意思表示できない場合は栄養分・水分等の基本的なもの（エアウェイも原則としてこれに入る）は必要なものであるがゆえに中止できない，という回答がそれぞれなされた。

　**4**　つぎに，患者の意思をめぐる議論が行われた。とりわけリビング・ウィル等の事前の意思表示があっても生存期間や生存可能性を（家族の希望も考慮して）優先すべきではないか，という質問が出された。また，公証人の会員から，公証人のところへリビング・ウィルを持参する人も出始めたが，現行法上は必ずしも拘束力があるわけではないことを告げておく，という説明もあ

60　第4章　終末期医療と尊厳死

り，その有効性については3年毎の更新が必要である，という意見が述べられた。さらに，川崎協同病院事件第2審判決では，リビング・ウィル尊重の考えや家族の承諾を本人の承諾とみなす考えを否定したが，ドイツやフランスでも患者が〔自己の考えを〕言わない以上何もできないということに実際なっているのか，という質問が出された。

　これに対して，ドイツでは，「事前の指示書」を後見裁判所が審査をし，一定の拘束力を持たせているし（ただし，医学的適応がない場合には医師の裁量を尊重するようにも解される），フランスでは，最後の裁量判断で事前意思に拘束されることはない（その意味では自己決定権には限界がある）が，状況に応じて柔軟に対応している，という回答がなされた。また，ドイツ連邦議会の立法化に関する最新情報，およびアメリカのリビング・ウィルに関する状況および無益な治療の打切りを認める法律も各州で誕生しつつあるという最新情報がフロアーから寄せられた。

　また，刑法理論的な観点から，川崎協同病院事件第2審判決が述べているように，刑法202条との関係で明示の同意の限界をどのように考えればよいか，という質問が出された。これに対して，本人が拒否すれば何ら問題がないかというとそうではなく，不作為説だと何とかクリアーできるとしても，作為説だと課題が残るという回答，あるいはフランスでは殺害に対する同意は無効とされているという回答がなされた。これと関連して，川崎協同病院事件第1審判決が示した自己決定の尊重と治療義務の限界という2つの枠組みの関係はどのように捉えればよいか，という質問も出され，数名の回答者もその点が不明だという点で一致した。

　さらに，自己決定モデルが強調されているが，それで大丈夫か，という質問が出された。これに対して，代替モデルが治療義務モデルやイギリスのように「最善の利益」モデルになると，「無益性（futility）」の論議が医師の裁量と結び付く懸念があるので，自己決定モデルをベースとしつつ，それがどこまで及ぶかという形で議論を進めるのがベターではないか，という回答がなされた。これと関連して，患者の希望に反する治療をすれば違法とされるよ

うだが，本当にそれでよいのか，という質問も出され，治療行為一般をめぐる議論も含め，自己決定に関する議論にはまだ課題があることが確認された。

**5**　最後に，終末期医療のルール化について，日本では厚生労働省の「終末期医療の決定プロセスに関するガイドライン」ができたばかりだが，ドイツの連邦医師会のガイドラインやフランスの新立法と比較してこれで十分か，という点について議論が行われた。

まず，日本救急医学会がガイドライン（案）を示しているが，特に人工延命器具の取外しを認めることについて法的効力があるのか，という質問が出された。これに対して，厚労省の上記ガイドラインと同等の重みがあるかは疑問だとする意見のほか，日本救急医学会でも十分に詰められていない，という意見も寄せられた。また，警察関係者から，現場での対応とガイドラインについて意見が出された。さらに，警察の捜査と検察の訴追裁量との関係についても質問が出された。ガイドラインおよび立法化の是非については，時間の関係もあり，あまり十分には議論できなかった。

**6**　以上，熱気溢れる討論の結果，終末期医療・尊厳死の問題について検討すべき今後の課題が浮き彫りになったように思われる。今後のさらなる議論の展開に期待したい。

〔本章は，2007 年 5 月 26 日に名城大学天白キャンパスで開催された日本刑法学会第 85 回大会におけるワークショップの記録である。〕

63

### 第5章

# 終末期医療における病者の
# 自己決定の意義と法的限界

## 1 序

1　近年，延命医療技術が様々な形で進歩してきて，終末期医療において
も多様な問題が出現している。何より，これまでであれば助からなかったで
あろう生命を人工呼吸器や人工栄養補給チューブの使用等により救うことが
可能になった。その意味では，われわれが近代医療の恩恵を受けていること
は間違いない。しかしながら，反面で，本人の意思に反して人工的に延命さ
せられているという事態も生じてきた。この問題は，深刻な形で日常生活に
いろいろな問題を投げかけているように思われるし，とりわけ高齢化社会を
迎えて，他人事ではなく自分の問題として考えざるをえない[1]。また，なかに
は非常に同情を誘う事件も多々ある。例えば，介護疲れから病気の伴侶を殺
害したという非常に気の毒な事件，親子間でも相当な高齢になってしまうと
いうことから高齢者となった子どもが介護疲れからさらに高齢者である親を
殺害したという事件，難病といわれる ALS の息子（成人）の人工呼吸器を母
親が自宅で取り外して死亡させた事件，さらには患者の人工呼吸器を主治医
が自己の判断で取り外した事件等も生じている。さらに，例えば，がんの末
期に激痛が走り，耐えがたい状況で，いかに苦痛を取りながら最期を迎えら
れるだろうか，という日常的に直面しやすい深刻な安楽死の問題もある。
　いったい終末期医療において病者の自己決定（権）はいかなる法的意義を
有し，その法的限界はどこにあるのか。そもそも生命という法益は，どのよ

うな本質的性格を有するのか。そして，それらが終末期医療の場合にどのように反映するのか。刑法では，やはり人を殺すと殺人罪という確固たる規範（刑法 199 条ないし 202 条）があるわけで，この現実問題を法的にどう考えていけばよいのか，という深刻な問題が立ちはだかっている。こういう状況の中で自分のことは自分で決めるという「自己決定権」の考えがどこまで尊重されるであろうか。あるいは，人間の自由はどこまで尊重されるであろうか。こうした問題に正面から答えなければならない。

**2** この問題は，ここ数年，様々な場面で各国において議論されている。これまでに筆者は，安楽死および尊厳死の問題に関して，長年にわたりこのような問題意識から著書・論文を公にしてきた[2]。その基本的視座は，2つある。第1は，1人の人間は，個人とはいえ，単に個として孤立的に存在するものではなく，同時に社会的存在であり，個的存在と社会的存在とは不可分の関係にある以上，生命もそのような存在を担う法益である，という点である[3]。第2は，自己決定（権）は重要だが，万能ではない，という点である[4]。この視点は，法的観点のみならず，生命倫理の観点からも重要ではないか，と考える。しかし，生命という法益に関わるだけに法学の分野でも議論は錯綜しているし，他方，法学と生命倫理の間でも議論が噛み合わない場合もあるが，本章では，法学と生命倫理における共通の基盤を提供したい。

法学，とくに刑法学においては，当該行為が犯罪となるか否かという観点から，当該行為の正当化（違法性阻却）ないし免責（責任阻却）について議論を展開するため，社会的インパクトが強い反面，個別の病者・患者や家族に対するケアないしサポート（精神面も含む）をどのようにするか，あるいは意思決定のプロセスにおいてどのような配慮をなすべきかという繊細な問題，さらには医療制度に関する問題に言及しないことが多い。ところが，そういったところに真の問題がある場合が多い。しかし，それらは，生命倫理ないし医療倫理の守備範囲である。法律が，あまりに繊細な部分にまで介入するのは，むしろ弊害が増える懸念もある。したがって，法律と生命倫理とは，相

互に補完しつつこれらの難問に立ち向かわなければならない，と考える。現在，様々なガイドランが公表されつつあるが，このような観点からそれらを位置づける必要がある。

3　誰もが直面する死であるが，こと生命に関わると，誰かが代わることができない，という宿命がある。したがって，「自分らしく最期を迎える」とは言うが，安楽死や尊厳死の問題を考えるときには，「いかに自分らしく最期を生きるか」という問題だ，と筆者は捉えている。法的に言うと，生存権を十分に保障したうえで最期を考える，ということでなければならない。最期を良く生きることを考えずに，死ぬことばかり，あるいは死なせることばかりを考えるのは，前提を取り違えた議論である。このような問題意識から，以下，本章では，病者の自己決定（権）の意義と限界に焦点を当てつつ，まず，安楽死の中でも，とりわけ議論が分かれる積極的安楽死の問題について論じ，つぎに，自殺および自殺幇助の問題について論じ，最後に，最も難解な尊厳死の問題について論じることにする。

## 2　安楽死と病者の自己決定

1　まず，「安楽死」の定義をすると，「安楽死とは，死期が切迫した病者の激しい肉体的苦痛を病者の要求に基づいて緩和・除去し，病者に安らかな死を迎えさせる行為である。」[5]と言える。この中には3つの要件が入っている。

第1は，死期の切迫である。これは，後述の尊厳死と違うところでもある。尊厳死の場合には寝たきりで何年間も意識がないままベッドに寝ている状態，とりわけ集中治療室にいる状態が典型例だが，安楽死の場合には死期が切迫しているという前提がある。典型例として余命1週間とか10日程度だが，もちろんこれにも若干の幅はある。

第2は，病者の激しい肉体的苦痛の存在である。ここで留意すべきは，あ

えて肉体的苦痛に限定している点である。人間の苦痛には，もうひとつ精神的苦痛がある。精神的苦痛は，これ自体判断が難しいということもあるし，身体レベルでは不治であるということを医学的に認定しやすい部分があるが，精神レベルの場合には立ち直ることが不可能と断定し難い状況がある。したがって，精神的苦痛というものをここに入れるべきではない，と考える。オランダの安楽死等審査法では精神的苦痛自体を積極的安楽死の許容要件に入れているが，これは問題がある。人生には精神的に苦しい場面はいろいろあるわけだが，それで安楽死が許されるとなると，いくら命があっても足りないということになる。したがって，精神的苦痛だけ単独で安楽死の要件として取り上げるわけにはいかない，と思われる。もちろん，両者が併存する場合はある。肉体的苦痛と精神的苦痛の両方が並存することは否定できないし，それを認めることは特に問題はないであろう。

　第3は，病者の要求に基づいてその苦痛を緩和・除去する，という点である。「患者」と言わずに「病者」と言っているのは，病院に行く人は患者だが，自宅で最期を迎える人も存在するので，一括して「病者」と呼んでいるからである。この第3の要件も非常に重要である。本人の要求がなかったならばどうなるであろうか。かつてマスコミ報道ではときどき，患者の要求がないにもかかわらず，「安楽死」という見出しで報道することがあったが，これは誤解を招く。確かに，英米では，安楽死を「任意的安楽死（voluntary euthanasia）」と「非任意的安楽死（involuntary euthanasia）」に分けつつも，なお「安楽死」の範疇で議論をする傾向もあるが，しかし，後者は，正確には「慈悲殺人」（mercy killing）という範疇の内容と解すべきである。病者が「痛い，苦しい，痛みを取ってくれ」などと訴えるのでついつい生命を奪う場合は典型的な安楽死だが，そうではなくて，本人は何も言わないのだけれども「見ていて気の毒だから」とか，「顔つきから判断しておそらく苦しんでいるに違いない」と思い込み，同情でついつい生命を奪うというのが慈悲殺人である。慈悲殺人は，行為者が医師であったり，看護師であったり，近親者であったりする。日本の刑法では，199条が普通殺人罪を規定しているが，慈悲殺人は，

まさにこの 199 条にあたる。同意があった場合には，同じ殺人罪でも刑が軽い同意殺人罪（刑法 202 条）に該当する。これを区別しておかないと，慈悲殺人も安楽死だということになり，なまじ情の深い人がそばにいると，寝たきりの人をもひっくるめて，自分の主観だけで「苦しいに違いない」との思い込みで病者の生命を奪いかねないことになる。したがって，両者に一線を画しておく必要がある。

**2**　なぜ最初にこのように意義とか定義にこだわるかというと，人類には苦い経験があるからである。周知のように，ナチス・ドイツの時代にヒトラーが「T4 計画」と言われる秘密指令による政策を採った。最初は典型的な安楽死を念頭に置いていた部分もあるが，段々とエスカレートしていった。ナチス登場前の時代，すなわち第 1 次世界大戦でドイツは敗戦し，経済的に大変苦しい状況になり，何とか経済を建て直そうというその時代に，寝たきりの人々だとか重度の精神障害の人々に対して，「生存の価値なき生命」というものが存在すれば，財政上それだけでコストがかかるので何とかしてそういう人々の生命を絶てばコストが削減されるという思想的背景があった。それを実践したのがヒトラーであった。かなりの医師がヒトラーの命令に逆らえずに，次々と大量虐殺という道に進んで行った[6]。これがユダヤ人大虐殺を含む「生存の価値なき生命の毀滅」という大惨事（ジェノサイド）であった。

　しかし，この考えは，ヒトラーが最初に考えたわけではないことに注意する必要がある。1920 年にカール・ビンディングという大刑法学者が，精神医学者アルフレッド・ホッヘとともに，何を思ったのか，前述のような状況にある治る見込みのない患者を殺害しても刑法上許されるのではないか，という問題提起をしたのである[7]。このときに使った言葉が「生存の価値なき生命の毀滅」であった。当時は，まだワイマール時代であった。こういう問題は，ナチスのような突出した時代に突然出てくるのではなくて，ある意味では平穏な時代にも，どこかに考えとして潜在的にあるということを認識すべきである。しかし，これを実践すると悲劇を招くということは，人類が経験

した「反面教師」というべき体験である。その人類史上の苦い体験を安楽死論議の前提に据え置くべきである。

それでは，安楽死はタブーかというと，現代社会ではそういうわけにもいかない。ドイツでも，ナチス問題を真摯に意識しつつ，いろいろな反省を加えながら，それとは一線を画して，どうしても本人が苦痛に苛まれて耐えがたいといった一定の場合には患者の自己決定権を尊重して，安楽死を一定の範囲で認めようという動きが1970年代後半から出てきた。この傾向は，ドイツだけではなく，他の諸外国でも概ね同様である[8]。

**3** しかし，安楽死問題は複雑であり，内容的にいくつかのバリエーションがある。1954年にドイツのカール・エンギッシュが試みた以下の分類[9]が今も参考になる。

第1は，「純粋な安楽死」と言われるもので，これは，典型的な安楽死と言うよりも，むしろ緩和ケアと言うべきかもしれない。この場合，苦痛があれば本人の希望に応じて順次苦痛除去薬ないし苦痛緩和剤（鎮痛剤）を投与していくが，死期には影響を及ぼさない。この純粋な安楽死は，一般的に適法である。生命倫理の観点からも，特に問題はないように思われる。それは，まさに緩和ケアそのものである。これが許されなければ，医療現場ではおよそ鎮痛剤の投与はできない，ということになる。

第2は，「間接的安楽死」とか「治療型安楽死」と言われるもので，積極的な行為ではあるが苦痛緩和・除去の付随的結果として死期が早まるという形態である。苦痛が出てくるごとにそれを抑制する薬剤の量が増えるので，凄い痛みが出た場合，当初の何倍かの量を投与せざるをえない事態を迎えることがある。鎮痛剤の代表であるモルヒネやオピオイドなどは麻薬であり，副作用が強く，量が増えると生命に影響を及ぼすという宿命がある。これをうまく使えば鎮痛効果があるので，最近になって「ペインクリニクス（鎮和医療）」がようやく普及してきたが，それでもなおこういう安楽死の形態はありうる。

しかし，この行為は，最初から患者を殺そうと思ってそういう薬を与える

わけではなく，最後の鎮痛薬（「最後の一服」）投与の付随的結果として患者が死ぬことがある，というものである。この間接的安楽死は，結論として，世界的に一般に適法であるし，倫理的にも「二重結果の理論」により許容されている。この場合は，薬の使用の最初の段階からその後の事態の推移がある程度分かっていて（もちろん，インフォームド・コンセントが前提ではあるが），苦痛をとっていくわけであり，「それでもかまわないからこの苦痛を取ってくれ」ということを患者が訴えれば，患者に対して，「こういう副作用がある」ということを十分説明して，「それでもいいから何とか苦痛を取ってくれ」という希望を受けて最終的に患者が死亡したという場合には，緩和ケアの一環として，この行為は適法である。理論的に簡潔に言えば，間接的安楽死の適法性の根拠自体は，「被害者の承諾」や「緊急避難の法理の準用」などが組み合わさって超法規的に違法性が阻却され，したがって適法である[9]。その意味では，この場合，病者の自己決定は尊重される。しかし，医療現場では，がんの告知の希望患者が増えたとはいえ，まだ病院によって対応が違うので，その周辺に難しい問題は残っているし，緩和ケアの中で意識混濁状態での意思の確認をどうするか，という問題も残っている。

第3は，「消極的安楽死」であり，患者の意思に応じて延命措置を差し控え，それを使う場合よりも死期が早まる場合である。例えば，リンゲルとか通常使う栄養補給を「止めてくれ」と患者が言った場合が典型である。これらを使っていた場合よりは死期が若干早まるといった場合，これは，一般にどの国でも適法である。生命倫理の観点からも，特に問題はないように思われる。本人の意思に反した延命の強制はできない，と言わねばならない。この論理は，後述の尊厳死の問題に通じる[10]。

**4**　第4に，最も問題となるのが，「積極的（直接的）安楽死」である。これは，「間接的安楽死」という言葉に対して本来ならば「直接的安楽死」という言葉が適切であるが，通常は「積極的安楽死」と呼ばれる。例えば，塩化カリウムや筋弛緩剤といったような，もともと鎮痛薬とは質的に違う致死の薬

70　第5章　終末期医療における病者の自己決定の意義と法的限界

剤を投与して患者を死なせる場合である。古くからよく議論される安楽死というのは，この積極的安楽死が典型例である[11]。このようなケースは昔からあったが，しかし，これを病院でやってよいのかという問題，あるいは家庭でやってよいのかという問題，これは非常に深刻な問題である。そして，この場合に病者の自己決定がどのような意味を有するか，が問われることになる。

　積極的安楽死も正当化できるという代表的な考えは，自己決定権を強調する見解である。すなわち，「自律的生存（自己決定をなしうる主体）の可能性がないことおよび死の意思の真実性を担保する客観的な条件を考慮して，本人の自己の生命に対する処分権を許容しよう」とするのである[12]。自己決定権を強調するならば，間接的安楽死との差異を設けるべきでないという論理も，確かに成り立ちうる。

　しかし，総じて人間は，苦しい状況になると，弱気になり，通常は感じないプレッシャーを感じて弱音を吐いたりする傾向がある。「もう死にたい」という言葉を鵜呑みにするわけにはいかない。病気になった場合，患者の内心は非常に複雑で流動的である。特に高齢化社会では，高齢患者が家族に遠慮したり，あるいは家族構成も様変わりしている部分があるので，「家族に迷惑をかけてはいけない」，「自分が死んだ方が家族のためになるのではないか」，ということを優先的に考えて，ついつい「死にたいので毒の入った薬でもくれ」，と言ってしまった場合に，「本人が希望した」ということで家族がこの言葉を録音してこれを証拠として安楽死させたというのであれば，問題の大きなすり替えであろう。

　また，仮に死ぬ意思が真摯なものであっても，刑法202条が同意殺人罪を規定しているのは，生命が個人的法益とはいえ，単なるパターナリズムによる処罰という側面よりも，むしろ個的存在であると同時に社会的存在ないし類的存在でもある人間の生命の重さに起因する不可処分性を示している，と言える[13]。人間の生命はその人1人のものであることは間違いないが，こと処分権の有無という点では，1人だけで処分可能なものかというと，そうで

もない部分があるのではないか。そうかと言って，生命は国家とか社会に直接帰属すると考えるべきでもないし，生命の神聖性を過度に強調すべきでもない[14]。近時，身体の自己所有論を根本から批判して「共生」という観点から私見を支持する見解[15]が出されているのは，その意味で重要である。生命は個人の法益であっても自由に処分できないものである，と考える。この考えからすると，本人が望んだから何をやってもよい，というわけにはいかない。

かくして，せいぜい苦痛を取りながら順次最期を迎える，というのが適法な緩和医療の限界ではなかろうか。最後の場面であれば塩化カリウムあるいは筋弛緩剤を使用してよい，というわけにはいかない。ましてや，「自殺の権利」（後述）あるいは「死にたい患者がいれば殺害してよい」ということを法律が正面から認めるわけにはいかない。憲法上，「生きる権利」は存在しても，「殺害されることを請求する権利」は存在しない。そもそも，直接的殺害による苦痛除去ということ自体，前提である生命を奪うものだけに規範論理的に矛盾している。「自己決定権は重要だが，万能ではない」ことを自覚する必要がある。ドイツやイギリスでも，議論状況は同様である[16]。

その他，人道主義の観点から，あるいは仏教の「惻隠の情」ないし「惻隠の心」から正当化しようとする考え[17]もかつてはあったが，その基準の曖昧さと情緒性は，正当化根拠として問題があるため，現在，支持者は少ない。

それでは，積極的安楽死がつねに犯罪となるのかというと，必ずしもそうではない。家族が思い余って病者の命を奪った場合，あるいは長年の親しい医師が良心的葛藤からやむなく積極的安楽死を行った場合，たとえ違法ではあっても，刑法上，その緊急状態での期待不可能性（適法行為を期待することがきわめて困難な心理的状態）あるいは義務衝突（専門職としての生命維持義務と個人的な良心に基づく患者の自己決定尊重義務）という観点から，きわめて例外的ながら責任を阻却するという場合がありうる，と考えるべきである。もっとも，この場合に「最後の出口（final exit）論」という観点から違法性阻却を説く見解[18]もあるが，特殊事情を一般化して正当化論に持ち込むのは問題であり，これはむしろ刑法理論としては責任阻却事由として位置づけるべきであろう。責

任阻却説は真の問題解決にならないとの批判もあるが[19]，正当化を一律に認めることの弊害の方が大きいように思われる。ましてや，オランダ[20]やベルギーのように積極的安楽死を合法化することは，「堤防決壊」ないし「滑りやすい坂道（slippery slope）」に至る懸念が大きいので，なおのこと問題である。

**5**　他方，判例は，かつて名古屋高判昭和 37 年 12 月 22 日（高刑集 15 巻 9 号 674 頁）において，安楽死の適法化要件として，「(1) 病者が現代医学の知識と技術からみて不治の病に冒され，しかもその死が目前に迫っていること，(2) 病者の苦痛が甚だしく，何人も真にこれを見るに忍びない程度のものなること，(3) もっぱら病者の死苦の緩和の目的でなされたこと，(4) 病者の意識がなお明瞭であって意思を表明できる場合には，本人の真摯な嘱託又は承諾のあること，(5) 医師の手によることを本則とし，これにより得ない場合には医師によりえない［と］首肯するに足る特別な事情があること，(6) その方法が倫理的にも妥当なものとして認容しうるものなること」を挙げ，これが長年指導的役割を果たしていた。しかし，とりわけ (6) の要件が曖昧であったことから，いわゆる東海大学病院「安楽死」事件（本件自体は安楽死の事案ではなかった）において横浜地判平成 7 年 3 月 28 日（判例タイムズ 377 号 148 頁，判例時報 1503 号 28 頁）は，この 6 要件をやや修正し，医師による末期患者に対する致死行為が積極的安楽死として許容されるための要件として，「① 患者が耐えがたい肉体的苦痛に苦しんでいること，② 患者は死が避けられず，その死期が迫っていること，③ 患者の肉体的苦痛を除去・緩和するために方法を尽くし他に代替手段がないこと，④ 生命の短縮を承諾する患者の明示の意思表示があること」を呈示した。これを肯定する見解も多いが，①② は妥当だとしても，③ の要件は，「他に代替手段がない」という判断がどういう基準でなされるのか，不明である。モルヒネ等を用いた緩和医療（ペインコントロール）をあまりやっていない病院だと，致死薬である筋弛緩剤や塩化カリウムを安易に用いることになりかねない。患者を著しく不安定な前提条件に置いてはならない。④ も，「真摯な」という要件が消えているのが気にかかる。要件列挙に

基づく正当化論も，やはり課題を残す[21]。以上のことを詰めて考えると，実質的には間接的安楽死が正当化の限界であることに帰着する。

　かくして，積極的安楽死については違法である，と解される。しかし，あらゆる場合に積極的安楽死を処罰すべきかというと，必ずしもそうではなくて，刑法上，責任阻却が考えられる。すなわち，適法行為を行う期待可能性がなかったとか，医師であれば，患者を救いたいという職業上の義務と，「苦痛を取ってくれ」という患者の訴えに従おうとする良心的義務の葛藤，つまり義務衝突が極限状況では起こりうるわけで，このような場合には，ごく例外的ながら責任を問わないことがありうる，と考える[22]。


　**6**　以上のように安楽死を大きく 4 つに分けたが，最後にもうひとつ，アメリカの議論に見られる「医師による自殺幇助 (physician assisted suicide ＝ PAS)」という形態がある。アメリカのミシガン州では，積極的安楽死が駄目なら専門の医師が患者のベッドのすぐそばに致死薬入りの装置を持って行き，患者がスイッチを押すと，一酸化炭素が含まれた点滴液が流れて患者が自動的に死ぬという器械を医師が作って提供した事件（ジャック・キヴォーキアン医師事件）が起き，結果的に，1996 年 3 月 8 日に陪審評決で無罪となった。また，オレゴン州の「尊厳死法」(1994 年) のように「医師による自殺幇助」を合法化した州もある。しかし，ワシントン州やニューヨーク州では，自殺幇助罪の違憲性をめぐる裁判が提起されたが，合憲判断が下され，医師による自殺幇助合法化を目指す立法化は実現しておらず，全体としてはその適法性に関して，正当にも疑問が持たれている[23]。

　なお，オレゴン州では，連邦薬物規制法 (CSA) に関して 2001 年 11 月 6 日にジョン・アシュクロフト (John Ashcroft) 司法長官が出した，医師による自殺幇助のために薬物を使用することは連邦薬物規制法 (CSA) に違反する旨のディレクティヴに対して，翌 11 月 7 日，オレゴン州が司法長官らを相手に同ディレクティヴの差止め訴訟を提起して争ったが，同州連邦地裁は，2002 年 4 月 17 日，連邦法の解釈問題として，正当な医療行為の内容・目的につい

74 第5章 終末期医療における病者の自己決定の意義と法的限界

ては各州の判断に委ねられるべきだという理由から，原告の訴えを認め，同ディレクティヴの効力を否定する差止め命令を出した[24]。その後，2006年1月17日に，連邦最高裁は，オレゴン州法について合憲判決を下したが[25]，それは，州の問題は州で解決することを容認するにとどまるものであり，医師による自殺幇助を一般的に適法と認めたものではないし，決してそれは「自殺の権利」を認める論理を展開しているわけではないのである。医師による自殺幇助の容認は，やはり行き過ぎであろう。PASの評価をめぐり，世界中で評価が揺れ動いているが，少なくとも医師による積極的な自殺幇助は，法的に正当化困難と思われる。

### 3 自殺幇助と病者の「死ぬ権利」
#### ──ダイアン・プリティ事件を素材に──

1 つぎに，そもそも病者に自殺幇助を利用しての「死ぬ権利」があるか，という問題について検討してみよう。ドイツでも議論があるが[26]，ここでは素材として，難病患者の「死ぬ権利」を否定したダイアン・プリティ事件ヨーロッパ人権裁判所判決[27]を取り上げることにする。

事実の概要は，こうである。イギリス人である申立人ダイアン・プリティ（Diane Pretty, 43歳の女性）は，中枢神経内の運動神経の進行性の神経退化疾患（progressive neuro-degenerative disease）である運動ニューロン疾患（motor neurone disease＝MND）に罹患している。その疾患は，身体の随意筋を冒す進行性の筋肉（特に手足および呼吸をコントロールしている筋肉）の衰弱をもたらし，その結果，死に至る。話したり飲み込んだりすることをコントロールする筋肉も衰弱するため，レスピレーターに接続することもできず，肺炎になったりする。その疾患の進行を防止する治療は何もない。ダイアンの病状は，1999年11月にMNDと診断されて以来，急速に悪化し，なお進行している。彼女は，首から下が麻痺しており，ほとんどはっきり話すことができず，チューブを通して食事を得ている。彼女の生存の期待はほとんどなく，せいぜい数週間

から数か月と予測されている。しかしながら，彼女の知性および意思決定能力は損なわれていない。その疾患の最終段階はきわめて苦しく，かつ尊厳に欠ける。彼女は，もしその疾患がそのコースを辿れば，苦痛および尊厳のない状態に耐えなければならないことに脅えて悩んでいるので，どのようにしていつ死ぬかをコントロールし，かつそれによってその苦痛および尊厳のない状態から免れることができるよう強く望んでいる。

　ところが，イギリス法においては，自殺行為は犯罪ではないが，自殺幇助は犯罪である（自殺法《the Suicide Act 1961》2条1項）。そこで，彼女が夫の手を借りて自殺ができるようにするために，ダイアンの弁護士は，公訴局長官（Director of Public Prosecutions＝DPP）に，彼女に代わって書かれた2001年7月27日付の書簡において，申立人の夫が彼女の願望に従って自殺幇助をしても訴追しないよう求めたが，2001年8月8日付の書簡において，公訴局長官は，そのような約束をすることを拒否した。それで，2001年8月20日，ダイアンは，公訴局長官の決定についての司法審査および次のような救済の申立をした。① 2001年8月8日付の公訴局長官の決定を取り消す命令。② その決定が違法であり，かつ公訴局長官が，求められた保障を与えることによって違法に行為することはない，という確認判決。③ 公訴局長官に，求められた保障を与えることを要求する強制命令。もしくは ④ 1961年の自殺法2条は，ヨーロッパ人権条約（以下「条約」という。）2条，3条，8条，9条および14条と矛盾する，という確認判決。しかし，2001年10月17日，貴族院合議法廷は，申立を却下し，公訴局長官は訴追を行わないという保証を与える権限を有さず，自殺法2条1項は条約と矛盾しない，という判決を下した。

　そこで，ダイアンは，2001年12月24日，連合王国に対する，連合王国自体による人権および基本的自由の保護のために，条約34条に基づいてヨーロッパ人権裁判所（以下「人権裁判所」という。）に申立を行った。すなわち，彼女の夫が彼女の自殺を幇助した場合に公訴局長官が訴追免除を拒否すること，および自殺幇助禁止は，条約2条，3条，8条，9条，および14条に基づく諸権利の侵害である，というのがその主張内容である。

**2** しかし，人権裁判所は，主に以下の理由から全員一致でこの申立を棄却した。重要部分をみておこう。

まず，2条違反の認定について。「条約2条は，生活の質（quality of life）を持って生きるという問題，および人が自己の人生の中で何を行うべきかを選択することとは関係がない」（§39），と述べる。条約2条は，歪曲して解釈しないかぎり，死ぬ権利を授けるものとして解釈されえないし，個人に対して生きるより死ぬことを選ぶ権利を授けるという意味での自己決定権を創出するものでもない（§39），というわけである。かくして，条約2条からはいっさい死ぬ権利を引き出すことはできず，条約2条違反はなかった（§40，§42），と説く。

つぎに，3条違反の申立について。条約3条の「処遇」の類型にあたる「虐待」とは，「激しさが最低限度まで達しており，実際の身体的損傷ないし激しい身体的・精神的苦痛を伴うものである」（§52）とし，処遇が，人としての尊厳に対する尊重の欠如を示すことで，または人としての尊厳を傷つけることで，個人を辱め，あるいは品位を貶めるものである場合，さらには個人のモラルならびに身体的抵抗力を破壊する可能性のある恐怖・怒り・劣等といった感覚を呼び起こすものである場合，このような処遇は，屈辱的なものとみなされ，条約3条の禁止にあてはまる，と説く。自然に発生した疾患から生まれる苦痛は，身体的なものであれ精神的なものであれ，こうした苦痛もしくはリスクの存在が，その処遇によって悪化させられる場合には，条約3条によってカバーされるが，本件においては，被告である国家が申立人に何の虐待も加えておらず，また，申立人が国家医療当局から十分な治療と受けていないという不平の訴えも存在しない（§52，§53）。公訴局長官の拒絶的態度ならびに刑法による自殺幇助禁止が非人道的かつ屈辱的な処遇を示すものだという申立人の主張は，処遇概念の拡張である。条約2条は，殺人あるいは人の死をもたらす行為を禁止するものであり，自己の死を許容するか手伝うように国家に要求する権利を個人に与えるものではないし，条約3条の下では何ら国家の積極的義務は生じず，自殺幇助の他の形式のために適法な機会

を提供するよう要求する義務も生じない。したがって，条約3条の違反はいっさい存在しなかった（§54，§55，§56）。

さらに，8条（特に1項）違反の申立について。条約8条は，人格的発展の権利，他の人間ならびに外界との関係を構築・発展する権利をも保護している。個人的自律の概念は，条約8条の保障を解釈するうえでその基礎をなす重要な原理である（§61）。自己自身で選択して人生を送る能力は，身体的・道徳的害悪あるいは当該個人にとって危険な性質を持つものと認識される活動を追求する機会をも内容とする（§62）。医療処置の領域においては，特別な処置への同意を拒絶することは，必然的に致命的な結果をもたらすであろう。延命効果を持つかもしれない治療に同意するのを断ることで，死の選択を行使するよう求める人がいるかもしれない（§63）。本件では，申立人は退行性疾患のひどい作用に悩まされており，このような疾患は，彼女の状態を悪化させる原因となり，肉体的・精神的苦痛を増悪させるであろう。彼女は，夫の手助けによって生命を終結させるという選択をすることで，その苦痛を緩和することを望んでいる。人生の終末期の過ごし方を彼女が選ぶことは，生きる行為であり，彼女は，このことも尊重されねばならない，と求める権利を有している（§64）。「まさに条約の本質は，人間の尊厳と人間の自由の尊重である」。条約において保護されている生命の神聖さという原理をいかなる方法でも否定しないように，当裁判所は，生活の質という概念が重要性を帯びるということが条約8条に基づく，と考えている。「より長い人生への期待と結び付く，ますます発展する医療の先端領域では，多くの人々にとって，高齢ないしは進行した肉体的・心理的衰えの状況において生き長らえることを強いられるべきではないということは関心事である。こうした衰えは，強く抱かれた自己ならびに人格の同一性という考えと矛盾する」（§65）。

**3**　さて，本判決をどのように評価すべきであろうか。本件は，運動ニューロン疾患（MND）に罹患している患者（申立人）が夫の手を借りて自殺ができるようにするために，弁護士を通じて英国公訴局長官に対し，夫が彼女の願

望に従って自殺幇助をしても訴追しないよう求めた稀有な事件であり，しかもいわば「死ぬ権利」を正面から求めてヨーロッパ人権裁判所で争った注目すべき事件でもある。本判決は，入念な分析を行いつつも，最終的に申立人の主張を退けたが，その法的位置づけを正確にしておく必要がある。

第1に，条約2条は，「すべての者の生命に対する権利は，法によって守られなければならない」旨を規定するが，本判決が，同条が「死ぬ権利」を授けるという意味での自己決定権を創出するものではない，と説いているのは，議論の前提として正当である，と思われる。そして，ヨーロッパ人権裁判所がこのことを宣言したことは，ヨーロッパにおける今後の立法論を含む議論にも大きな影響を与えるものと思われる。申請者は，自殺幇助を受けることを認めることは条約2条と矛盾しない，さもなければ，自殺幇助が違法でない国はこの規定に違反していることになってしまう，と主張した。さらに，同条は「生きる権利」だけでなく，「生き続けるか否かを選択する権利」をも保護している，とも主張した。確かに，自殺法2条1項により自殺関与を処罰する（14年以下の拘禁刑）イギリスと異なり，ドイツやフランスのように自殺関与行為を不可罰にしている国もあるが，しかし，例えば，ドイツにおいても，自殺者を眼前にして放置すれば，場合によっては救助不履行罪（刑法323c条）が適用されることもあり，その意味では自殺関与行為を完全に適法としているわけではない。そもそも，前述のように，1人の人間は，個人とはいえ，単に個として孤立的に存在しているわけではなく，同時に社会的存在でもあり，個的存在と社会的存在とは不可分の関係にある。生命は，そのような存在を担う法益であり，各個人は，その生命という法益の享有者であることから，生命を放棄する権利は認められない[28]。したがって，「死ぬ権利」を一般的に認めることは，生命の不可処分性に抵触するといえよう。問題は，本件のように，不治の難病患者の場合にもそれが妥当するか，である。

そこで，第2に，条約3条との関係について検討すると，条約3条は，「何人も，拷問又は非人道的な若しくは屈辱的な処遇若しくは刑罰を受けない」，と規定し，申立人は，自己が受けた苦痛は条約3条の屈辱的な取扱いに当た

る，と主張した。確かに，申立人は，呼吸と嚥下を制御していた筋肉が，呼吸器系不全と肺炎を起こすほど弱まっていたのであるが，人権裁判所の判例法においては，条約３条に基づいて国家はその市民に対して，そのような治療を加えることを差し控える消極的義務のみならず，こうした処遇から人々を保護する積極的義務を負っている，ということが確立されていた。本件において，このような義務とは，そうでなければ彼女が耐えなければならなかったであろう苦痛から彼女を保護する措置を講ずることであった。申立人は，条約３条において，屈辱的な処遇から保護されるという彼女の権利と競合する共同体の利益とのバランスをとる余地はなかった，と主張した。しかし，本判決は，国家は拷問または非人道的もしくは屈辱的な処遇または刑罰を科してはならないという消極的義務ならともかく，申立人により主張された積極的義務については否定した[29]。「自殺の権利」行使を認めないことが同条にいう「虐待」に当たると判断するのは無理がある以上，これも妥当な判断である。また，たとえ条約３条が関わっていたとしても，それは法的に強制力のある「死ぬ権利」を与えてはいなかったことから，積極的義務の範囲を判断する際，自殺法２条の維持のために国家に当然に与えられる評価の幅に考慮を払うのは適切であった，と言えるし，さらに，ヨーロッパ評議会各国の間では，オランダ（その後ベルギー〔さらにその後ルクセンブルク〕）を除くすべての国で，自殺幇助と同意殺人が違法であるという一般的コンセンサスがあった点も重要である。申立人は，条約に基づく「死ぬ権利」を承認しないことは，自殺幇助を許容する国々を条約違反の立場に置くであろうと主張したが，本判決は，適切にも，本件においてはその審査が管轄外である，と一線を画している。

　第３に，条約８条との関係についてである。同条は，「１．何人も私的生活ならびに家族の生活を尊重する権利を有する」，「２．公権力によるこの権利の行使に対する介入はあってはならない」，と規定する。申立人は，自己決定権は全体として１本の糸のごとく条約を貫いているが，その権利が最も明白に認められ保障されているのは，条約８条においてであり，公訴局長官の拒

絶と国家による自殺幇助の包括的禁止は条約 8 条に違反する，と主張した。これに対して，政府は，私的生活に関する権利は「死ぬ権利」を伴うものではないので，条約 8 条における権利は無関係である，と主張した。すなわち，同条は，人生の過ごし方を包含するが，人生からの決別の仕方を包含するわけではない。さもなければ，申し立てられた権利は，その権利の基礎となっているまさにその利益を消滅させることになるであろう，と。人権裁判所は，後者の主張を認めが，この論理も，妥当なものである。

4　以上のように，本件は，難病患者が「死ぬ権利」を求めてヨーロッパ人権裁判所まで争った興味深い事件であるが，これに対して同裁判所がその主張を明確に退けた点で妥当と思われる。そして，本判決は，今後のこの種の事案処理および立法論に関してヨーロッパ諸国での影響は大きいものと言える[30]。この判決を乗り越えるべく，様々な主張が今後も展開されるであろうが，おそらく，本判決の基本的スタンスは，当分の間，変更されるとは思われない。

## 4　尊厳死と病者の自己決定

### 1　日本の問題状況

　最後に，尊厳死〔人工延命措置の差控え・中止〕と病者の自己決定について論じることにする。まず，筆者なりに定義をしておくと，尊厳死（自然死）とは，「新たな延命技術の開発により患者が医療の客体にされること（「死の管理化」）に抵抗すべく，人工延命治療を拒否し，医師が患者を死にゆくにまかせることを許容すること」である。

　最近（特に 2004 年以降），日本においても，尊厳死問題がにわかに動き始めた。それは，かつての東海大学病院事件当時の問題関心を上回っているように思われる[31]。厚生労働省「終末期医療に関する調査等検討会報告書——今後の終末期医療の在り方について」（2004 年 7 月）では，大病院対象のアンケー

ト分析が中心ながら，終末期医療，特に延命治療のあり方について一定の方向性を打ち出した。また，2004 年に北海道羽幌町の道立羽幌病院で患者（90歳）の人工呼吸器を家族の同意を得ただけで取り外して患者を死亡させたという事件が 2005 年になって書類送検され（最終的には行為と結果との因果関係がないということで 2007 年 5 月に不起訴処分になった），福山市内の病院で家族の意思を尊重して医師が患者の人工呼吸器を取り外して死亡させたという事件，さらに富山県の射水市民病院において主治医が単独で家族の同意を得て（一部は家族の同意を得ずに）患者の人工呼吸器を取り外して死亡させたという事件が捜査の対象〔その後いずれも不起訴処分〕となっている[32]。この間にあって，日本尊厳死協会によるリビング・ウィルを中心とした立法化要請の動きや[33]，2005 年には自民党と公明党が「尊厳死」の容認に向けた与党協議機関（会長，丹羽雅哉元厚相）を新設して活動をし，さらに超党派の議員での立法化の動きが続いている。後述のように，司法の場では，2005 年 3 月 25 日には，人工延命治療の中止の許容性について川崎協同病院事件第 1 審判決（横浜地判平成 17 年 3 月 25 日判例タイムズ 1185 号 114 頁）が終末期医療における患者の自己決定権について実に興味深い論理を展開している[34]。もっとも，第 2 審判決（東京高判平成 19 年 2 月 28 日判例タイムズ 1237 号 153 頁）は，自己決定権アプローチにも治療義務論的アプローチにも批判的である。

　このような状況下で，2007 年 5 月に，厚生労働省「終末期医療の決定プロセスのあり方に関する検討会」（樋口範雄座長）は，「終末期医療の決定プロセスに関するガイドライン」を公表した。日本緩和医療学会（2004 年 9 月），日本救急医学会（2007 年 9 月），日本医師会（2008 年 2 月）等，医学界のガイドラインの策定も行われている。以上の動向において，尊厳死問題における病者の自己決定はどのように扱われているであろうか。家族の意思はどのように位置づけるべきであろうか。あるいは，「最善の利益モデル」はどのように位置づけるべきであろうか。以下では，海外，とりわけ自己決定アプローチを採るドイツの最近の動向に注目しつつ，以下に論じてみたい。

82　第5章　終末期医療における病者の自己決定の意義と法的限界

## 2　ドイツにおける尊厳死問題の議論状況

　ドイツで大きなインパクトを与えたケンプテン事件連邦通常裁判所判決（1994年9月13日 BGHSt. 40, 257）は，末期とはいえない意思決定能力のないアルツハイマー病の患者（70歳）から人工栄養補給を打ち切った刑事事件であり，民法1904条（世話人による同意には家庭裁判所の許可を必要とする規定）の適用を認めると同時に，厳格な要件の下での推定的同意に基づく人工延命措置の打切りの正当化の余地も認めた[35]。その後，フランクフルト・アム・マイン上級地方裁判所判決（1998年7月15日 MedR 1998, S. 519ff.）は，不可逆的昏睡状態患者（85歳）の経管栄養補給打切りの許可を求めた民事事件で，本人に同意能力がない場合に世話人の同意が後見裁判所の許可を必要とするかについて，ドイツ民法1904条の類推適用を認めた[36]。ミュンヘン地方裁判所判決（1999年2月18日 MedR 2000, S. 89ff.）は，脳梗塞に罹患した重度の脳組織精神症候群の患者から栄養補給チューブを打ち切るよう世話人（＝息子）が許可を求めた民事事件において，ドイツ民法1904条の直接適用ないし類推適用を否定し，延命措置に関する決定は世話人に委ねることのできない事柄であり，それゆえ後見裁判所の決定を必要とする事柄ではない，と判示した[37]。

　その後，さらに重要な判例として，2003年3月17日のリューベック事件連邦通常裁判所決定（BGHZ 154）は，失外套症候群に罹患した患者の世話人に指定された息子が患者の事前指示に基づいて「ゾンデ送管による栄養補給」中止を求めた民事事件に関して，区裁判所およびラント裁判所の決定を破棄し，区裁判所への差戻しの決定を下した。その柱となる論拠は，(i)「人間の尊厳」からの帰結として，患者に同意能力がなく不可逆的な経過を辿りはじめた場合は，「患者の事前指示」の意思表示に基づいて延命措置を中止すべきである，(ii) 世話人は，医師や看護スタッフに対して，自己の法的責任および民法1901条の基準に従って患者の意思を表現し，認めさせなければならないが，医師から生命維持処置の申出がある場合には家庭裁判所の許可がなければこれを拒否できない，というものであった[38]。世話人の権限については，なお不明確な部分を残すとはいえ，患者の事前指示が法的に拘束力を有する

ことは，判例によっても認められている，と言ってよい。後述の川崎協同病院事件第2審判決の無理解な論理とは対照的である点に注目されたい。

これらの一連の判例に触発されて，ドイツ連邦医師会を中心に医学界にも変化が出てくる。

ドイツ連邦医師会は，古く1979年に「臨死介助の指針」(Bundesärztekammer, Richtlinien für die Sterbehilfe) を出していた。それによれば，臨死介助は，不可逆的な過程の途上にあり，近いうちに死に至る不治の疾病に罹患している患者の場合にのみ許容されるのであり，事前の書面を手掛かりに患者の推定的意思を顧慮しようとするものであった。そして，その後の状況および議論の変遷に対応すべく，1993年には，「医師による死の看取りのためのドイツ連邦医師会の指針」(Richtlinien der Bundesärztekammer für die ärztliche Sterbebegleitung) が出された。それによれば，「死にゆく人 (Sterbender)」とは，ひとつまたはいくつかの生命機能が不可逆的に不全し，死の到来が近いうちに予想されている患者であるという前提のもと，延命処置の中止は，死の到来の引き延ばしが死にゆく人の苦痛の過酷な引き延ばしであり，原疾患の不可逆的な過程に影響を与えることはもはや不可能である場合に許容されるというものであった。「死にゆくことの看取り (Sterbebegleitung)」(「死にゆくことに寄り添っての介助」という訳語もある。) という言葉がこのころから使われ始めている点に留意する必要がある。

そして，前述のケンプテン事件判決の影響を受けて，1998年には，「医師による死にゆくことの看取りのためのドイツ連邦医師会の諸原則」(Grundsätze der Bundesärztekammer zur ärztlichen Sterbebegleitung) が出された。それによれば，臨死介助は，不治の疾病に罹患しているが死への過程がまだ始まっていない患者でも，生命維持処置が苦痛を引き延ばすにすぎない場合には許容される。具体的には，① 臨死介助は，患者の意思に合致しなければならない，② 患者の指示 (Patientenverfügung) は，医師の活動の「本質的な援助」であり，治療を必要とする具体的な状況に言及し，患者により撤回された示唆がないかぎり，拘束力を有する，という内容のものであった。これは，かなり支持

84 第5章 終末期医療における病者の自己決定の意義と法的限界

を得ていたようである。しかし，前述のリューベック事件決定の影響を受けて，これに修正を加え，2004年に，「医師による死にゆくことの看取りのためのドイツ連邦医師会の諸原則」の改定版を出した。それにより，① 患者の指示を定義し（「意思表示無能力となった場合に将来の治療についての承諾能力ある患者の文書または口頭の意思表示」），患者の指示で述べられた意思が医師を拘束する，② 栄養および液体の補給は必ずしも基本看護に含まれない，という具合に変更された。

　この動向に触発されて，公的ルール策定の動きも始まった。2002年のドイツ連邦議会審議会答申「最終報告書」『現代医療の倫理と法』（Ethik and Recht der Modernen Medizin）は，「死にゆくことの看取りと臨死介助」について問題提起をしていたが[39]，2004年9月13日に『患者の指示に関する中間報告』（Zwischenbericht der Enquete-Kommission Ethik und Recht der modernen Medizin, Patientenverfügungen）を出した[40]。『中間報告』とあるが，同審議会の解散により，実質的には『最終報告』である。そこでは，入念な検討と事前指示に関するいくつかの提言（少数意見付）が行われている。とりわけ患者の事前指示の射程範囲を，基本疾病が不可逆的であり，医学的な治療にもかかわらず死に至る事案に限定し，基本看護を患者指示によって除外することはできない，と提言している点を看過してはならない。しかも，有効条件として，書面主義を堅持すべきだ，としている。かなり厳格な立場を打ち出した，と言えよう。提言実施のための法整備（特に民法1901b条に患者による事前指示のための規定創設）を提唱している。

　他方，2004年6月10日，司法大臣ツィプリース（Zypries）が設置した「末期における患者の自主性」を検討する作業部会が「報告書」（Patientenautonomie am Lebensende—Ethische, rechtliche und medizinische Aspekte zur Bewertung von Patientenverfügungen. Bericht der Arbeitgruppe "Patientenautonomie am Lebensende" vom 10. Juni 2004）[41]を出している。そこでは，終末期医療における自己決定権の尊重が説かれ，とりわけ推定的意思の尊重にウェイトが置かれている。これを受けて，2004年11月1日に患者の事前の指示に関する司法省第3次世

話法改正法参事官草案が作成されたが，棚上げになり，2005年2月末に撤回された。

　さらに重要なのが，2005年6月2日に首相直属の国家倫理評議会（Nationaler Ethikrat）が出した「患者の事前指示――自己決定のひとつの道具立て」（Patientenverfügung—Ein Instrument der Selbstbestimmung）という報告書である[42]。本文では入念な検討が行われているが，ここでは紙数の関係で，最後にまとめられた勧告14のポイント（立法提言も含む）を簡潔に紹介しておくことにする。立法化には疑問点もあるが，論理は，日本の議論においても実に参考になる。

1．議論が積極的臨死介助の禁止に疑問を投げかけるものであってはならない。
2．意思決定能力を有する者は，将来に意思決定能力を失う場合に備えて，患者の事前指示により，将来採られる医学的処置（生命維持処置を含む）についてそれを受けるか否かを決定する権利を有する。患者の事前指示の要件および射程範囲は，法律によって規定されなければならない。
3．患者の事前指示は，患者と医師，看護スタッフ，代理人もしくは近親者との間の法律関係に影響を及ぼすので，民法典の中に規定されるべきである。刑法においても補充的規制が望ましい。
4．立法者は，ある人が明確かつ十分に具体的にある医学的処置に関して決定した患者の事前指示が医師および看護スタッフに対して拘束力を有することを明確にすべきである。
5．患者の事前指示の射程範囲と拘束力を疾病の特定の段階に限定すべきではない。
6．患者の事前指示の規律を行うと同時に，世話人および任意代理人の権限を法律上明確化すべきである。立法者は，本人が指名した代理人や裁判所が選任した世話人が患者の事前指示で定められた治療のあり方を，医師および看護職者に対して，場合によっては近親者に対しても貫徹し

86 第5章 終末期医療における病者の自己決定の意義と法的限界

なければならない，と命じるべきである。

7．患者が明確かつ十分に具体的に懸案の状況に関して自己決定した患者
の事前指示は，たとえ世話人や代理人の視点から見れば患者の福祉に反
している場合であっても，世話人や代理人に対して拘束力がある。

8．代理人や世話人が患者の事前指示を濫用している根拠が存在する場合
には，後見裁判所の管轄を準備すべきである。さらに，立法者は，患者
の事前指示の承認と解釈にあたり，世話人，医師，看護職者，および近
親者の間に意見の相違が生じる場合には，世話人の決定について後見裁
判所の許可を必要とする，と規定すべきである。

9．当該患者の事前指示が存在しない場合，代理人と世話人の権限をそれ
ぞれ区別して規定すべきである。

　　上記の場合，世話人は，被世話人の推定的意思に沿った被世話人の福
祉に拘束されるべきである。世話人は，被世話人にとって死亡や相当程
度重大かつ長期的な被害の危険と結び付く決定についてはすべて後見裁
判所の許可を得なければならないようにすべきである。これに対して，
任意代理人の決定権限は，委任状とそれによって与えられた裁量の余地
に従うべきである。後見裁判所は，任意代理人が与えられた裁量の余地
を越えていることに根拠がある場合にかぎり，管轄が認められるべきで
ある。

10．立法者は，書面またはそれに比肩しうる確実な証拠記録（ビデオテープ
等）を患者の事前指示の有効要件とすべきである。この要件に合致しな
い表明は，推定的意思の探求にあたって斟酌されるべきものとする。

11．患者の事前指示の有効性は，専門的知識に基づいた相談の先行に関わ
らしめるべきではない。

12．患者の事前指示に現実性をもたせるべきである。

13．立法者は，とりわけ認知症患者の増加を顧慮して，意思決定能力を有
しない人が生きる意欲の徴候を示したときは，治療行為を拒絶する患者
の事前指示の拘束力が取り消されることを明確にしなければならない。

ただし，以下の場合には，このかぎりではない。

a）医療に関する決定を行う状態が患者の事前指示の中に十分に具体的
　に記述されている場合。

b）患者の事前指示が上述の生きる意欲の徴候に言及し，それが決定要
　素として重要性を有することを否定している場合。

c）患者の事前指示が書面で作成され，またはそれに比肩しうる方法で
　確実に記録されている場合。および，

d）患者の事前指示の作成に先立って適切な相談が行われている場合。

14. 患者の事前指示の有無は，養護施設の入所の要件にされてはならない。
　患者の事前指示は，決して経済的な目的で濫用されてはならない。


　以上の法曹界，医学界および政界の動きに触発されて，2006 年には，ドイ
ツ刑法学会でも，刑法改正を含む新たな「死にゆくことの看取り法対案（Al-
ternativ-Entwurf Sterbebegleitung）」がハインツ・シェヒ（Heinz Schöch），トルス
テン・ヴェレル（Torsten Verrel）ら 24 名の学者から提言された[43]。1986 年の
「臨死介助法対案（Alternativentwurf eines Gesetz über Sterbehilfe）」[44]に次ぐ立法化
の提言ではあるが，賛否両論があり，連邦医師会の上記ガイドラインで柔軟
に対応する方向が趨勢のようである。

　いずれにせよ，ドイツでは，可能なかぎり患者の意思を探求するのが趨勢
であり，患者の事前指示が重視されている点を確認できる。


## 3　尊厳死と病者の自己決定

　それでは，日本においてはどのように尊厳死と病者の自己決定の問題を考
えればよいであろうか。

　前述のように，筆者自身は，尊厳死（自然死）とは，「新たな延命技術の開発
により患者が医療の客体にされること（「死の管理化」）に抵抗すべく，人工延
命治療を拒否し，医師が患者を死にゆくにまかせることを許容すること」で
ある，と定義しているが，患者・病者の自己決定を重視する考えには批判も

多い。例えば，拙著に対して優れた書評をされた法哲学者の河見誠教授は，この中の「死の管理化」に着目され，「患者の明確な治療拒否の意思表示がない限り尊厳死が認められないとすれば，医療によりもたらされる死の管理化への抵抗は，不十分なものに留まることにならないだろうか」，「また逆に，個人の『自己決定』を強調しすぎる場合，意思による『死の管理化』の問題が生じうる，ということも考える必要があるのではないだろうか」[45]，と説かれる。本章との関係においても重要な指摘なるがゆえに，この点に関しては，誤解を解くべく，以下の点を再度確認しておきたい[46]。

第1に，終末期医療にかかわらず，生命の発生の諸問題を含めて生命と法に関する諸問題において，筆者は，基本的に自己決定万能主義に警鐘を鳴らしてきた。安楽死を例にとると，まず，その前提となる嘱託・同意殺人の可罰根拠については，「1人の人間は，個人とはいえ，単に個として孤立的に存在するものではない。同時に社会的存在である。個的存在と社会的存在とは不可分の関係にある。生命は，そのような存在を担う法価値である。そして，各個人は，その生命という法益の享受者なのである。……個としての存在が同時に社会的紐帯を有するところに人間の人間たる所以がある。それゆえ，法は，その社会の根幹を形成する個々の人間の生命の放棄を許容しえないのである」[47]，と説き，これを踏まえて，とりわけ積極的安楽死について，自己決定権を強調して正当化を論じる見解を批判的に検討して，そのような見解は「結局，法自体が人間の社会的存在としての側面を危殆化せしめることになる」し，また，「殺害による苦痛除去は，規範論理的に矛盾である」[48]，と説いている。このように，自己決定権を過度に強調する見解に対して，筆者は批判的立場であることを確認しておきたい。近時，宗岡嗣郎教授が「生命の自己所有と生命への自己決定」の問題を「共生」および「自由の法理」の根源まで掘り下げて批判的に検討して，私の立場を擁護しておられるのは[49]，正鵠を射ている。「自己決定権は重要だが，万能ではない」[50]という命題をここで再度確認したい。

第2に，自己決定権の問題を尊厳死の問題に当てはめて考えるとき，自己

決定（権）の内容は，論者によって許容範囲に幅があり多様である。積極的な生命終結行為を自己決定権のみを根拠に許容する見解は，前述のように問題である。これに対して，尊厳死の場合は，「延命拒否（権）」という意味での自己決定（権）に本質がある。「人間の尊厳」の内容をカントに倣って「人間を手段としてのみ使ってはならない」という脈絡で理解すると[51]，そこには自ずと，合理的根拠のない強制を拒否する権利を保障する内容が含まれざるをえないように思われる。人工延命器具を中心とした侵襲的介入に対して，患者が拒否権を持たない以上，生死を病院に管理されきってしまうことになるのではなかろうか。筆者が主張しているのは，その意味における自己決定権の尊重である。最高裁が輸血拒否権を認めたのも（最判平成12年2月29日民集54巻2号582頁），この脈絡で理解すべきである[52]。したがって，「個人の『自己決定』を強調しすぎる場合，意思による『死の管理化』の問題が生じうる」という批判は，必ずしも説得力を持っているとは思われない。

　第3に，「患者の明確な治療拒否の意思表示がない限り尊厳死が認められないとすれば，医療によりもたらされる死の管理化への抵抗は，不十分なものに留まることにならないだろうか」，という点も，若干の誤解があるように思われる。私見は，「患者の明確な治療拒否の意思表示がない限り尊厳死が認められない」というリジッドな見解ではない点を再確認しておきたい。筆者は，患者の延命拒否の意思を，① 明確な場合，② 十分に明確でない場合，③ 不明確な場合，という具合に3段階に分け，とりわけアメリカのニュージャージー州のコンロイ事件上告審判決（In re Conroy, 486 A. 2d 1209 (1985)）の3つのテストを意識しつつ，① の場合は当然にその意思を尊重してよく，② の場合も事前の意思表明に一定の合理的根拠があればこれを尊重してよいとし，③ の場合は患者が単なる客体に貶められているような場合（例えば，臓器提供のためにだけ延命されているとか，実験の客体にされている場合）を除き，基本的に延命治療の中止は認められない，という見解を展開している[53]。このうち，最も争いになるのは，② の場合であろう。この場合，私見によれば，コンロイ事件判決の説く制限的・客観的テスト（患者の治療拒否を推定せしめるある程度信頼

90    第5章　終末期医療における病者の自己決定の意義と法的限界

に値する証拠があるとき，および患者の生存保持の負担が生存利益より明らかに重いと決定者が判断するとき，人工延命措置の差控え・撤去（抜去）を認める）をパスする場合が延命治療打切りの許容性の限界だと考えるので，この場合に許容範囲が限定されすぎている点に批判が向けられているものと思われる。すなわち，「もしそうだとすれば，尊厳死問題が生じてきた根幹にある，『1分1秒でも』可能な限り延命をすべきだという近代医療の『延命至上主義』それ自体に対しては，正面からの問い直しが展開されていないことにならないだろうか」[54]，と。

　このような批判の根底には，②の場合には（そして③の場合にも同様に）治療義務の限界をもっと緩やかに設定して広く延命治療の打切りを認めてよいし，そのためには患者の意思に厳格に固執する必要はない，とする考えがあるように思われる。確かに，このような考えは，ある意味では，現実的な解決策となり，医療現場にも歓迎されるかもしれない。しかし，他方で，それは，安易に第三者の判断を優先する方向に舵を切ることになりはしないか，という危惧の念がある。そして，その立場は，例えば，1993年のイギリスのトニー・ブランド事件貴族院判決 (Airedale NHS Trust v Bland, [1993] 1 All ER 821) に代表されるように，患者の意思に固執せずにむしろ「最善の利益（best interests)」判断で対応する考えに接近するように思われる[55]。それがあらゆる場合に不当だとは思わないが，「最善の利益」テストの論理構造を明確に示さないと，安易な「他者決定」に途を譲ることになるのではないか，と危惧する。


## 4　「物語としての生と身体」論と家族の役割

　以上と関連して，「物語としての生と身体」論の意義と問題性，さらには家族の役割について触れておきたい。

　河見教授は，「身体の尊重を，『1分1秒でも』身体的生命を延長することを求める『身体の絶対化』には結び付かせるべきではないだろう。それは身体を『肉体』として人工的制御のもとに置こうとすることであり，むしろ身体をモノ化，手段化し，侮辱的に破壊してしまう恐れがある」[56]，と適切にも説

4　尊厳死と病者の自己決定　91

かれる。この点に異論はない。問題は，その先にある。河見教授は，続けて，
「人間として『死の過程』に突入しているにもかかわらず，『1分1秒でも』長
く『肉体』を生かそうとすることは，『肉体』のみに身体の尊重，ひいては人
間の尊厳性を矮小化しており，『肉体』に収まりきらない言わば『からだ』と
しての身体の存在性を無視しているのではないか。その意味で，死の過程に
おいて『肉体としての生命』の尊重を無条件に貫くことは『人間としての生
命』の尊重につながらず，むしろ人間の尊厳の尊重に反する恐れがあるとい
うことになろう」[57]，と説かれる。

　確かに，「死の過程において『肉体としての生命』の尊重を無条件に貫くこ
と」は，問題がある。コンロイ事件判決（前出）が呈示した3つのテストのう
ちの純客観的テストを，代行判断の枠組みにおいてではなく，むしろ患者が
単なる客体に貶められているような場合（例えば，臓器提供のためにだけ延命され
ているとか，実験の客体にされている場合）に採用して，治療義務の限界として人
工延命治療を中止すべきだ，と考えているのである[58]。まさにこのような場
合には，「人間を手段としてのみ扱ってはならない」というカントの命題に照
らしても，「人間の尊厳」に反する，と考えられる。しかし，むしろ問題とす
べきは，河見教授が，「人が『死の過程』に入っているのを無理に引き戻そう
とすることは，生命それ自体の尊厳に反する」との観点から，「身体がもはや
生きようとしておらず，人間として『死の過程』に入っているときには，延
命治療はむしろ原則的に行うべきでない」とされ，その「死の過程」とは「『人
間として』の末期状態であり，人格的苦悩すらもはや不可能な状態（例えば遷
延性植物状態や継続的激痛に苛まされ思考すら不可能に近い状態など）であることに加
えて，身体全体として機能停止の段階に入りつつある状態である」[59]，とされ
ている点である。はたして，この立論は，妥当であろうか。

　確かに，遷延性植物状態患者は，尊厳死論議の対象の典型であるが，しか
し，これも医学的には幅があり，救急医は，絶望的でない以上，可能なかぎ
り救命措置をとる，という。「死の過程」に入っているかどうかは，きわめて
微妙であり，河見教授の見解だと，このような可能性も閉ざされてしまいは

しないだろうか。ましてや，本人の意思から離れて，そのような判断を医師が下せるであろうか。また，「継続的激痛に苛まされ思考すら不可能に近い状態」の患者をその範疇に入れてよいかも，疑問である。

　河見教授は，ここで，「単に生命を引き延ばすに過ぎないことが明らかな積極的延命治療（主因たる病気の治療のための治療や，蘇生術など）は，患者の明確な要望の意思表示がない限り原則的に行うべきでないし，反対に基本看護（必要な程度の水分や栄養補給）や疼痛緩和治療等は，患者の明確な拒否の意思表示がない限り原則的に行うべきであろう」としつつ，両者の間の「グレイゾーン」においては「延命治療一辺倒で対処することでは済まされない」として，「どう対処すべきかについての『対話空間』を当事者（患者，家族，医療者など）に開くこと」を提唱される。すなわち，「患者の明確な意思表示がある場合には，それを最大限尊重するべきであろうが，明確な意思表示がない場合でも，『当該患者にふさわしい』扱いであるかどうかという基準で他の当事者（まず第1位は家族などの近親者であり，それを医療者などがサポートする形になろう）が判断する余地が開かれる。何が『当該患者にふさわしい』か，というのは，家族の独断でも，医療上の判断であってもならず，……『患者の物語としての生』に基づくものでなければならない」[60]，と。

　この「対話空間」への参加を基軸とした「物語としての生と身体」論は，確かに，魅力的なものである。そして，「たとえ遷延性植物状態になったとしても身体全体として『生きよう』とする方向に向かっているならば，身体はなおその個人の人間としての生を切り開こうとしていると思われる。もはや意識や意思や思考が停止してしまっているとしても，過去においてその人が形成してきた人生の物語は存在する」[61]という主張には，共感を覚える。「他者との新たな関係性」の展開可能性，あるいは「『からだ』を通してのコミュニケーションの可能性」を重視するこの立場は，結論において，存在論を志向する筆者の主張と重なる部分が多い。しかし，「微妙に異なる帰結をもたらす」部分こそが重要である。それは，「延命治療に関する具体的な意思表示が過去に見られず，現在の意思が確認できない場合でも，その人生の物語から

推測して，治療拒絶という生き方を選ぶであろうと確言しうるならば，家族
など近親者による推定的意思判断を認めることが可能であろう」[62]，とされ
る点である。

　患者の現実の意思表示がない場合に，家族の意思による患者の意思の推定
を広く認めようとする見解は，近時，刑法学者の佐伯仁志教授によっても唱
えられている[63]。もっとも，佐伯教授の見解は，「家族の意思と患者の意思が
合致しない可能性が高いことを医師が特に知っている場合や，家族の判断が
著しく不合理で患者の意思と合致しない可能性が高いと思われる場合のよう
な，例外的場合を除いて，原則として家族の意思から患者の意思を推定する
ことが許される」という限定が付いており，しかも，「問題は，家族の意思に
よる推定を広く認めることが理想的かどうかではなく，認めない場合と比較
してどちらが望ましいかである」[64]，とされる点で，河見教授の見解と若干基
本的スタンスが異なる。河見教授においては，「人格共同展開」の人間関係を
構築してきた者として家族が位置づけられているので，より比重が重い。確
かに，これは，傾聴に値する。しかし，2005 年にアメリカ・フロリダ州で 15
年間も植物状態を続けたテレサ（テリ）・シャイボさんの人工栄養補給チュー
ブ取外しをめぐる問題で，取外しを患者本人が望んでいたという夫とそれを
否定する患者の母親の意見が食い違い，政治家が介入するという問題にまで
発展したケース[65]等を考慮すると，安易に家族の判断を優先することもでき
ない。また，後述の川崎協同病院事件が示すように，医療者がサポートする
にせよ，医師が生命に関する自己の価値観を患者側に押し付けるような懸念
もある。したがって，筆者は，濫用を警戒する「猜疑心」ある刑法学者とし
ての性かもしれないが，「物語」を他者が改竄する懸念ないし「暗雲」を指摘
しつつ，この問題に取り組まざるをえない，と考える次第である。それは，
決して「意思の絶対化」を主張するものではない。意思決定の一定の場合に，
家族も重要な役割を果たすことを否定はできない。近時，法哲学者の山崎康
仕教授が，自己決定権に一定の意義を認めつつも，「個人主義的な自己決定権
を補完する，集合的なまたは集団的な自己決定権」を提唱されているのは[66]，

94　第 5 章　終末期医療における病者の自己決定の意義と法的限界

あるいは私見と軌を一にするところがあるかもしれない。

## 5　司法の動向

　では，この問題に司法はどのように対応しているのであろうか。最近，いわゆる川崎協同病院事件第 1 審判決（横浜地判平成 17 年 3 月 25 日判例タイムズ 1185 号 114 頁）は，東海大学病院「安楽死」事件判決（横浜地判平成 7 年 3 月 28 日（前出））以来 10 年ぶりにこの問題に言及した[67]。争点は，本件抜管行為が，治療不可能で回復の見込みがなく死が不可避な末期状態において，治療を中止すべく被害者の意思を推定するに足りる家族の強い意思表示を受けて，被害者に自然の死を迎えさせるために治療行為の中止としてなされたものであり，東海大学病院事件判決の説示に照らしても実質的違法性ないし可罰的違法性がないかどうか，であった。横浜地裁第 4 刑事部は，次のような論理を展開してこの主張を否定し，被告人を懲役 3 年執行猶予 5 年に処する判決を下した（被告人控訴）。

①　治療中止は，患者の自己決定の尊重と医学的判断に基づく治療義務の限界を根拠として認められる。これは，生命の尊貴さを前提としつつ，自己の生き方の最後の選択としての死の迎え方・死に方の問題である。実行可能な医療行為のすべてを行うことが望ましいとは必ずしもいえない。

②　終末期における患者の自己決定の尊重は，自殺や死ぬ権利を認めるというものではなく，あくまでも人間の尊厳，幸福追求権の発露として，各人が人間存在としての自己の生き方，生き様を自分で決め，それを実行してことを貫徹し，全うする結果，最後の生き方，すなわち死の迎え方を自分で決めることができるということのいわば反射的なものである。

③　自己決定には，回復の見込みがなく死が目前に迫っていること，それを患者が正確に理解し判断能力を保持しているということが不可欠の前

提である。回復不能でその死期が切迫していることについては，医学的に行うべき治療や検査等を尽くし，他の医師の意見等も徴して確定的な診断がなされるべきであって，あくまでも「疑わしきは生命の利益に」という原則の下に慎重な判断をすべきである。

④　自己決定の前提として十分な情報（病状，考えられる治療・対処法，死期の見通し等）が提供され，それについての十分な説明がなされていること，患者の任意かつ真意に基づいた意思の表明がなされていることが必要である。

⑤　病状の進行，容体の悪化等から，患者本人の任意な自己決定およびその意思の表明や真意の直接の確認ができない場合には，前記自己決定の趣旨にできるだけ沿い，これを尊重できるように，患者の真意を探求していくほかない。

⑥　その真意探求に当たっては，本人の事前の意思が記録化されているもの（リビング・ウイル等）や同居している家族等，患者の生き方・考え方等を良く知る者による患者の意思の推測等もその確認の有力な手がかりとなる。その探求にもかかわらず真意が不明であれば，「疑わしきは生命の利益に」医師は患者の生命保護を優先させ，医学的に最も適応した諸措置を継続すべきである。

⑦　医師が可能な限りの適切な治療を尽くし医学的に有効な治療が限界に達している状況に至れば，患者が望んでいる場合であっても，それが医学的にみて有害あるいは意味がないと判断される治療については，医師においてその治療を続ける義務，あるいは，それを行う義務は法的にはない。

⑧　この際の医師の判断はあくまでも医学的な治療の有効性等に限られるべきである。医師があるべき死の迎え方を患者に助言することはもちろん許されるが，それはあくまでも参考意見に止めるべきであって，本人の死に方に関する価値判断を医師が患者に代わって行うことは，相当でない。

96 第5章 終末期医療における病者の自己決定の意義と法的限界

　これらの枠組みのうち，⑦ の治療義務限界論については，なお不明確な部分があり，問題があると思われるが，自己決定権アプローチの部分は，私見に近いものであり，妥当なものと思われる。特に，④ で，自己決定について患者の任意かつ真意に基づいた意思の表明がなされていることを原則としつつ，⑤ で，病状の進行，容体の悪化等から，患者本人の任意な自己決定およびその意思の表明や真意の直接の確認ができない場合には，前記自己決定の趣旨にできるだけ沿い，これを尊重できるように，患者の真意を探求していくほかない，としている点，そして，⑥ で，その真意探求に当たっては，本人の事前の意思が記録化されているもの（リビング・ウイル等）や同居している家族等，患者の生き方・考え方等を良く知る者による患者の意思の推測等もその確認の有力な手がかりとなる，としている点は重要である。さらには，その探求にもかかわらず真意が不明であれば，「疑わしきは生命の利益に」医師は患者の生命保護を優先させ，医学的に最も適応した諸措置を継続すべきである，としている点も看過してはならない。これらは，筆者の考えからも支持できる内容である。ただ，「患者の真意の探求」に際して家族等による「患者の意思の推測」について，先に取り上げた河見教授の理解と筆者とでは，前述のように許容度が異なるように思われる。

　ところが，第2審判決（東京高判平成19年2月28日判例タイムズ1237号153頁）[68]は，自己決定権アプローチには批判的であり，現実的な意思の確認といってもフィクションにならざるをえないとの立場から，刑法解釈論上無理があるとし，治療義務の限界というアプローチにも批判的である（本件は上告中）。筆者自身は，第2審判決の自己決定権アプローチ批判の論理に疑問を覚える。これまでの学説の努力をまったく考慮せず，しかもそれでいて，「尊厳死の問題を解決するには，尊厳死を許容する法律の制定ないしこれに代わり得るガイドラインの策定が必要である」とルール化を説くが，何ら論理も示さずに「ルールを皆で作れ」というのは，無責任と思われる。ともかく，われわれは，その批判を克服する理論的努力をさらに積み重ねる必要がある。そして，自己の生を最期まで自分らしく生きることを保障する重要な砦として患者の延

命拒否権を位置づけ，川崎協同病院事件第 1 審判決も説くように，可能なかぎり「患者の真意の探求」の途を模索すべきだ，と考える。

## 6　尊厳死問題の法的・倫理的ルール化

最後に，ルール化について述べておこう。まず，尊厳死問題を考えるうえで重要な基本的視点を確認しておく必要がある[69]。

第 1 に，「疑わしきは生命の利益に (in dubio pro vita)」という基本的視点は不可欠である。この原則は，生命の尊重および平等性の保障を与えるものであり，人工延命治療を最初から施さない場合，あるいは中止する場合，そこに合理的な疑念が存在する以上，生命に不利益に解釈してはならないことを意味する。「疑わしきは生命の利益に」の原則は，具体的には，例えば，本人の意思を何ら確認することなく，医師が一方的に当該延命治療について「無意味」とか「無益」という価値判断を押し付けてはならないことを意味する。

第 2 に，「人間の尊厳」を保障することである。これは，生存権の保障と生命の平等性の保障を当然含むほか，患者を医療技術の単なる客体に貶めること（人間を手段としてのみ用いること）を避けるよう要請する。もちろん，過剰な延命が「人間の尊厳」を侵害する場合とはどのような場合か，をより具体的に呈示する必要がある。少なくとも，移植用の臓器確保のためにだけ，あるいは人体実験のためにのみ延命する場合は，それに該当するといえよう。

第 3 に，対象の明確化が必要である。典型例とされるいわゆる植物状態患者の病状も多様であり，遷延性植物状態 (PVS) の段階からそこに至らない程度のものまであるのでその慎重な把握が必要であるし，がんの末期患者の病状も多様であるのでその慎重な把握も必要である。また，慢性疾患や認知症の場合もあるし，救急患者の場合もある。さらには，筋萎縮性側索硬化症 (ALS) のような難病患者の場合もある。治療中止が患者の自己決定権に由来するとはいえ，その権利は「死ぬ権利」を認めたものではなく，死の迎え方ないし死に至る過程についての選択権を認めたにすぎない点，および差控え・中止の対象となる延命治療の内容も，人工呼吸器，人工栄養補給，化学

療法等多様であることを再確認する必要がある。ちなみに，重大な侵襲を伴わない水分や栄養分の補給については，前述のように，ドイツでも争いがある。すべてを差控え・中止の対象にしてよいとする見解もあるが，本人が栄養分・水分のすべてについて拒否をしていない以上，最低限それらを（特に水分は水浮腫のような例外を除き）補給することが「人間の尊厳」に適った段階的な治療解除である，と思われる。

　第4に，患者の意思の確認が重要である。厳密には，それも，いくつかの場合分けが必要である。そこで，つぎに，その場合分けをしつつ，「患者の事前指示」について検討する。

　まず，「患者の事前指示」のように，患者の延命拒否の意思が明確な場合は，患者が延命治療当時に直接意思表示ができかつ延命拒否の意思表示をしていた場合と同様，患者の意思を尊重して，かりに患者が死亡しても，法的に民事・刑事の責任を負わないであろう。より厳密には，延命治療当時には直接意思表示ができなかったが，一定期間内の事前の明確な意思表示がある場合，原則としてその意思が継続している，とみることができ，基本的にその意思に拘束力があると解釈してもよい，と思われる。リビング・ウィルやアドバンス・ディレクティヴないし事前の指示は，そのかぎりで尊重してよい，と考える。ドイツの連邦議会審議会答申および国家倫理評議会の報告書は，そのかぎりで妥当な方向性を示している。

　しかし，「患者の事前指示」やリビング・ウィルの拘束力については，かねてより，その場面に直面した場合と事前の健常時の判断状況とでは（情報を含め）格差があるという観点から，その後の意思の変更可能性に関する疑念がある。当然ながら，この点については，事前の意思表示の撤回を保障することが重要である。同時に，延命治療の差控え・中止の決断を迫られる場面とはいかなるものかを広く情報提供しておくことも重要だ，と思われる。また，ドイツの議論では，書面に固執する傾向が強いが，アメリカの議論に見られる「明白かつ説得力ある証拠（clear and convincing evidence）」（複数人の証言に基づくもの）があれば，口頭でも認めるべきではないか，と考える。

4 尊厳死と病者の自己決定 99

とはいえ，現実には患者の意思が必ずしも十分に明確でない場合やまった
く明確でない場合が多いという現実がある。前者の場合には，前述のアメリ
カの判例理論のような「代行判断 (substituted judgment)」ないしドイツの議論
にみられる推定的同意を考えざるをえない。問題は，どのような場合に誰が
代行判断をすることが許されるか，である。ドイツの判例理論では，必ずし
も明確でない。これに対して，前述のアメリカのコンロイ事件上告審判決で
は，代行判断の際の代行決定方式として，(a) 主観的テスト（代行決定者が患者の
願望を十分に知ったうえで明確な証拠に基づいて決定する），(b) 制限的・客観的テス
ト（患者の治療拒否を推定せしめるある程度信頼に値する証拠があるとき，および患者の
生命保持の負担が生存利益より明らかに重いと決定者が判断するとき，差控え・撤去〔抜
去〕を認める），そして，(c) 純客観的テスト（患者の生の負担が生存利益より明らかに
重く，治療実施がインヒューマンなものになる場合，主観的証拠なしで差控え・撤去〔抜
去〕を認める）というテストが呈示された。主観的テストは患者本人の意思と
同視してよいであろうし，制限的客観的テストも患者の意思の手がかりを探
りつつ客観的状況を加味して判断するというものであるから，客観面の状況
把握をきめ細かく行う体制が整えば考慮に値すると思われる。しかし，純客
観的テストは，すでに代行判断の枠組みを超えるものであり，例えば，遷延
性植物状態の患者を単なる人体実験の客体としてのみ延命するとか，移植用
臓器確保のためにだけ延命する場合が考えられるが，むしろこのような過剰
な延命措置の場合には「人間の尊厳」に反するという論理で延命治療を打ち
切るべきである，と思われる。以上の点に留意すれば，これは，日本でも導
入可能なテストである，と思われる。

　患者の意思がまったく不明確な場合には，なお「代行判断」を採用できる
か，疑問である。アメリカでは，家族の意思だけで代行判断を認めたケース
もあるが，問題である。家族の判断は複数人にわたることもあり，確認しに
くいケースもある。正確な情報提供ないし説明が誰に対してなされたかも，
重要な要因となる。また，仮に正確な情報が家族に伝わっていて，家族が判
断を迫られた場合，家族が本人に代わって本当にこの種の問題について判断

できるか，あるいはその判断が適法性を導けるかは，もう少し慎重に議論する必要がある。近時，前述のように，家族の意思による推定を認めることを支持する有力説も出はじめたが，家族の有り様が多様なだけに，疑問がある。それが認められるのは，患者本人の延命拒否の意思の合理的な推定が可能な場合に限定されるべきものと思われる。

　この点について，前述の川崎協同病院事件第１審判決が，患者の自己決定権（延命拒否権）を尊重しつつ，「病状の進行，容体の悪化等から，患者本人の任意な自己決定及びその意思の表明や真意の直接の確認ができない場合には，前記自己決定の趣旨にできるだけ沿い，これを尊重できるように，患者の真意を探求していくほかない」とし，しかも，「その真意探求に当たっては，本人の事前の意思が記録化されているもの（リビング・ウィル等）や同居している家族等，患者の生き方・考え方等を良く知る者による患者の意思の推測等もその確認の有力な手がかりとなる」とした点は，評価できる。そして，その探求にもかかわらず真意が不明であれば，「疑わしきは生命の利益に」の原則に則り，患者の生命保護を優先させるべきである。

　残る課題は，ルール化の方法である。患者の事前指示（アドバンス・ディレクティヴ）ないしリビング・ウィル（書面による生前の意思表示）については，患者の意思を尊重するにせよ，立法というハードな方式（ハードロー）ではなく，選択肢としては，書面に限らず多様な方式を採用するガイドライン方式（ソフトロー）のような柔軟な対応をする方が妥当ではないか，と思われる。なぜなら，立法化は，技術的にかなりの困難を伴い，必ずや拡張解釈が繰り返されるだろうからである。もちろん，ガイドラインの場合でも，患者の意思の確認には慎重さが要求され，意思確認を繰り返し行う必要がある。

　以上の観点から，私は，暫定的ながら，「あらゆる病態に共通の人工延命治療差控え・中止の基本的ガイドライン」と「病態ごとの人工延命治療差控え・中止の基本的ガイドライン」から成る「尊厳死問題ガイドライン要綱私案」[70]を提言したことがある。そして，公的ガイドライン策定の動向も，厚生労働省「終末期医療の決定プロセスのあり方に関する検討会」（樋口範雄座長）が

4　尊厳死と病者の自己決定　101

2006年に厚生労働省「終末期医療に関するガイドライン」（たたき台）を出した後，2007年5月には，周知のように，「終末期医療の決定プロセスに関するガイドライン」[71]を公表した。これについて若干のコメントを述べておく。膠着状態にある喫緊の問題について，手続面という限定ではあれ，チーム医療を基軸として患者の意思の尊重を中心に各界の議論を集約して公的ガイドラインを策定したことは，評価できる。しかし，患者の意思が不明確な場合の取扱いや倫理委員会の質の確保の問題，さらには病態ごとの扱いといった繊細な部分の関連学会のガイドラインとの整合性等，細部では課題が多い[72]。これを出発点として，さらに洗練したガイドラインが策定されることを期待する。

　その他，厚生労働省厚生科学研究・がん医療における緩和医療及び精神腫瘍学のあり方と普及に関する研究班「苦痛緩和のための鎮静に関するガイドライン」（2004年），日本医師会「終末期医療に関するガイドライン」（2008年）[73]，日本救急医学会・救急医療における終末期医療のあり方に関する特別委員会「救急医療における終末期医療に関する提言（ガイドライン）」（2007年）等，関連医学界の動きも活発になってきた。とりわけ日本救急医学会のガイドラインは，本人の意思が確認できない場合，家族の意思だけでも人工延命治療の差控え・中止を認めるという内容が盛り込まれているが，果たして法的にそれが許されるであろうか，なお疑問も残る。ということは，患者本人が明確な意思表示または何らかの手がかりとなる意思表示をしていない以上，現段階では問題点の解決にはならないということであろうか。この点については，さらに検討を要するが，詳細は別途論じてみたい。さらに，今後の課題として，成年後見人制度を絡ませる場合には，立法論議が出てくるであろう。フランスの尊厳死法（2005年）[74]の今後の運用等もフォローする必要がある。オープンな議論を踏まえて，具体的提言を深化させていきたい。

102　第5章　終末期医療における病者の自己決定の意義と法的限界

## 5　結　語

　以上，終末期医療における病者の自己決定の意義と限界について論じてきた。「自己決定は重要だが，万能ではない」という命題は，ある程度論証できたのではないか，と思われるが，なお論証が不十分なところがあることも否めない。特に，自己決定の視点では賄いきれない場面（例えば，意思決定能力が減退した成人や子どもの場合）で，医師の裁量ないし「最善の利益」テストの持つ意味については，もう少し論じたかったが，本章では，紙数の関係で断念せざるをえない。

　いずれにせよ，この種の領域では，法の役割ないし守備範囲は限定されざるをえない。法律（特に刑法）は，基本的に踏み外してはならない外枠を規律するところに意義がある。むしろ，医療現場では，適正な生命倫理ないし医療倫理を踏まえた対応こそ，患者および患者を支える家族等の支えとなるように思われる。法律と生命倫理・医療倫理は，その意味で，相互補完的にこの問題に連携して取り組む必要がある。同時に，今後の実践的重要課題としては，医療現場でのコミュニケーション・スキルの向上，終末期医療体制・緩和医療体制の整備を忘れてはならない。法的・倫理的な規範的ルールだけでは，対応が不十分であることを強調して擱筆する。

1) 甲斐克則『尊厳死と刑法［医事刑法研究　第2巻］』（2004・成文堂）の随所参照。本書の書評として，伊東研祐・ジュリスト1285号（2005）7頁，秋葉悦子・年報医事法学20号（2005）176頁以下がある。
2) 甲斐克則『安楽死と刑法［医事刑法研究　第1巻］』（2003・成文堂）（本書の書評として，町野朔・法学教室275号（2003）75頁，佐久間修・現代刑事法5巻1号（2004）84頁以下，井田良・年報医事法学19号（2004）208頁以下，石井トク・Quality Nursing vol.10 no.1（2004）88頁がある。），同・前出注1)『尊厳死と刑法』，同『医事刑法への旅I』（2004・現代法律出版），同『医事刑法への旅I（新版）』（2006・イウス出版）等（他の論文は後出）参照。
3) 甲斐・前出注2)『安楽死と刑法』25頁。
4) 甲斐・前出注2)『安楽死と刑法』5頁。

5 結 語　103

5）甲斐・前出注2）『安楽死と刑法』2頁。

6）小俣一郎『ナチス　もう一つの大罪——「安楽死」とドイツ精神医学』（1995・人文書院）参照。また，Ernst Klee,》Euthanasie《im NS-Staat. Die》Vernichtung lebensunwerten Lebens《. 3. Aufl, 1983 は貴重な研究書であり，邦訳として，エルンスト・クレー（松下正明訳）『第三帝国と安楽死——生きるに値しない生命の抹殺——』（1999・批評社）がある。

7）Karl Binding und Alfred Hoche, Die Freigabe der Vernichtung lebensunwerten Lebens. Ihr Maβ und ihre Form. 2. Aufl. 1922. 初版は 1920 年である。

8）世界の安楽死論議の最新の情報を提供する文献として，Marc Groenhuijsen/Floris van Laanen（ed.), Euthanasia and Comparative Perspective. 2006, （Wolf Legal Publishers. The Netherlands）がある。本書は，2006 年 7 月にオランダのユトレヒトで開催された第 17 回比較法国際会議の刑法部会の記録であり，12 か国の報告論文が掲載されている。筆者も Katsunori Kai, Euthanasia in Japanese Law（pp. 187-194）として寄稿している。

9）詳細については，甲斐・前出注2）『安楽死と刑法』34 頁以下参照。

10）甲斐・前出注2）『安楽死と刑法』42 頁以下参照。

11）例えば，森鴎外『高瀬舟』（1916 年初出）参照。

12）福田雅章『日本の社会文化構造と人権』（2002・明石書店）327 頁。

13）詳細については甲斐・前出注2）『安楽死と刑法』38 頁以下参照。この主張は，同書所収の初出論文（1981 年）以来の筆者の主張である。

14）この点について根本から鋭い問題提起をしているのが，ヘルガ・クーゼ（飯田亘之＝石川悦久＝小野谷加奈恵＝片桐茂博＝水野俊誠訳）『生命の神聖性説批判』（2006・東信堂）である。

15）宗岡嗣郎「自由の法理——共生の現実の中で——」三島淑臣教授古稀祝賀『自由と正義の法理念』（2003・成文堂）43 頁以下，特に 46-49 頁参照。なお，最近の重要文献として，山崎康仕「『死の迎え方』と自己決定権」法の理論 26 号（2007）83 頁以下があり，「個人主義的な自己決定権を補完する，集合的なまたは集団的な自己決定権」を提唱する（101 頁以下）。

16）甲斐・前出注2）『安楽死と刑法』65 頁以下，115 頁以下参照。

17）小野清一郎「安楽死の問題」同著『刑罰の本質について，その他』（1955・有斐閣）211 頁。

18）井田・前出注2）（『安楽死と刑法』の書評）208 頁以下，井田良『刑法総論の理論構造』（2005・成文堂）210 頁注 13，同「終末期医療と刑法」ジュリスト 1339 号（2007）40 頁。

19）加藤久雄『ポストゲノム社会における医事刑法入門［新訂補正版］』（2005・東京法令）465 頁。なお，495 頁および 503 頁参照。加藤教授自身は，積極的安楽死適法論ではないようである。さらに，町野朔「違法論としての安楽死・尊厳死——複合的な視点——」現代刑事法 2 巻 6 号（2000）39 頁参照。

20）オランダの安楽死論議の詳細については，山下邦也『オランダの安楽死』

（2006・成文堂），ペーター・タック（甲斐克則編訳）『オランダ医事刑法の展開——安楽死・妊娠中絶・臓器移植——』（2009・慶應義塾大学出版会）の第1章，第2章，第3章参照。なお，ペーター・タック（甲斐克則編訳）「オランダにおける緩和的鎮静と安楽死」ジュリスト1308号（2006）102頁以下は，同書第2章に一部修正のうえ収録されているが，「緩和的鎮静に関するガイドライン」（2005年）により，日本でいう間接的安楽死の問題を克服した点が興味深い。

21）詳細については，甲斐・前出注2）『安楽死と刑法』157頁以下参照。

22）詳細については，甲斐・前出注2）『安楽死と刑法』41頁以下参照。

23）詳細については，甲斐・前出注2）『医事刑法への旅Ⅰ（新版）』208頁以下参照。〔その後，一部状況が変化した点については，本書終章参照。〕

24）State of Oregon v. Ashcroft, 192 F. Supp. 2d. 1077.

25）GONZALES, ATTORNEY GENERAL, ET AL. V. OREGON ET AL. 546 U.S Ⅰ（2006）.

26）詳細については，甲斐・前出注2）『安楽死と刑法』65頁以下および同・前出注2）『医事刑法への旅Ⅰ（新版）』213頁以下参照。

27）Case of Pretty v. The United Kingdom, 29 July 2002 Reports of Judgements and Decisions 2002 Ⅲ. 本件および本判決については，児玉聡「ダイアン・プリティ裁判：積極的安楽死を求める英国のMND患者」日本生命倫理学会ニューズレター22号（2002）をはじめ，同氏のホームページ http://plaza.umin.ac.jp/~kodama/bioethics/pretty.html 掲載の諸論稿および同ホームページの関連リンク参照。また，詳細については，甲斐克則「自殺幇助と患者の『死ぬ権利』：難病患者の「死ぬ権利」を否定した事例——Pretty判決——」戸波江二ほか編『ヨーロッパ人権裁判所の判例』（2008・信山社）199頁以下〔本書第6章〕参照。なお，中井亜弓「身体的理由により自殺できない患者に対する積極的臨死介助の許容性について——ドイツにおける議論の検討を中心として——」法学政治学論究63号（2004）63頁以下，特に82-83頁の注7）も，本判決に言及する。

28）この点については，甲斐・前出注2）『安楽死と刑法』25頁参照。

29）その理由は，ヨーロッパ人権裁判所の判例法によれば，積極的義務が生じるような場合，それらは絶対的なものではなく，むしろ当局に対して不可能あるいは不均衡な負担を課さないような仕方で解釈されるべきである，というものである。従来，積極的義務は，以下の3つの状況において発生すると判断されてきた。すなわち，①国家が，自由を奪われた人の健康を保護する義務を負う場合，②国家が，その法域内で自由を奪われた人々らが私人の手によって拷問や他の禁じられた処遇にさらされないことを確実にする措置を講ずることが求められる場合，③国家が，個人との関係で，他者の手による彼に対する非人道的もしくは屈辱的な処遇を課すという結果になる措置を講ずることを計画する場合，である。しかし，本判決は，この状況のどれもが

申立人のケースとは関連がなかった，と判断した。というのは，彼女は，誰かから虐待されていたわけではなく，治療がなされていないことに不満を述べていたわけではなく，また国家の措置が彼女に対して講じられていたわけでもなかったからである。

30）もちろん，申立人の主張を擁護する声も根強くある。児玉聡「ピーター・シンガー『Mr B とダイアン・プリティ：コメント』」，ジョン・キーオン「Ms B の事件：自殺のすべり坂か？」http://www.ethics.bun.kyoto-u.ac.jp/~fine/newsletter/n14b2.html 参照。なお，類似の事件として，オリバー・レスリー・バーク事件（Oliver Leslie Burke v General Medical Council；Ms B v An NHS Hospital Trust. High Count of Justice Family Division Prinpal Registry Friday 22nd March, 2002）があるが，紙幅の関係で割愛する。別途取り上げたい〔本書第 12 章参照〕。

31）東海大学病院事件当時の議論については，甲斐・前出注 2）『安楽死と刑法』157 頁以下参照。

32）これらの事件を中心に近年の状況を詳細にフォローした報道のまとめとして，北日本新聞編集局編『いのちの回廊』（2006・北日本新聞）参照。なお，あまり目立たないが，筋萎縮性側索硬化症（ALS）の患者に対する母親による人工呼吸器の取外しに関する刑事判例（有罪例）として，横浜地判平成 17・2・14（判例集未登載）がある（山本輝之「家人による在宅患者の人工呼吸器の取外し」宇都木伸＝町野朔＝平林勝政＝甲斐克則編『医事法判例百選』（2006・有斐閣）198-199 頁〔新谷一朗「家人による在宅患者の人工呼吸器の取外し」甲斐克則＝手嶋豊編『医事法判例百選［第 2 版］』（2014・有斐閣）200-201 頁〕参照）。

33）最近の立法提言として，日本尊厳死協会東海支部編著『私が決める尊厳死──「不治かつ末期」の具体的提案』（2007・中日新聞社）がある。

34）本判決の詳細については，甲斐克則「終末期医療・尊厳死と医師の刑事責任──川崎協同病院事件第 1 審判決に寄せて──」ジュリスト 1293 号（2005）98 頁以下〔本書第 1 章〕参照。

35）本判決の詳細については，甲斐・前出注 1）『尊厳死と刑法』233 頁以下参照。なお，以下のドイツの議論については，甲斐克則「ドイツにおける終末期医療をめぐる法的・倫理的論議の最近の動向」年報医事法学 22 号（2007）213 頁以下〔本書第 3 章〕および同「尊厳死問題と法的・倫理的ルール化」『生命医療・法と倫理』（2007・早稲田大学）Vol. 2 1 頁以下で論じたものである。

36）詳細については，甲斐・前出注 1）『尊厳死と刑法』254 頁以下参照。

37）詳細については，甲斐・前出注 1）『尊厳死と刑法』255 頁参照。

38）詳細については，武藤眞朗「人工栄養補給の停止と患者の意思」東洋法学 49 巻 1 号（2005）1 頁以下，特に 12 頁以下参照。

39）Deutscher Bundes Referat Öffentlichkeit（Hrsg.）, Enquete-Kommission. Recht und Ethik der modernen Medizin. Schlussbericht, 2002. SS. 428-437.

106　第5章　終末期医療における病者の自己決定の意義と法的限界

40）この邦訳として，ドイツ連邦議会審議会中間答申（山本達監訳：松田純＝宮島光志＝馬淵浩二訳）『人間らしい死と自己決定——終末期における事前指示——』（2006・知泉書館）がある。以下，この中間答申については，同訳書による。同書では，ドイツにおける終末期医療と自己決定の問題が詳細に論じられており，また，ヨーロッパ諸国の動向も紹介されている。

41）http://www.bmj.bund.de/media/archive/695.pdf.

42）詳細については，カタリナ・ガウヘル「患者の自己決定権と臨死介助の規制——自己決定の手段としての患者指示に関するドイツ国家倫理評議会の報告（翻訳と解説）——」生命と医療・法と倫理 Vol. 1（2006・早稲田大学）36頁以下参照。

43）GA 2005, S. 553ff. 邦訳として，ドイツ語圏対案教授陣著（吉田敏雄訳）「対案　臨死介護(1)(2)(3・完)」北海学園大学法学研究 42巻1号（2006）317頁以下，42巻2号（2006）121頁以下，42巻3号（2006）99頁以下がある。ただし，「臨死介護」という訳語には疑問がある。

44）詳細については，甲斐・前出注2）『安楽死と刑法』80頁以下参照。

45）河見誠「人間の尊厳と死の管理化——甲斐克則『尊厳死と刑法』を読んで——」法の理論24号（2005）160-161頁。なお，私見に言及するものとして，ホセ・ヨンパルト＝秋葉悦子『人間の尊厳と生命倫理・生命法』（2006・成文堂）93頁，秋葉・前出注1）176頁以下，町野・前出注2）75頁，伊東・前出注1）7頁参照。

46）甲斐克則「尊厳死問題における患者の自己決定のアポリア——河見誠助教授の批判に答える——」法の理論24号（2005）173頁以下〔本書第2章〕。

47）甲斐・前出注2）『安楽死と刑法』25頁。

48）甲斐・前出注2）『安楽死と刑法』41頁。

49）宗岡・前出注15）43頁以下，特に46頁以下参照。

50）甲斐・前出注2）『安楽死と刑法』5頁。

51）「人間の尊厳」の詳細については，甲斐克則『被験者保護と刑法』（2005・成文堂）1頁以下および11頁以下，同「人体構成体の取扱いと『人間の尊厳』」法の理論26号（2007）3頁以下〔甲斐克則『臓器移植と刑法［医事刑法研究第6巻］』（2016・成文堂）1頁以下所収〕等において論じておいたので参照されたい。

52）この輸血拒否事例および最高裁判例については，甲斐・前出注2）『医事刑法への旅Ⅰ（新版）』53頁以下，特に57頁以下参照。

53）甲斐・前出注1）『尊厳死と刑法』92頁以下，209頁以下，286頁以下参照。

54）河見・前出注45）163頁。

55）トニー・ブランド事件上院判決を含めたこの問題の詳細については，甲斐・前出注1）『尊厳死と刑法』271頁以下参照。なお，秋葉・前出注45）『人間の尊厳と生命倫理・生命法』81頁以下は，主観的基準による解決の問題点を指摘し，「尊厳死問題の真の解決は，本来は『先端医療技術の適正な使用』とい

う客観的な基準によって図られるべきである」，と説かれる（91 頁）。趣旨は
理解できるが，主観的基準と客観的基準の二者択一という図式で割り切れる
かは，疑問がある。

56）河見・前出注 45）165 頁。

57）河見・前出注 45）165 頁。〔河見教授の根底にある法哲学については，河見
　　誠『自然法論の必要性と可能性——新自然法論による客観的実質的価値提
　　示——』（2009・成文堂）177 頁以下，特に 208 頁以下参照。〕

58）甲斐・前出注 1）『尊厳死と刑法』211 頁参照。なお，甲斐・前出注 34）103
　　頁〔本書第 1 章〕参照。

59）河見・前出注 45）166 頁。

60）河見・前出注 45）166-167 頁。

61）河見・前出注 45）167 頁。

62）河見・前出注 45）168 頁。

63）佐伯仁志「末期医療と患者の意思・家族の意思」樋口範雄編著『ケース・
　　スタディ生命倫理と法』（2004・ジュリスト増刊）86 頁以下。

64）佐伯・前出注 63）90-91 頁。

65）本件の詳細については，佐藤雄一郎「PVS 患者の治療中止と政治的介入と
　　の関係をめぐって——アメリカ合衆国・フロリダ州の一事例から——」生命
　　倫理 15 巻 1 号（2005）135 頁以下，谷直之「シャイボ事件——アメリカ合衆
　　国における尊厳死をめぐる新展開——」同志社法学 57 巻 6 号（2006）355 頁
　　以下，同「尊厳死に関する一考察——アメリカ合衆国の議論を素材とし
　　て——」刑法雑誌 46 巻 3 号（2007）25 頁以下等参照。

66）山崎・前出注 15）101 頁以下。

67）事案は，以下のとおりである。被告人（川崎協同病院の呼吸器内科部長）
　　は，昭和 60 年（1985 年）ころから主治医として担当していた患者 I が，平成
　　10 年（1998 年）11 月 2 日から気管支喘息重積発作に伴う低酸素性能損傷で
　　意識が回復しないまま入院し，治療中の患者 I について，延命を続けること
　　でその肉体が細菌に冒されるなどして汚れていく前に，I にとって異物であ
　　る気道確保のために鼻から気管内に挿入されているチューブを取り去ってで
　　きるかぎり自然なかたちで息を引き取らせて看取りたいとの気持ちをいだ
　　き，同月 16 日午後 6 時ころ，同病院南 2 階病棟 228 号室において，患者 I（当
　　時 58 歳）に対し，前記気管内チューブを抜き取り呼吸確保の措置を取らなけ
　　れば I が死亡することを認識しながら，あえてそのチューブを抜き取り，呼
　　吸を確保する処置を取らずに死亡するのを待った。ところが，予期に反して，
　　I が「ぜいぜい」などと音を出しながら身体を海老のように反り返らせるな
　　どして苦しそうに見える呼吸を繰り返し，鎮静剤を多量に投与してもその呼
　　吸を鎮めることができなかったことから，そのような状態を在室していた幼
　　児を含むその家族らに見せ続けることは好ましくないと考え，このうえは，
　　筋弛緩剤で呼吸筋を弛緩させて窒息死させようと決意し，同日午後 7 時ころ，

事情を知らない准看護婦（当時 24 歳）に命じて，注射器に詰められた非脱分極性筋弛緩薬である臭化パンクロニウム注射液（商品名「ミオブロック注射液」,を I の中心静脈に注入させて，まもなくその呼吸を停止させ，同日午後 7 時 11 分ころ，同室において，I を呼吸筋弛緩に基づく窒息により死亡させて殺害した。なお，家族の同意があったか否かについて，第 1 審はこれを否定し，第 2 審（後出）はこれを肯定した。なお，第 1 審判決の詳細な分析については，甲斐・前出注 34) 98 頁以下〔本書第 1 章〕のほか，同「末期患者への治療の中止——川崎協同病院事件」判例セレクト 2005 (2006) 33 頁，辰井聡子「重篤な患者への治療の中止——川崎協同病院事件第 1 審判決——」平成 17 年度重要判例解説・ジュリスト 1313 号 (2006) 165 頁以下，小林憲太郎「治療中止の許容性の限界——川崎協同病院事件——」刑事法ジャーナル 2 号 (2006) 84 頁以下，加藤摩耶「末期医療における患者の死に直結しうる治療中止の許容要件——川崎協同病院事件（第 1 審判決）——」年報医事法学 21 号 (2006) 142 頁以下参照。

68) 第 2 審判決は，家族の同意があったとして，被告人を懲役 1 年 6 月執行猶予 3 年に処した。同判決については，町野朔「患者の自己決定権と医師の治療義務——川崎協同病院事件控訴審判決を契機として——」刑事法ジャーナル 8 号 (2007) 47 頁以下が批判的に検討している。

69) この基本的視点は，甲斐・前出注 34) 98 頁以下のほか，同「法律からみた尊厳死」医療情報センター編『尊厳死を考える』(2006・中央法規) 77 頁以下（同書には他に医学者，哲学者，マスコミ関係者も寄稿していて有益であるので併せて参照されたい。），同「尊厳死・安楽死をめぐる法と倫理」麻酔 55 巻増刊号 (2006) 93 頁以下〔本書序章〕，同「尊厳死問題と法的・倫理的ルール化」生命医療・法と倫理 2 巻 (2007・早稲田大学) 1 頁以下においても示している。

70) これは，甲斐・前出注 69)「法律からみた尊厳死」91-92 頁，「尊厳死・安楽死をめぐる法と倫理」97-98 頁〔本書序章〕，および同前出注 69)「尊厳死問題と法的・倫理的ルール化」7 頁で示したものである。参考までにここに示しておく。

I　あらゆる病態に共通の人工延命治療差控え・中止の基本的ガイドライン

1）尊厳死問題の中心となる人工延命治療の差控え・中止に際しては，原則として患者の現実の意思表明または事前の意思表明（2 年以内のもの）を中心に考えるべきである。また，患者の延命拒否の意思を合理的に推定できる証拠があれば，患者の病状の推移を見極めて，予後が絶望的な場合にかぎり，人工延命治療の差控え・中止を認めることができる。

2）患者の事前の意思表明については，書面（リビング・ウィルやアドバンス・ディレクティヴ）のみならず，多様な形式を採用すべきである。ただし，口頭の場合には，家族および担当医・看護師を含め，複数人の確認を要する。いずれの場合も，最終的には，病院の倫理委員会またはそれに準じる委員会で確認することを要する。

3）人工延命治療の差控え・中止の対象患者および対象治療については，複数のスタッフが患者の病状を多角的に検討しつつ，個別的に慎重に判断すべきである。

4）人工延命治療の差控え・中止に際しては，家族等の近親者に十分な情報提供と説明を行い，同意を得ておくことを要する。

5）人工延命治療の差控え・中止に際しては，原則として最低限度水分の補給を維持しつつ，「人間の尊厳」を侵害しないよう段階的に解除することが望ましい。なお，栄養分については，病状に応じて判断する。

6）以上の過程において，致死薬投与などの積極的な生命終結行為を行ってはならない。

7）死亡結果については，中止手順を各施設が責任をもって都道府県の所轄部署に届け出るものとする。この手続を遵守している場合，医師法 21条は，適用除外とする。

Ⅱ　病態ごとの人工延命治療差控え・中止の基本的ガイドライン

患者の病状は，救急患者の場合，筋萎縮性側索硬化症（ALS）のように慢性の難治性患者の場合，がん疾患で緩和ケアを受けている患者の場合，さらには高齢の認知症患者の場合など，多様であることから，それぞれの特性に応じて，上記Ⅰのガイドラインを遵守しつつ，4種類程度の人工延命治療差控え・中止の手順・ガイドラインを各専門医学会が中心となって作るものとする。これを遵守している場合，刑事司法的介入は控えるものとする。

71）厚生労働省「終末期医療の決定プロセスのあり方に関する検討会」（樋口範雄座長）「終末期医療の決定プロセスに関するガイドライン」（平成 19年（2007年）5月）〔平成 27年（2015年）3月に「人生の最終段階における医療の決定プロセスに関するガイドライン」に名称変更〕

1　終末期医療及びケアの在り方

① 医師等の医療従事者から適切な情報の提供と説明がなされ，それに基づいて患者が医療従事者と話し合いを行い，患者本人による決定を基本としたうえで，終末期医療を進めることが最も重要な原則である。

② 終末期医療における医療行為の開始・不開始，医療内容の変更，医療行為の中止等は，多専門職種の医療従事者から構成される医療・ケアチームによって，医学的妥当性と適切性を基に慎重に判断すべきである。

③ 医療・ケアチームにより可能な限り疼痛やその他の不快な症状を十分に緩和し，患者・家族の精神的・社会的な援助も含めた総合的な医療及びケアを行うことが必要である。

④ 生命を短縮させる意図をもつ積極的安楽死は，本ガイドラインでは対象としない。

2　終末期医療及びケアの方針の決定手続

終末期医療及びケアの方針決定は次によるものとする。

(1) 患者の意思の確認ができる場合

① 専門的な医学的検討を踏まえたうえでインフォームド・コンセントに基づく患者の意思決定を基本とし，多専門職種の医療従事者から構成される医療・ケアチームとして行う。

② 治療方針の決定に際し，患者と医療従事者とが十分な話し合いを行い，患者が意思決定を行い，その合意内容を文書にまとめておくものとする。

上記の場合は，時間の経過，病状の変化，医学的評価の変更に応じて，また患者の意思が変化するものであることに留意して，その都度説明し患者の意思の再確認を行うことが必要である。

③ このプロセスにおいて，患者が拒まない限り，決定内容を家族にも知らせることが望ましい。

(2) 患者の意思の確認ができない場合

患者の意思確認ができない場合には，次のような手順により，医療・ケアチームの中で慎重な判断を行う必要がある。

① 家族が患者の意思を推定できる場合には，その推定意思を尊重し，患者にとっての最善の治療方針をとることを基本とする。

② 家族が患者の意思を推定できない場合には，患者にとって何が最善であるかについて家族と十分に話し合い，患者にとっての最善の治療方針をとることを基本とする。

③ 家族がいない場合及び家族が判断を医療・ケアチームに委ねる場合には，患者にとっての最善の治療方針をとることを基本とする。

(3) 複数の専門家からなる委員会の設置

上記(1)及び(2)の場合において，治療方針の決定に際し，

・医療・ケアチームの中で病態等により医療内容の決定が困難な場合

・患者と医療従事者との話し合いの中で，妥当で適切な医療内容についての合意が得られない場合

・家族の中で意見がまとまらない場合や，医療従事者との話し合いの中で，妥当で適切な医療内容についての合意が得られない場合

等については，複数の専門家からなる委員会を別途設置し，治療方針等についての検討及び助言を行うことが必要である。

72) さしあたりの筆者のコメントとして，読売新聞 2007 年 4 月 10 日付朝刊報道，産経新聞 2007 年 4 月 10 日付朝刊報道等参照。

73) なお，これに先立ち，日本医師会・第 IV 次生命倫理懇談会（高久史麿座長）は，2006 年 2 月に，「『ふたたび終末期医療について』の報告」と題する報告書を出しているが，国内外の問題状況がよく整理されている。その他，小林正＝秋葉悦子＝盛永審一郎『終末期医療をめぐる法的・倫理的規制のあり方への提言』（2007・富山第一銀行研究助成報告書）等，いくつかの提言も出されている。

74) フランスの状況については，本田まり「フランス尊厳死法」年報医事法学
22 号（2007）192 頁以下および同「『病者の権利および生命の末期に関する
2005 年 4 月 22 日の法律 370 号』による改正を経た，法典の関連する規定」お
よび同法の「解説」本書〔飯田亘之＝甲斐克則編『生命倫理コロッキウム④
終末期医療と生命倫理』（2008・太陽出版）〕後掲資料 223 頁以下参照。なお，
条文の邦訳は，日本尊厳死協会『世界のリビング・ウィル』（2005）238 頁以
下にも掲載されている。

第6章

## 自殺幇助と患者の「死ぬ権利」：
## 難病患者の「死ぬ権利」を否定した事例
―― プリティ判決 (Pretty v. the United Kingdom,
29 April 2002, Reports 2002―Ⅲ)――

## 1　事　実

　申立人ダイアン・プリティ (Diane Pretty, 43歳の女性) は，中枢神経内の運動
神経の進行性の神経退化疾患 (progressive neuro-degenerative disease) である運
動ニューロン疾患 (motor neurone disease＝MND) に罹患している。その疾患は，
身体の随意筋を冒す進行性の筋肉 (特に手足および呼吸をコントロールしている筋
肉) の衰弱をもたらし，その結果，死に至る。話したり飲み込んだりすること
をコントロールする筋肉も衰弱するため，レスピレーターに接続することも
できず，肺炎になったりする。その疾患の進行を防止する治療は何もない。
申立人の病状は，1999年11月にMNDと診断されて以来，急速に悪化し，な
お進行している。彼女は，首から下が麻痺しており，ほとんどはっきり話す
ことができず，チューブを通して食事を得ている。彼女の生存の期待はほと
んどなく，せいぜい数週間から数か月と予測されている。しかしながら，彼
女の知性および意思決定能力は損なわれていない。その疾患の最終段階はき
わめて苦しく，かつ尊厳に欠ける。彼女は，もしその疾患がそのコースを辿
れば，苦痛および尊厳のない状態に耐えなければならないことに脅えて悩ん
でいるので，どのようにしていつ死ぬかをコントロールし，かつそれによっ
てその苦痛および尊厳のない状態から免れることができるよう強く望んでい

る。

ところが、イギリス法においては、自殺行為は犯罪ではないが、自殺幇助は犯罪である（自殺法（the Suicide Act 1961）2条1項）。そこで、彼女が夫の手を借りて自殺ができるようにするために、申立人の弁護士は、公訴局長官（Director of Public Prosecutions＝DPP）に、彼女に代わって書かれた2001年7月27日付の書簡において、申立人の夫が彼女の願望に従って自殺幇助をしても訴追しないよう求めたが、2001年8月8日付の書簡において、公訴局長官は、そのような約束をすることを拒否した。それで、2001年8月20日、申立人は、公訴局長官の決定についての司法審査および次のような救済の申立をした。① 2001年8月8日付の公訴局長官の決定を取り消す命令。② その決定が違法であり、かつ公訴局長官が、求められた保障を与えることによって違法に行為することはない、という確認判決。③ 公訴局長官に、求められた保障を与えることを要求する強制命令。もしくは ④ 1961年の自殺法2条は、ヨーロッパ人権条約（以下「条約」と記す。）2条、3条、8条、9条および14条と矛盾する、という確認判決。しかし、2001年10月17日、貴族院合議法廷は、申立を却下し、公訴局長官は訴追を行わないという保障を与える権限を有さず、自殺法2条1項は条約と矛盾しない、という判決を下した。

そこで、申立人は、2001年12月24日、イギリスに対する、イギリス自体による人権および基本的自由の保護のために、条約34条に基づいてヨーロッパ人権裁判所（以下「人権裁判所」と記す。）に申立を行った。すなわち、彼女の夫が彼女の自殺を幇助した場合に公訴局長官が訴追免除を拒否すること、および自殺幇助禁止は、条約2条、3条、8条、9条、および14条に基づく諸権利の侵害である、というのがその主張内容である。しかし、人権裁判所は、以下の理由から全員一致でこの申立を棄却した。

## 2 判 旨

### 1 申立の受理可能性について

本申立は非常に重大な問題を提起しており，不受理とする理由は証明されなかったので，本案について判断する（§33）。

### 2 2条違反の認定について

「条約2条は，生活の質（quality of life）を持って生きるという問題，および人が自己の人生の中で何を行うべきかを選択することとは関係がない」（§39）。条約2条は，歪曲して解釈しないかぎり，死ぬ権利を授けるものとして解釈されえないし，個人に対して生きるより死ぬことを選ぶ権利を授けるという意味での自己決定権を創出するものでもない（§39）。かくして，条約2条からはいっさい死ぬ権利を引き出すことはできず，条約2条違反はなかった（§40，§42）。

### 3 3条違反の申立について

条約3条の「処遇」の類型にあたる「虐待」とは，「激しさが最低限度まで達しており，実際の身体的損傷ないし激しい身体的・精神的苦痛を伴うものである」（§52）。処遇が，人としての尊厳に対する尊重の欠如を示すことで，または人としての尊厳を傷つけることで，個人を辱め，あるいは品位を貶めるものである場合，さらには個人のモラルならびに身体的抵抗力を破壊する可能性のある恐怖・怒り・劣等といった感覚を呼び起こすものである場合，このような処遇は，屈辱的なものとみなされ，条約3条の禁止にあてはまる。自然に発生した疾患から生まれる苦痛は，身体的なものであれ精神的なものであれ，こうした苦痛もしくはリスクの存在が，その処遇によって悪化させられる場合には，条約3条によってカバーされるが，本件においては，被告である国家が申立人に何の虐待も加えておらず，また，申立人が国家医療当

局から十分な治療と受けていないという不平の訴えも存在しない（§§52-53）。公訴局長官の拒絶的態度ならびに刑法による自殺幇助禁止が非人道的かつ屈辱的な処遇を示すものだという申立人の主張は，処遇概念の拡張である。条約2条は，殺人あるいは人の死をもたらす行為を禁止するものであり，自己の死を許容するか手伝うように国家に要求する権利を個人に与えるものではないし，条約3条の下では何ら国家の積極的義務は生じず，自殺幇助の他の形式のために適法な機会を提供するよう要求する義務も生じない。したがって，条約3条の違反はいっさい存在しなかった（§§54-56）。

### 4 8条違反の申立について

(a) 8条1項について。条約8条は，人格的発展の権利，他の人間ならびに外界との関係を構築・発展する権利をも保護している。個人的自律の概念は，条約8条の保障を解釈するうえでその基礎をなす重要な原理である（§61）。自己自身で選択して人生を送る能力は，身体的・道徳的害悪あるいは当該個人にとって危険な性質を持つものと認識される活動を追求する機会をも内容とする（§62）。医療処置の領域においては，特別な処置への同意を拒絶することは，必然的に致命的な結果をもたらすであろう。延命効果を持つかもしれない治療に同意するのを断ることで，死の選択を行使するよう求める人がいるかもしれない（§63）。本件では，申立人は退行性疾患のひどい作用に悩まされており，このような疾患は，彼女の状態を悪化させる原因となり，肉体的・精神的苦痛を増悪させるであろう。彼女は，夫の手助けによって生命を終結させるという選択をすることで，その苦痛を緩和することを望んでいる。人生の終末期の過ごし方を彼女が選ぶことは，生きる行為であり，彼女は，このことも尊重されねばならない，と求める権利を有している（§64）。「まさに条約の本質は，人間の尊厳と人間の自由の尊重である」。条約において保護されている生命の神聖さという原理をいかなる方法でも否定しないように，当裁判所は，生活の質という概念が重要性を帯びるということが，条約8条に基づく，と考えている。「より長い人生への期待と結び付く，ますま

す発展する医療の先端領域では，多くの人々にとって，高齢ないしは進行した肉体的・心理的衰えの状況において生き長らえることを強いられるべきではないということは関心事である。こうした衰えは，強く抱かれた自己ならびに人格の同一性という考えと矛盾する」（§65）。

　本件で申立人は，人生の屈辱的で苦痛に満ちた最期を避けるという選択を下すことを法によって妨げられている。このことが，条約8条1項において保障されている私的生活を尊重するという彼女の権利の侵害となるか，そして，この侵害が条約8条2項の要請と一致するか否か，を検討する（§67）。

　(b)　条約8条2項の遵守。「国家には，一般刑法の実施を通じて，他人の生命・安全に対する有害な活動を規制する資格が与えられている。害悪が深刻であればあるほど，それはますます深く関わってくるということは，公共の福利・安全への配慮とそれに対抗する個人の自律原理とのバランスという点で重要となるであろう」。「1961年自殺法は，弱者，とりわけ生命を終結させるか，もしくはそれを手助けするように意図された行為に対して，情報に基づいた決定を下す状況にない者たちを保護することによって，生命を守るように作られた」。「国家にとっては，自殺幇助の一般的禁止が緩められる場合または例外が作られる場合に，濫用のリスクならびにそれによって起こりうる影響を評価することが何より重要である。予防の見込みに関する議論と保護手続にもかかわらず，明確なリスクが存在する」（§74）。

　「条約34条における裁判所の役割は，抽象的な見解を出すことではなく，個々のケースの具体的事実に条約を適用することである。しかしながら，個々のケースにおいて下された諸々の判断が，程度の大小にもかかわらず，先例法理を打ち立てるし，かつ，本件における決定が，理論的にも実践的にも，後の諸ケースでの適用を妨げるように形作られるかもしれない」（§75）。「それゆえ，当裁判所は，自殺幇助の包括的禁止が比例性を欠いているとは考えていない」（§76）。さらに，申立人の夫に対しての起訴がなされないという事前の約束を公訴局長官が拒絶した点は，独断的あるいは不合理だ，とはいえない（§77）。

118 第6章 自殺幇助と患者の「死ぬ権利」 難病患者の「死ぬ権利」を否定した事例

「かくして，本件における介入は，他人の権利を守るために『民主的社会において必要』とみなされるであろうし，それゆえに条約8条違反は存在しない」（§78）。

### 5　9条違反の申立について

申立人の主張は，宗教あるいは信念の表明の形を含むわけではない。申立人の見解が，彼女の人格的自律原理への傾倒を反映するかぎりで，彼女の主張は，条約8条に基づいて生じた訴えの再表明である（§82）。条約9条違反はなかった（§83）。

### 6　14条違反の申立について

自殺する身体能力がある者とない者とを法において区別しないことには，客観的かつ合理的な正当な理由がある。同様に条約14条においても，自力の自殺が可能な者と不可能な者とを区別しようとしないのには，説得的な理由が存在する。自殺が不可能だと判断された者について法に免除を組み入れることは，1961年自殺法が守ろうとした生命保護を深く切り崩すであろうし，濫用のリスクを大いに高めるであろう（§89）。本件においては，条約14条違反はいっさいなかった（§90）。

## 3　解　説

1　近年，安楽死・尊厳死の問題を中心に，終末期医療の限界をめぐる議論が世界各国で沸騰している[1]。本件は，運動ニューロン疾患（MND）に罹患している患者（申立人）が夫の手を借りて自殺ができるようにするために，弁護士を通じて英国公訴局長官に対し，夫が彼女の願望に従って自殺幇助をしても訴追しないよう求めた希有な事件であり，しかもいわば「死ぬ権利」を正面から求めてヨーロッパ人権裁判所で争った注目すべき事件でもある。本判決は，入念な分析を行いつつも，最終的に申立人の主張を退けたが，その

法的位置づけを正確にしておく必要がある[2]。

2 第1に，条約2条との関係についてである。同条は，「すべての者の生命に対する権利は，法律によって保護される」旨を規定するが，本判決が，同条が「死ぬ権利」を授けるという意味での自己決定権を創出するものではない，と説いているのは，議論の前提として正当である，と思われる。そして，ヨーロッパ人権裁判所がこのことを宣言したことは，ヨーロッパにおける今後の立法論を含む議論にも大きな影響を与えるものと思われる。申立人は，自殺幇助を受けることを認めることは条約2条と矛盾しない，さもなければ，自殺幇助が違法でない国はこの規定に違反していることになってしまう，と主張した。さらに，同条は「生きる権利」だけでなく，「生き続けるか否かを選択する権利」をも保護している，とも主張した。

確かに，自殺法2条1項により自殺関与を処罰する（14年以下の拘禁刑）イギリスと異なり，ドイツやフランスのように自殺関与行為を不可罰にしている国もあるが，しかし，例えば，ドイツにおいても，自殺者を眼前にして放置すれば，場合によっては救助不履行罪（刑法323c条）が適用されることもあり，その意味では自殺関与行為を完全に適法としているわけではない。そもそも，1人の人間は，個人とはいえ，単に個として孤立的に存在しているわけではなく，同時に社会的存在でもあり，個的存在と社会的存在とは不可分の関係にある。生命は，そのような存在を担う法価値であり，各個人は，その生命という法益の享有者であることから，生命を放棄する権利は認められない[3]。したがって，「死ぬ権利」を一般的に認めることは，生命の不可処分性に抵触するといえよう。問題は，本件のように，不治の難病患者の場合にもそれが妥当するか，である。

3 そこで，第2に，条約3条との関係についてである。条約3条は，「何人も，拷問又は非人道的な若しくは屈辱的な処遇若しくは刑罰を受けない」，と規定する。申立人は，自己が受けた苦痛は条約3条の屈辱的な取扱いに当

たる，と主張した。確かに，申立人は，呼吸と嚥下を制御していた筋肉が，呼吸器系不全と肺炎を起こすほど弱まっていたのであるが，ヨーロッパ人権裁判所の判例法においては，条約3条に基づいて国家はその市民に対して，そのような治療を加えることを差し控える消極的義務のみならず，こうした処遇から人々を保護する積極的義務を負っている，ということが確立されていた。本件において，このような義務とは，そうでなければ彼女が耐えなければならなかったであろう苦痛から彼女を保護する措置を講ずることであった。申立人は，条約3条において，屈辱的な処遇から保護されるという彼女の権利と競合する共同体の利益とのバランスをとる余地はなかった，と主張した。

　しかし，本判決は，国家は拷問または非人道的もしくは屈辱的な処遇または刑罰を科してはならないという消極的義務ならともかく，申立人により主張された積極的義務については否定した。すなわち，ヨーロッパ人権裁判所の判例法によれば，積極的義務が生じるような場合，それらは絶対的なものではなく，むしろ当局に対して不可能あるいは不均衡な負担を課さないような仕方で解釈されるべきである，と。

　従来，積極的義務は，以下の3つの状況において発生すると判断されてきた。すなわち，① 国家が，自由を奪われた人の健康を保護する義務を負う場合，② 国家が，その法域内で自由を奪われた人々が私人の手によって拷問や他の禁じられた処遇にさらされないことを確実にする措置を講ずることが求められる場合，③ 国家が，個人との関係で，他者の手による彼に対する非人道的もしくは屈辱的な処遇を課すという結果になる措置を講ずることを計画する場合，である。しかし，本判決は，この状況のどれもが申立人のケースとは関連がなかった，と判断した。というのは，彼女は，誰かから虐待されていたわけではなく，治療がなされていないことに不満を述べていたわけではなく，また国家の措置が彼女に対して講じられていたわけでもなかったからである。したがって，「自殺の権利」行使を認めないことが同条にいう「虐待」に当たると判断するのは無理がある以上，これも妥当な判断である。ま

た，たとえ条約3条が関わっていたとしても，それは法的に強制力のある「死ぬ権利」を与えてはいなかったことから，積極的義務の範囲を判断する際，自殺法2条の維持のために国家に当然に与えられる評価の幅に考慮を払うのは適切であったといえるし，さらに，ヨーロッパ評議会各国の間では，オランダ（その後ベルギー〔さらにその後ルクセンブルク〕）を除くすべての国で，自殺幇助と同意殺人が違法であるという一般的コンセンサスがあった点も重要である。申立人は，条約に基づく「死ぬ権利」を承認しないことは，自殺幇助を許容する国々を条約違反の立場に置くであろう，と主張したが，本判決は，適切にも，本件においてはその審査が管轄外である，と一線を画している。

　4　第3に，条約8条との関係についてである。同条1項は，「何人も私的生活ならびに家族の生活を尊重する権利を有する」，と規定する。申立人は，自己決定権は全体として1本の糸のごとく条約を貫いているが，その権利が最も明白に認められ保障されているのは，条約8条においてであり，公訴局長官の拒絶と国家による自殺幇助の包括的禁止は条約8条に違反する，と主張した。これに対して，政府は，私的生活に関する権利は「死ぬ権利」を伴うものではないので，条約8条における権利は無関係である，と主張した。すなわち，同条は，人生の過ごし方を包含するが，人生からの決別の仕方を包含するわけではない。さもなければ，申し立てられた権利は，その権利の基礎となっているまさにその利益を消滅させることになるであろう，と。ヨーロッパ人権裁判所は，後者の主張を認めが，この論理もまた，妥当なものである。

　5　第4に，条約9条についてである。条約9条は，思想，良心，宗教の自由を保障する。申立人は，同条を根拠に，自殺するのに夫の手助けを求める際に，彼女の夫を訴追しないと約束するのを拒んだ点で，公訴局長官がこの権利を侵害したし，同様に，英国も申立人の個別事情をまったく考慮しない包括的禁止を課している点でこの権利を侵害した，と主張した。とりわけ，

不当な差別がそこに介在することを強調した。しかし，本件で条約 9 条の思想・良心・宗教の自由を持ち出すのは，場違いと思われる。

また，14 条の差別論についても，本件で持ち出すのは無理がある。申立人は，身体の障害によって「死ぬ権利」の行使を妨げられているがゆえに，実質的に差別的に他者よりも不利に取り扱われている，と主張するが，自殺法 2 条 1 項は，生存権の保障を定めたものであり，その存在を根拠に差別的なものと解することはできない。


**6**　以上のように，本件は，難病患者が「死ぬ権利」を求めてヨーロッパ人権裁判所まで争った興味深い事件であるが，これに対して同裁判所がその主張を明確に退けた点で，今後のこの種の事案処理および立法論に関してヨーロッパ諸国での影響は大きいものといえる[4]。同時に，この判決を乗り越えるべく，様々な主張が今後も展開されるであろう。


1) 甲斐克則『安楽死と刑法』（成文堂，2003 年），同『尊厳死と刑法』（成文堂，2004 年），同「終末期医療・尊厳死と医師の刑事責任——川崎協同病院事件第 1 審判決に寄せて」ジュリスト 1293 号（2005 年）98 頁以下〔本書第 1 章〕，ペーター・タック（甲斐克則訳）「オランダにおける緩和的鎮静と安楽死」ジュリスト 1308 号（2006 年）174 頁以下〔ペーター・タック（甲斐克則編訳）『オランダ医事刑法の展開——安楽死・妊娠中絶・臓器移植——』（慶應義塾大学出版会，2009 年）49 頁以下所収〕等参照。
2) 本件および本判決については，倫理学者の児玉聡氏が早くから紹介されている。児玉聡「ダイアン・プリティ裁判：積極的安楽死を求める英国の MND 患者」日本生命倫理学会ニューズレター 22 号（2002 年）をはじめ，同氏のホームページ http://plaza.umin.ac.jp/~kodama/bioethics/pretty.html 掲載の諸論稿および同ホームページの関連リンク参照。また，中井亜弓「身体的理由により自殺できない患者に対する積極的臨死介助の許容性について——ドイツにおける議論の検討を中心として」法学政治学論究 63 号（2004 年）63 頁以下，特に 82-83 頁の注 7）も，本判決に言及する。
3) この点については，甲斐・前掲注 1）『安楽死と刑法』25 頁参照。
4) もちろん，申立人の主張を擁護する声も根強くある。児玉聡「ピーター・シンガー『Mr B とダイアン・プリティ：コメント』」，ジョン・キーオン「Mr B の事件：自殺のすべり坂か？」http//www.ethics.bun.kyoto-u.ac.jp/~fine/newsletter/n14b2.html 参照。

第7章

# 終末期医療のルール化と法的課題

## 1　序

　近年，富山県の射水市民病院事件 (2006 年) 等を契機に，終末期医療の問題，とりわけ人工延命治療の差控え・中止の問題が各方面で大きな関心を呼んでいる[1]。何らの公的ルールもない中でそれらの事件では繰り返し捜査が行われ，北海道の羽幌病院事件では，人工呼吸器取外しと患者の死亡との間の因果関係が明確でない，として 2007 年 5 月に札幌地検が不起訴処分にした。射水市民病院事件は，いまなお捜査中であり，起訴されるか否かが注目されている〔その後，2009 年に不起訴処分〕。

　そのような状況の下，厚生労働省「終末期医療の決定プロセスのあり方に関する検討会」(樋口範雄座長) は，2006 年 12 月に出していた叩き台呈示を経て，2007 年 5 月に「終末期医療の決定プロセスに関するガイドライン」(以下「厚労省終末期医療ガイドライン」という。) を公表した。この問題に関するはじめての公的ガイドラインである。法律というスタイルではなく，ガイドラインというスタイルをとり，かつ「決定プロセス」に特化したスタイルをとったわけである。これが，今後医療現場にどのような影響を及ぼすかは，じっくりと見極める必要がある[2]。気になるのは，医療現場と司法界とのルール化の捉え方に離齬がある点である。この公的ガイドラインが十分に医療現場に浸透していない，というのである。医療現場を取り巻く環境において，とりわけ人手不足やコミュニケーション不足，さらには刑事事件となることへの危惧は，座視できないものがある。また，2007 年 9 月には日本救急医学会が

「救急医療における終末期医療に関する提言（ガイドライン）」を公表し，さらに，2008年2月には日本医師会第Ⅹ次生命倫理懇談会が「終末期医療に関するガイドラインについて」を公表しているが，それぞれのガイドラインがいかなる意義を有するのか，厚労省終末期医療ガイドラインとの相互関係はどうなっているのか，は必ずしも明確ではない。他方で，国民一般でも医療関係者でも，一定の状況では人工延命措置の差控え・中止の希望が多いことが，2008年10月の厚生労働省「平成19年度終末期医療に関する調査——いのちを支える医療を目指して」（町野朔座長）という報告書（2009年2月に解析結果公表）でも示されている[3]。こうした状況を踏まえて，どのようなルール化が望ましいであろうか，が問われている。

　そこで，本章では，まず，終末期医療のルール化の意味ないし意義と問題点を抽出し，つぎに，ルール化の内容と法的根拠について検討し，最後に，今後の課題を明示したい。

## 2　終末期医療の「ルール化」の意味・意義と問題点

　**1**　まず，終末期医療のルール化の意味ないし意義と問題点について述べておこう。ルール化という場合，ルールの方式としては，いくつかのものがある。

　第1に，厚労省終末期医療ガイドラインは，公的なものとはいえ，法律ではなく，あくまでガイドラインであって，それ自体が直接的に法的拘束力を有するわけではない。しかし，ガイドラインは，柔軟性があり，改変も法律と比較すると容易である。何よりも，繊細な部分を規定することも可能であり，専門職の自主的見解を尊重するのに適している。また，ガイドラインは，直接的な法的拘束力はないものの，それが定着している場合（これが重要であるが），それを遵守していれば一定の法的効力と同等の効果を有することも期待できる。例えば，幾度か改定されてきたドイツ連邦医師会の「医師による死にゆくことの看取りのためのドイツ連邦医師会の諸原則（Grundsätze der

Bundesärztekammer zur ärztlichen Sterbebegleitung)」(1998 年，2004 年改定）[4]は，ドイツ連邦通常裁判所の判例にも引用されるほど効力があるし，オランダ王立医学会の「緩和的鎮静のためのガイドライン（KNMG-richtlijin palliatieve sedatie)」(2005 年）[5]やスイス連邦医師会の終末期医療に関する一連のガイドラインないし勧告[6]も同様である。いわばソフトローともいえるこれらのガイドラインの意義は，十分に認識しておく必要がある。

　問題は，厚労省終末期医療ガイドラインと医学界の諸ガイドラインとの整合性である。後者は，任意加入の学会レベルでのガイドラインであるだけに，その定着度および拘束力に不安を残す。私自身は，かねてより，ガイドラインの2段階構想の妥当性を主張している[7]。すなわち，第1段階として各病態に共通のガイドラインを呈示し，第2段階として病態毎にガイドラインを呈示する，というものである。厚労省終末期医療ガイドラインは，決定プロセスに特化したものであるとはいえ，第1段階に当たるものと位置づけることができる。また，第2段階に当たるべき各医学会による病態毎のガイドラインについては，まだ未成熟な部分もあるので，相互の関係を検討し，さらに整備して信頼を得る努力をする必要がある。


　**2**　第2に，判例によるルール化の意義と問題点について検討しよう。日本は判例法（コモンロー）の国ではなく，個別主義を採用しているにもかかわらず，判例の重みは増しつつある。そのためか，医療関係者は，判例の動向に敏感である。しかし，最高裁判例が定着すれば格別，下級審段階での裁判例はなお流動性があり，現段階では個別事案における判断を一般化することは困難である。

　例えば，川崎協同病院事件第1審判決（横浜地判平成17年3月28日判時1530号28頁，判タ877号148頁）は，基本的には東海大学病院事件判決（横浜地判平成7年3月28日判タ877号148頁）の傍論で展開された論理に依拠して，自己決定権アプローチを採用し，「各人が人間存在としての自己の生き方，生き様を自分で決め，それを実行してことを貫徹し，全うする結果，最後の生き方，す

なわち死の迎え方を自分で決めることができるということのいわば反射的なもの」という基本的視点から、「患者の真意の探究」の途を模索すべきだ、と説いた[8]。これに対して、第2審判決（東京高判平成19年2月28日判タ1237号153頁）は、第1審判決が依拠した自己決定権アプローチに対しても義務論的アプローチに対しても批判的であり、それでいて、許容性についての積極的判断を何ら示さずに、尊厳死の解釈を抜本的に解決するには、尊厳死を許容する法律の制定ないしこれに代わりうるガイドラインの策定が必要だ、と説いた。しかし、この問題のルール化を考える場合、法律論としてのその理論的基礎づけなくしてそのように言い放つのは、あまりに「司法消極主義」[9]ないし「法実証主義」[10]に堕した無責任な対応であり、問題である。他方、過度の「司法積極主義」も問題である。医事法学は、この舵取りをする責務がある。

3　第3に、法律（立法）によるルール化の意義と問題点について一言述べておこう。日本でも、日本尊厳死協会および超党派の国会議員（代表・中山太郎議員）がかねてよりリビング・ウィルの法制化を目指して活動している[11]。確かに、アメリカのほとんどの州、そして最近ではフランスの「病者の権利および生命の末期に関する2005年4月22日の法律370号」（いわゆる尊厳死法）[12]のように、立法による「解決」もひとつの選択肢かもしれない。しかし、フランスの場合、前提として、2002年に「病者の権利および保健制度の質に関する法律」が制定され、患者の権利と医療の質が保障されていることに留意する必要がある。総じて、このような権利保障を抜きにした立法化の場合、画一的な適用による現場の混乱と患者へのプレッシャーが懸念されることから、安易な立法化は控えるべきである。

## 3　ルール化の内容と法的根拠

1　それでは、終末期医療のルール化の内容と法的根拠について、どのように考えればよいであろうか。以下、刑法理論的観点から基本的視座を述べ

ることにしよう[13]。

第1に，川崎協同病院事件第1審判決が依拠した自己決定権アプローチの論理，すなわち，「各人が人間存在としての自己の生き方，生き様を自分で決め，それを実行してことを貫徹し，全うする結果，最後の生き方，すなわち死の迎え方を自分で決めることができるということのいわば反射的なもの」とする論理は，基本的に妥当と考える。

そして，患者の意思が明確な場合，前提として十分な情報（病状，考えられる治療・対処法，死期の見通し等）が提供され，それについての十分な説明がなされており，患者の任意かつ真意に基づいた意思の表明がなされていれば，人工延命治療の差控え・中止は刑法上正当化可能と考える。本人の意思を無視した人工的延命の強制はできない。そのためには，正当化事由としての延命拒否権の理論構築を深化すべきである。

**2**　第2に，病状の進行，容体の悪化等から，患者本人の任意な自己決定およびその意思の表明や真意の直接の確認ができない場合，どうすべきか。この場合は，一定の条件下でリビング・ウィルや事前の指示（アドバンス・ディレクティブ）を手掛かりに，患者の真意を探求できれば，これに基づく「代行判断」に一定の法的拘束力を認めて正当化を認めるべきである（アメリカ，ドイツ等の議論参照）。日本の各種ガイドラインも，基本的にこの方向にあるものと思われる。

**3**　第3に，しかし，その真意探求にも限界がある。それが確認できない場合，家族の役割をどう把握すべきか。家族の判断を一方的に尊重することにより，人工的延命治療を中止する行為が刑法上正当化可能であるかは，疑問である。かりにそれを尊重するとしても，せいぜい責任阻却にとどまるであろう。医療・ケアチームと家族が一定のやむにやまれぬ状況下で治療中止の決定をした場合，違法ではあっても，期待可能性ないし義務衝突を考慮して，刑事免責の余地がある。

**4** 第4に，義務論的アプローチをどう理解すべきか。もちろん，医師に際限なき義務を課すことはできないが，川崎協同病院事件第1審判決が示した治療義務限界論について医学界で具体的に合意形成が可能であろうか。あるいは，上記ガイドラインが示す医療・ケアチームや倫理委員会がこれを判断できるであろうか。この点について，脳死を治療義務の限界として考える余地はありうると思われるが，臓器移植の問題と連動して捉えると，移植医療との混同の懸念があるので，分けて考えるべきである。少なくとも，提供臓器の確保のためにのみ，あるいは人体実験の対象としてのみ人工的延命治療を続けることは，本来の「治療義務」とはいえない，と思われる。

むしろ，自己決定権アプローチを補完する原理としては，「最善の利益（best interests）」テストを入念に構築すべきかもしれない。現状では，このテストは，用語としてしばしば用いられる割には，誰にとっての「最善の利益」か，誰が何を基準に判断するのか等，その内実が不明確である（例えば，新生児・小児の看取りの議論）。イギリスの Mental Capacity Act 2005[14]は，意思決定能力のない人についてこの点に配慮した工夫された法律であるが，その4条「最善の利益」の規定を見ても，「その人の年齢または外観」（1項a），もしくは「その人の状況または行動の側面」（1項b）が判断要素として挙げられているにもかかわらず，なお具体的内実は不明確である。しかも，同条5項では，「その決定が生命維持治療に関係する場合，決定を行う者は，その治療が当該患者の最善の利益になっているかどうかを考慮するに当たり，死をもたらす願望によって動機づけられてはならない。」とも規定するが，自己決定権と「最善の利益」の相互関係は，やはり不明確である。両者の関係がある程度明確化されれば，刑法上，違法性阻却の余地があるかもしれないし，かりに違法であっても，責任阻却ないし厳格な判断の下で刑事訴追を控える方策を検討する余地があるかもしれない[15]。

**5** 第5に，最初からの延命措置の差控え（withholding）は不作為だから認められるが，途中からの打切り（withdrawing）は作為による殺人となるという

理解が，医学界のみならず，法曹界にも暗黙裡に広がっているが，これは妥当な解釈とは思われない。かねてから私が主張しているように，患者の意思が探求できる等の一定の条件下では，いずれも不作為として許容されると考える。さもなくば，救急医療の現場では，何とか助けたいと思って救命のために人工延命治療を開始したところ，回復の見込みがほとんどなくなった場合でも，なお刑事訴追を恐れて人工的延命を強制するという不合理な事態が解消されないことになるであろう。

# 4 　結　語——今後の課題——

　最後に，今後の課題を示しておこう。第1に，ガイドライン相互の擦り合わせによる課題の摘出と克服が必要である。多数のガイドラインがあることにより，医療現場および患者・家族は，相互関係が理解できないまま，ガイドラインに翻弄されるであろう。これでは，何のためのガイドラインか，わからなくなる。また，これと関連して，第2に，医療現場（患者を含む）になお残る課題の摘出（医療・ケアチームおよび倫理委員会の役割・機能の問題を含む）と克服も重要な課題である。限られたマンパワーでどこまでこの問題に対応できるか，情報交換と対策が急務である。第3に，医療界・医学界と法曹界の意見の擦り合わせも重要である。両者の粘り強い意見交換から，ある種の協定が生まれることを期待したい。第4に，法学界としては，先進国共通の課題として，この問題についての理論的・制度論的研究の深化を期待したい。

　　1）終末期医療をめぐる国内外の近年の法的・倫理的動向およびその問題点を
　　　検討したものとして，飯田亘之＝甲斐克則編『終末期医療と生命倫理』（2008・
　　　太陽出版）参照。
　　2）その間の終末期医療の実態を取材したものとして，北日本新聞社編集局編
　　　『いのちの回廊』（2006・北日本新聞社）および共同通信社社会部『いのちの
　　　砂時計——終末期医療はいま』（2008・日本評論社）参照。また，樋口範雄『続・
　　　医療と法を考える——終末期医療ガイドライン』（2008・有斐閣）79頁以下の
　　　第5章「終末期医療とプロセス・ガイドライン」では，ガイドライン成立の

経緯，意義および課題が記されている。なお，甲斐克則「終末期医療のガイドライン」年報医事法学 23 号（2008・日本評論社）242 頁以下参照。さらに，日本医師会の報告書およびガイドラインの分析については，加藤尚武「終末期医療のガイドライン──日本医師会のとりまとめた諸報告書の比較検討」飯田＝甲斐編・前出注 1）119 頁以下参照。

3）また，松島英介ほか「わが国の医療現場における『尊厳死』の現状──告知の問題──」飯田＝甲斐編・前出注 1）94 頁以下および松島英介・本誌〔年報医事法学 24 号（2009・日本評論社）〕掲載論文〔「終末期医療における意思決定の実態調査報告」〕は，終末期医療の実態分析をした貴重なものである。

4）このガイドラインについては，甲斐克則「終末期医療における病者の自己決定の意義と法的限界」飯田＝甲斐編・前出注 1）34〜35 頁〔本書第 5 章〕，武藤眞朗「人工栄養補給の停止と患者の意思」東洋法学 49 巻 1 号（2005）1 頁以下参照。

5）このガイドラインについては，ペーター・タック（甲斐克則編訳）『オランダ医事刑法の展開──安楽死・妊娠中絶・臓器移植──』（2009・慶応義塾大学出版会）49 頁以下の第 2 章「オランダにおける緩和的鎮静と安楽死」参照。

6）スイス連邦医師会は，Treatment and care of patients with chronic severe brain damage（2003）；Betreuung von Patientinnen und Patienten am Lebensende（2004）；Care of patients in the end of life（2004）；Recht der Patientinnen und Patienten auf Selbstbestimmung（2005）；Palliative Care（2006）という具合に，多くのガイドラインを出している。

7）甲斐克則「終末期医療・尊厳死と医師の刑事責任──川﨑協同病院事件第 1 審判決に寄せて」ジュリスト 1293 号（2005）98 頁以下〔本書第 1 章〕参照。なお，樋口・前出注 2）参照。

8）詳細については，甲斐・前出注 7）参照。

9）この点については，田中成明「尊厳死問題への法的対応の在り方」法曹時報 60 巻 7 号（2008）1 頁以下，特に 22 頁参照。

10）町野朔「患者の自己決定権と医師の治療義務」刑事法ジャーナル 8 号（2007）50 頁参照。なお，辰井聡子「治療不開始／中止行為の刑法的評価──『治療行為』としての正当化の試み」明治学院大学法学研究 86 号（2009）57 頁以下，特に 95 頁以下は，このような理解を「誤読」だとして批判し，「こうした立場は，東京高裁が自己決定権に基づく正当化という方向性に対して提起した疑問を軽視している」（97 頁），と指摘する。

11）最近の立法提言として，日本尊厳死協会東海支部編著『私が決める尊厳死──「不治かつ末期」の具体的提案』（2007・中日新聞社）がある。

12）フランスのこの法律については，飯田＝甲斐編・前出注 1）223 頁以下および 232 頁以下に本田まり氏の訳と詳細な解説があるので参照されたい。

13）以下の論理は，すでに甲斐克則『尊厳死と刑法』（2004・成文堂），同・前出注 4）13 頁以下，同・前出注 7），同「尊厳死問題の法理と倫理」愛知学院

大学宗教法制研究所紀要 49 号（2009）149 頁以下等で展開したものである。なお，井田良「終末期医療と刑法」ジュリスト 1339 号（2007）39 頁以下参照。

14）同法の詳細については，シーラ・マクリーン（甲斐克則＝新谷一朗訳）「英国における終末期の意思決定」ジュリスト 1360 号（2008）93 頁以下〔甲斐克則編訳『海外の安楽死・自殺幇助と法』（2015・慶應義塾大学出版会）17 頁以下所収〕参照。

15）そのかぎりでは，町野・前出注 10）52 頁は，「患者の自己決定と医師の治療義務とは，終末期医療の実行・忌避が患者の最善の利益に合致するかを判断するための 2 つの要素であり，両者は対立するものではない。また，これらは併せて用いるべき 2 つのツールなのであって，控訴審判決の考えたような 2 つのアプローチ，ルートなのでもない」，と説いているのは，本章と同旨ではないか，と推測する。

第8章

# ドイツにおける延命治療中止に関する
# BGH 無罪判決 ——プッツ事件——

## 1 はじめに

　ドイツにおいては，これまでも終末期医療に関する重要な判例がいくつか
あったが[1]，2010 年 6 月 25 日にも連邦通常裁判所（BGH）で重要な刑事判決
（BGH Urt. 25. Uni 2010, NJW 2010, 2963ff. = NStZ 2010, 630ff.）が下された。私は，早
速，ドイツのフライブルクにあるマックス・プランク外国・国際刑法研究所
に助手として勤務していた門下生の新谷一朗氏〔現・海上保安大学校准教授〕
より判決文を送ってもらった。2009 年にドイツでは終末期医療における事前
指示に関する民法改正が行われたばかりでもあり[2]，本判決は，最近のドイ
ツにおける延命治療中止の法的議論の動向を確認する意味でも重要な位置を
占めると考えられる。以下，まず，本件の事実の概要を示し，つぎに，判決
要旨を示し，最後に，若干の論評を加えることにする。

## 2 事実の概要

　被告人〔プッツ〕は，医事法，特に緩和医療の分野の専門の弁護士であり，
2006 年以来，K 夫人（1936 年生まれ）の 2 人の子（原審相被告人 G とその間に死亡
した兄 P.K.）に助言を与えていた者である。K 夫人は，2002 年 10 月以来，脳出
血により深昏睡状態にあり，話すこともできず，老人ホームで介護を受け，
腹壁の入口にいわゆる PEG ゾンデを通して人工的に栄養補給を受けていた。

K 夫人は，2006 年に骨折した後，左腕を切断されていたが，2007 年 12 月に
は身長 159 cm，体重 40 kg まで衰えて，健康状態の改善の見込みは，もはや
期待できなかった。娘の G 夫人は，すでに父親が 2002 年に脳出血を患った
後，2002 年 9 月末に母親に，もし彼女（母親）に何かあったら自分と兄はどの
ようにすればよいかを尋ねた。K 夫人は，もし自分に意識がなくなり，もは
や言葉を発することができなくなったら，人工的な栄養補給および呼吸とい
う形式で延命措置をとって欲しくないし，いかなるチューブにも繋いでほし
くない，と返答した。

　まず，K 夫人のために，彼女の夫が世話人（Betreuer）として選任され，後
に，その補佐のために職権世話人（Berufsbetreuerin）も被世話人の夫が死亡し
た後にはじめて世話を始めることが承認された。G 夫人は，2006 年 3 月，彼
女と彼女の兄は，腹腔ゾンデが取り外されることによって彼女の母親が尊厳
をもって死ぬことができるよう希望している，と職権世話人に通知した。こ
の際，G 夫人は，2002 年 9 月に母親となされた会話についても報告したが，
これを文書により記録していなかった。職権世話人は，知りもしない被世話
人の推定的意思を引合いに出して胃瘻ゾンデを取り外すことを拒否した。被
告人は，引き続き G 夫人およびその兄と共に，人工栄養補給の中止の努力を
した。被告人の申立に基づいて，2 人の子が，2007 年 8 月に母親の世話人に
指名された。主治医は，世話人の意図を支持した。なぜなら，主治医の視点
からすると，人工栄養補給の継続の医学的適応性は，もはやなくなっていた
からである。しかし，その努力は，療養所および療養所職員の抵抗に遭った。
人工栄養補給の中止についての医師の明示的指示にも看護師は従わなかった
ことから，療養所職員は，結局，妥協策を呈示した。すなわち，全関係者の
道徳的考えを公正なものにするため，職員は，狭義の看護行為にのみ携わる
べきであり，一方，G 夫人と K 氏は，ゾンデを通した栄養補給を自ら打ち切
り，必要な緩和ケアを行い，死にゆく母親の援助をすべきである，と。被告
人との話し合いの後，G 夫人と K 氏は，このことに同意する，と宣言した。

　それに応じて，G 夫人は，2007 年 12 月 20 日に，ゾンデを通した栄養補給

を打ち切り，溶液補給も軽減し始めた。しかしながら，翌日，全体計画の業務管理者は，人工栄養補給を早速再開するよう指示した。G夫人とK氏は，このことに同意する宣言をしない場合には，住居への立入りを禁止される危険に晒された。被告人は，同日，そのことについて彼らに電話で，ゾンデのチューブを直接腹壁越しに2つに切るよう助言を与えた。なぜなら，療養所によるゾンデを通しての栄養補給の違法な継続は，有効な権利保護を短期間で達成できないからである，と。G夫人は，この助言に従い，数分後に兄の支援を得て，ゾンデを2つに切った。数分後に看護師がこれをまず発見し，療養所が警察を介入させた後，K夫人は，検察官の指示で彼女の子どもの意思に反して病院に連れて行かれ，そこで，新たなPEGゾンデが彼女に取り付けられ，人工栄養補給が再び開始されたが，彼女は，2008年1月5日に同病院で，疾患のため自然死した。

　G夫人とプッツ弁護士が故殺罪の共同正犯で起訴されたが，フルダ・ラント裁判所 (LG Fulda) は，2007年12月21日，被告人プッツ弁護士の行為をG夫人と共同で行われた積極的作為による故殺であり，それは，K夫人の推定的同意によって正当化されるものでもなく，また，緊急救助もしくは違法性阻却的緊急避難の原則によって正当化されるものでもない，と判示した。また，責任阻却的緊急避難についても，これを引合いに出すことができない，と判示した。適法性の錯誤については，被告人プッツ弁護士は，まぎれもない専門の弁護士としてその錯誤を回避しえた，とした。なお，相被告人Gについては，被告人プッツ弁護士の法的相談に直面して，回避不可能な適法性の錯誤により責任なく行為したとして無罪の判決を下した。プッツ弁護士が上告したところ，連邦通常裁判所 (BGH) は，2010年6月25日，次の理由で被告人プッツ弁護士を無罪とした。

# 3　判　旨

1　「人工栄養補給を不作為によって終了すること，もしくはカロリー含

有の容液の供給を原審相被告人およびその兄を通じて制限することは，行為当時の法に基づけば，許容されるものであった。なぜなら，いわゆる『消極的臨死介助 (passive Sterbehilfe)』による適法な治療中止のための承認された前提条件が存在したからである。その際，……本人の推定的意思は，問題とならなかった。というのは，同意無能力となる以前に明示的に表明された現実の意思が疑いなく確定されたからである。さらに，世話人と主治医との間には，人工栄養補給の中止が患者の意思に即したものであるという了解があった。このような条件下では，後見裁判所の許可が必要であったかもしくは指示されていたかを抜きにして，人工栄養補給の継続をしないことは許されていた，といえよう」。

2 「殺人行為の正当化 (違法性阻却) は，ここでは，世話人としての K 夫人の子どもたちによって妥当とされた被世話人の意思，したがって人工栄養補給を中止しその継続もしくは再開をしないという同意からのみ生じえたのである」が，連邦通常裁判所によるこれまでの事案と異なり，本件は，人工栄養補給の再開を妨げる，生命終結を意図した原審相被告人の直接的行為は，不作為としてではなく，積極的作為とみなされるべきである，という特性を示している。「本件について直接的生命終結措置の正当化 (違法性阻却) は，判例の『臨死介助』の視点の下では，従来承認されてこなかったものである。この点について，当刑事部は，2009 年 7 月 29 日の第 3 次世話法改正法 (BGBl I 2286)〔いわゆる患者事前指示法：2009 年 9 月 1 日施行——筆者〕によって改正された民法上の法状態をも考慮し，判例の視点に固執していない」。

立法者は，患者の意思を志向した治療の限界の世話法上の範囲を上述の患者事前指示法によって確定した。新法にとっての基準は，第 1 に，憲法上保障された自己決定権 (治療拒否権と延命措置拒否権を含む。) であり，第 2 に，憲法によって命じられた人の生命保護 (特に刑法 212 条〜216 条) である。例えば，具体的な治療の願望で表明された，現実には同意能力のない患者の意思が，その疾患の種類および段階と関わりなく拘束力を有し，世話人および主治医を

拘束すべきである（民法1901a条3項）。「医療措置の開始，不開始，もしくは中止に関する決定のための世話法上の許可の必要性は，自ら意思表示できない患者の意思もしくは措置の医学的適応性に関して医師と世話人または代理人との間で意見が分かれる場合に限定される（民法1904条2項および4項）。民法1901a条以下の諸規定は，さらに，被世話人の現実的または推定的意思の解明のための世話法上の手続規定を含む」。

3　「この新規定は，刑法にとっても効力を発揮する」。世話法の諸規定は，例えば，許容される臨死介助と禁止された殺人の限界づけのための刑法の特別ルールを含んでいない。違法性を阻却する同意の範囲，および可罰的な嘱託殺人がどこで始まるのかは，傷害の違法性を阻却する同意（刑法228条）の射程範囲の問題と同様，刑法上特別な問題であり，それについては，憲法秩序に照らし，かつ他の法領域のルールを考慮しつつ，実体刑法の基準に従って自律的に決定されるべきである。「民法1901a条以下の諸規定は，自ら（もはや）意思表示できない患者の自己決定の実現のための手続法上の保護をも含んでいる。それらの規定は，こうした患者の意思が同意無能力の発生時点を超えて妥当し，かつ尊重されることを保障すべきである」。この新規定は，法秩序の統一性という視点の下で，生命を終結させる因果的行為の正当化（違法性阻却）可能性の限界の確定に際して考慮されなければならない。

4　「当刑事部は，当該患者の同意または推定的同意によって違法性を阻却する死の惹起と違法な死の惹起とを区別するための作為と不作為の外観形式に方向づけられたこの基準に固執しない」。「許容される臨死介助と刑法212条・216条による可罰的殺人の限界は，積極的行為と消極的行為の自然主義的区別の基準によっては有意義に確定されえない」し，人工呼吸器の打切りの場合に事実上の積極的態度を「規範的に理解された不作為」へと解釈し直すことは，解釈学上許されないとして拒絶された。「積極的作為を規範的な不作為へとこのように評価により解釈し直すことは，発生している諸問題

に適合しない。つまり，『治療中止 (Behandlungsabbruch)』は，その自然的およ
び社会的意味内容によれば，単なる不作為に尽きるものではない。むしろ，
それは，ほとんど決まって，多数の積極的行為と消極的行為を包摂しうるし，
包摂するであろう」。「それゆえに，医療行為のこのような中止と関係するす
べての行為を，客観的な行為の要素と並んで行為の主観的な目的設定をも包
摂する治療中止というひとつの規範的評価的上位概念に統合すること，すで
に開始された治療措置を患者の意思により全体として中止すること，もしく
はその範囲を本人または世話人の意思に応じてその都度指示された看護およ
び介護の要件の尺度に従って減じることは，有意義でありかつ必要でもあ
る」。「なぜなら，患者が治療を差し控えることを望むことができる場合，こ
のことは，同じく，（もはや）望まれない治療を中止することにも妥当しなけ
ればならないからであり，これが，例えば，レスピレーターの打切りもしく
は栄養補給ゾンデの取外しが示すように，さらなる治療措置の不作為によっ
て転換されるべきか，それとも積極的作為によって転換されるべきかは，ど
うでもよい。同じことは，患者の意思に（もはや）そぐわない医療措置の再開
が論じられる場合にも妥当する」。「さらに，同意によって正当化（違法性阻却）
される臨死介助行為が前提としているのは，それが客観的にも主観的にも上
述の意味での治療行為に関係づけられている，ということである。これによっ
て捕捉されるのは，生命維持治療の差控えといわゆる『間接的臨死介助』の
形式での行為と同様の生命維持治療の中止のみである」。

　基本法1条1項，2条1項から演繹される個人の自己決定権は，自己の身
体の不可侵性および生死の影響なき進行への望まない干渉に対する防衛を適
法化するが，治療行為と関係のない生命への独自の干渉に第三者を誘う権利
だとか，ましてやその請求権を保障するものではない。「それゆえ，同意によ
る正当化（違法性阻却）が考慮されるのは，すでに開始された疾患のプロセス
に経過を委ねる状態を（再び）作り出すことに行為が限定される場合だけであ
る。というのは，確かに，苦痛は緩和されるが，疾患は（もはや）治療されず，
その結果，患者は，最終的に死にゆくことに身を委ねられるからである」。「治

療中止概念に内在する治療関連性および治療に関連する本人の意思の実現という基準によるこうした区別は，従来の，積極的行為と消極的行為との，解釈論上疑わしく実践的にも貫徹不可能な区別よりも，衡量において当該法益の重さに効力を与え，かつすべての関係者に対して明確な方向づけを提供するのにより適している」。

　「治療中止の正当化（違法性阻却）の上述の諸原則の適用は，患者の主治医ならびに世話人および代理人の行為に限定されるのではなく，医師，世話人もしくは代理人によって治療および世話のために意見を求められた支援者として活動しているかぎりで，第三者の行為にも当てはまりうる。このことは，何よりも次のことから生じる。すなわち，治療中止は，通常，個々の作為または不作為に尽きるのではなく，場合によっては，一連の大部分の緩和的医療措置を必要とするものであり，それは，主治医自身によって必ずしも必然的に行われなければならないというものではない」。

　「被告人は，K夫人という世話人によって意見を求められかつ彼女に助言を与えた弁護士として，世話人自身と同様，違法に行為した者ではない」。

## 4　若干の論評

　最後に，本判決について若干の論評を加えておこう。本判決は，従来，人工延命治療の中止について，個々の行為が作為か不作為か（前者ならば可罰的，後者ならば不可罰）という硬直した議論の壁を打破し，それに固執せず，客観的な行為の要素と並んで行為の主観的な目的設定をも包摂する「治療中止」というひとつの規範的評価的上位概念に統合することにより，関係者（特に担当弁護士）を無罪にした点に意義がある。しかも，患者の事前の意思表示と世話人の役割を重視しつつ，2009年の第3次改正事前指示法を受けた民法1901a条以下の諸規定の効力を多分に考慮している点も重要である。ここには，民法の規定を重視した刑法の解釈という姿勢が看取される。しかし，本件での患者の事前の意思表示の位置づけについては，より慎重な分析が必要だと思

われる。詳細な検討は別稿〔本書第14章〕に譲らざるをえないが，本判決は，膠着した日本の終末期医療をめぐる当面の問題の解決にも大きな示唆を与えるものと思われる。

1) 甲斐克則『尊厳死と刑法』（2004・成文堂）213頁以下，233頁以下，同「終末期医療における病者の自己決定の意義と法的限界」飯田亘之＝甲斐克則編『終末期医療と生命倫理』（2008・太陽出版）33頁以下〔本書第5章〕，同「ドイツにおける終末期医療をめぐる法的・倫理的議論の最近の動向」年報医事法学22号（2007）213頁以下〔本書第3章〕，武藤眞朗「人工栄養補給の停止と患者の意思」東洋法学49巻1号（2005）1頁以下，ドイツ連邦議会審議会答申（山本達監訳）『人間らしい死と自己決定——終末期における事前指示』（2006・知泉書館）参照。

2) この点については，新谷一朗「世話法の第3次改正法（患者の指示法）」年報医事法学25号（2010）201頁以下，山口和人「『患者の指示（リビング・ウィル）』法の制定」外国の立法240-2号（2009）10頁以下参照。

第 9 章

# 終末期医療と臨床倫理

## 1 はじめに

　終末期医療と臨床倫理を考えるうえで，現在，最も問題になっているのが，人工延命措置の差控え・中止（いわゆる「尊厳死」）の問題である[1]。尊厳死（自然死）とは，「新たな延命技術の開発により患者が医療の客体にされること（「死の管理化」）に抵抗すべく，人工延命治療を拒否し，医師が患者を死にゆくにまかせることを許容すること」である[2]。この問題について日本で実践的議論が始まったのは，1990年代に入ってからであり，21世紀になると，各地で具体的事件が起き，各界のルールが作られ，川崎協同病院事件では，2009年の最高裁判所の判例まで登場した。いまや，人工延命措置の差控え・中止（「尊厳死」）をめぐる臨床倫理と法に関する問題は，きわめて重要な問題として解決を迫られている。最も検討すべき課題は，人工延命措置の差控え（withholding）と中止（withdrawing）の過剰なまでの区別が大きな弊害をもたらしているのではないか，という点である。すなわち，日本では，最初から延命治療を差し控えることには過剰に寛大であるが，ひとたび延命治療を開始すれば途中で中止することは犯罪になる可能性があるので中止できない，という奇妙な「呪縛」が蔓延しており，その結果，救命可能な患者の延命治療がなされないケースがしばしばある，ともいわれている。それが，単に刑事訴追を恐れてそうするというのであれば，本末転倒ではないか。ICUで延命治療を開始し，様子を観察して，いよいよ回復困難で予後の見通しが絶望的になった時点で延命治療を中止することは，一定の条件下で（刑）法的にも許容する途を確保

142 第9章 終末期医療と臨床倫理

しておかないと，この奇妙なジレンマを克服することはできないであろう。本章では，このような問題意識から，近年の日本の議論の動向に焦点を当てて，法的・臨床倫理的観点から論じることにする。

## 2 日本における近年の問題状況

21世紀に入り，日本においても，尊厳死問題のルールをめぐり各方面でにわかに動きが活発化し始めた。それは，1997年の東海大学病院事件横浜地裁判決当時の問題関心[3]を上回っている。2004年，北海道羽幌町の道立羽幌病院で患者（90歳）の人工呼吸器を家族の同意を得ただけで取り外して患者を死亡させたという事件（2005年：行為と結果との因果関係がないということで不起訴処分），2006年，富山県の射水市民病院において主治医が単独で家族の同意を得て（一部は家族の同意を得ずに）7名の患者の人工呼吸器を取り外して死亡させたという事件[4][5]（2009年：不起訴処分）など，類似の事件が相次ぎ，社会的関心を呼んだ。いずれも不起訴処分になったことから，この種の事案で刑事事件性はほとんどないかのような印象を与えている。それにもかかわらず，司法の法的基準が明確でなく，医療関係者や法曹の間では，1度開始した延命治療を中止することは依然として殺人罪として訴迫の対象となりうる，という呪縛が続いており，その結果，最初から延命治療を差し控えることは許されるが，1度開始した延命治療を中止することはできない，という奇妙な状況・ジレンマが続いている。これは，法的・倫理的に大きな問題である。しかし，冷静に分析すれば，捜査機関は，第1に，延命治療中止と死亡との間の因果関係が明確になければ起訴しないとの立場をとっているし，第2に，延命治療中止に関して本人または家族の意思を無視しないかぎりは殺人罪として起訴しない傾向が強い，と推測される。

この間にあって，日本尊厳死協会による立法化要請の動き[6]や，超党派国会議員の立法化に向けた活動があった。司法の場では，人工延命治療の中止の許容性について川崎協同病院事件第1審判決が終末期医療における患者の

自己決定権を基軸とした実に興味深い論理を展開したが，第 2 審判決は，自己決定権アプローチには批判的である。なお，最高裁決定は，必ずしも明確な態度を示していないが，そこから一定の方向性を看取できる。

一方，2007 年 5 月に，厚生労働省「終末期医療の決定プロセスのあり方に関する検討会」は，「終末期医療の決定プロセスに関するガイドライン」〔2015 年 3 月に「人生の最終段階における医療の決定プロセスに関するガイドライン」に名称変更〕を公表した。この問題に関して日本で唯一の公的ガイドラインである。しかし，このガイドラインの性格は，「話し合い」により終末期医療の決定プロセスを明確化しようとするものであり，実体的基準がなお不明確なままであるため，医療現場ではなお戸惑いがある，という。その他，2007 年から 2008 年にかけて日本救急医学会や日本医師会第 X 次生命倫理懇談会が相次いで「ガイドライン」を公表した。しかし，これら一連のガイドライン相互の関係については，依然として詰めた検討がなされていないことから，どこか「ぎくしゃく」した状況が続いているのが現状である[7]。

以上の動向を踏まえて，尊厳死問題における病者の自己決定はどのように扱われるべきであろうか。家族の意思はどのように位置づけるべきであろうか。あるいは，「最善の利益モデル」はどのように位置づけるべきであろうか。

## 3 司法の動向

### 1 東海大学病院事件

司法の動向を概観しておこう。1997 年のいわゆる「東海大学病院事件」判決（横浜地判平成 7 年 3 月 28 日判例タイムズ 877 号 148 頁）は，医師による「安楽死」（厳密には安楽死ではない。）の是非が争点であったが，傍論ながら，治療中止の要件についても，大要，次のように述べた[8][9]。

治療行為の中止（いわゆる尊厳死）は，意味のない治療を打ち切って人間としての尊厳性を保って自然な死を迎えたいという患者の自己決定権の理論と，そうした意味のない治療行為までを行うことはもはや義務ではないとの医師

の治療義務の限界を根拠に，以下の3要件の下に許容される。① 患者が治癒不可能な病気に冒され回復の見込みがなく死が避けられない末期状態にあること。治療中止が患者の自己決定権に由来するとはいえ，その権利は，「死ぬ権利」を認めたものではなく，死の迎え方ないし死に至る過程についての選択権を認めたにすぎない。② 治療行為の中止を求める患者の意思表示が中止の時点で存在すること。中止を検討する段階で患者の明確な意思表示が存在しないときには，患者の推定的意思によることを是認してよい。③ 治療行為中止の対象となる措置は，薬物療法，人工透析，人工呼吸器，輸血，栄養・水分補給など，疾病を治療するための治療措置および対症療法である治療措置，さらには生命維持のための治療措置など，すべてが対象となる。

　この判決は，第1に，患者の自己決定権と医師の治療義務の限界を根拠に許容要件を考えているが，内容的にやや曖昧である。判決が，自己決定権は「死ぬ権利」を認めたものではなく，死の迎え方ないし死に方に至る過程についての選択権を認めたにすぎないとする点は妥当であるが，治療義務の限界がそれとどのように関係するのか，あるいはその限界がどこから導かれるかは，明らかでない。また，延命拒否と自殺関与罪との関係についても不明確である。第2に，判決が，患者の意思表示が治療中止時点で存在することを原則としつつ，事前の文書による意思表示（リビング・ウィルなど）もしくは口頭による意思表示がある場合はこれを有力な証拠として推定的意思で足りるとする点は，それが「明白かつ説得力ある証拠」として認められるかぎりで基本的に妥当である。しかし，事前の意思表示が何ら存在しない場合にも判決が家族の意思表示から患者の意思を推定してよいとする点は，家族の判断に安易に頼りすぎる懸念があり，疑問が残る。家族の有り様もさまざまであり，より慎重な判断が求められる。第3に，判決は，治療行為中止の対象として，薬物療法，人工透析，人工呼吸器，輸血，栄養・水分補給など，疾病を治療するための治療措置および対症療法である治療措置，さらには生命維持のための治療措置など，すべてを挙げているが，栄養分や水分の補給の全面中止については，議論が多い。おそらく病態によっても扱いに差が出てく

るであろう点を，慎重に考慮する必要があるものと思われる。もちろん，本人が明確にすべてを拒否していた場合は，その意思を尊重してよいと思われるが，そうでない場合は，後述のように，その延命措置が患者に何をもたらすかを慎重に見極めて判断する必要がある。

## 2　川崎協同病院事件

　その後，川崎協同病院事件が裁かれた。被告人（呼吸器内科部長）は，担当していた患者Ⅰ（当時58歳）が，気管支喘息重積発作に伴う低酸素性脳損傷で意識が回復しないまま入院し，延命を続けることでその肉体が細菌に冒されるなどして汚れていく前に，Ⅰにとって異物である気道確保のために鼻から気管内に挿入されているチューブを取り去ってできるかぎり自然なかたちで息を引き取らせて看取りたいとの気持ちをいだき，Ⅰに対し，前記気管内チューブを抜き取り呼吸確保の措置を取らなければⅠが死亡することを認識しながら，あえてそのチューブを抜き取り，呼吸を確保する処置を取らずに死亡するのを待った。ところが，予期に反して，Ⅰが「ぜいぜい」などと音を出しながら身体を海老のように反り返らせるなどして苦しそうに見える呼吸を繰り返し，鎮静薬を多量に投与してもその呼吸を鎮めることができなかったことから，そのような状態を在室していたその家族らに見せ続けることは好ましくないと考え，このうえは，筋弛緩薬で呼吸筋を弛緩させて窒息死させようと決意し，事情を知らない准看護師（当時24歳）に命じて，注射器に詰められた非脱分極性筋弛緩薬である臭化パンクロニウム注射液を，Ⅰの中心静脈に注入させて，まもなくその呼吸を停止させ，同室において，Ⅰを呼吸筋弛緩に基づく窒息により死亡させた。

　第1審判決（横浜地判平成17年3月25日判例タイムズ1,185号114頁）は，次のような論理を展開して，治療中止の正当性を肯定した（懲役3年執行猶予5年）[10]。① 治療中止は，患者の自己決定の尊重と医学的判断に基づく治療義務の限界を根拠として認められる。② 終末期における患者の自己決定の尊重は，自殺や死ぬ権利を認めるというものではなく，あくまでも人間の尊厳，

146　第9章　終末期医療と臨床倫理

幸福追求権の発露として，各人が人間存在としての自己の生き方，生き様を自分で決め，それを実行していくことを貫徹し，全うする結果，最後の生き方，すなわち死の迎え方を自分で決めることができるということのいわば反射的なものである。③ 自己決定には，回復の見込みがなく死が目前に迫っていること，それを患者が正確に理解し判断能力を保持しているということが不可欠の前提である。④ 自己決定の前提として十分な情報（病状，考えられる治療・対処法，死期の見通しなど）が提供され，それについての十分な説明がなされていること，患者の任意かつ真意に基づいた意思の表明がなされていることが必要である。⑤ 病状の進行，容体の悪化などから，患者本人の任意な自己決定およびその意思の表明や真意の直接の確認ができない場合には，前記自己決定の趣旨にできるだけ沿い，これを尊重できるように，患者の真意を探求していくほかない。⑥ その真意探求にあたっては，本人の事前の意思が記録化されているもの（リビング・ウィルなど）や同居している家族など，患者の生き方・考え方などを良く知る者による患者の意思の推測などもその確認の有力な手がかりとなる。その探求にもかかわらず真意が不明であれば，「疑わしきは生命の利益に」医師は患者の生命保護を優先させ，医学的に最も適応した諸措置を継続すべきである。⑦ 医師が可能なかぎりの適切な治療を尽くし医学的に有効な治療が限界に達している状況に至れば，患者が望んでいる場合であっても，それが医学的にみて有害あるいは意味がないと判断される治療については，医師においてその治療を続ける義務，あるいは，それを行う義務は法的にはない。⑧ この際の医師の判断はあくまでも医学的な治療の有効性などに限られるべきであり，医師が本人の死に方に関する価値判断を医師が患者に代わって行うことは，相当でない。

　これらの枠組みのうち，⑦ の治療義務限界論については，なお不明確な部分があり，問題があると思われるが，自己決定権アプローチの部分は，妥当なものと思われる。とくに，④ で，自己決定について患者の任意かつ真意に基づいた意思の表明がなされていることを原則としつつ，⑤ で，病状の進行，容体の悪化などから，患者本人の任意な自己決定およびその意思の表明や真

意の直接の確認ができない場合には，自己決定の趣旨にできるだけ沿い，こ
れを尊重できるように，患者の真意を探求していくほかない，としている点，
そして，⑥で，その真意探求にあたっては，本人の事前の意思が記録化され
ているもの（リビング・ウィルなど）や同居している家族など，患者の生き方・
考え方などを良く知る者による患者の意思の推測などもその確認の有力な手
がかりとなる，としている点は重要である。さらには，その探求にもかかわ
らず真意が不明であれば，「疑わしきは生命の利益に」患者の生命保護を優先
させ，医学的に最も適応した諸措置を継続すべきである，としている点も看
過してはならない。ただ，「患者の真意の探求」に際して家族などによる「患
者の意思の推測」について，緩やかすぎるように思われる。

　ところが，第2審（東京高判平成19年2月28日判例タイムズ1,237号153頁）は，
刑こそ軽くしたが（懲役1年6月執行猶予3年），自己決定権アプローチには批判
的であり，「自己決定権による解釈だけで，治療中止を適法とすることには限
界があるというべきである」とし，現実的な意思の確認といってもフィクショ
ンにならざるをえないとの立場から，刑法解釈論上無理がある，と説き，治
療義務の限界というアプローチにも批判的である。そして，「家族の意思を重
視することは必要ではあるけれども，そこには終末期医療に伴う家族の経済
的・精神的な負担などの回避という患者本人の気持ちには必ずしも沿わない
思惑が入り込む危険性がつきまとう」，と懸念を示す。

　この第2審判決に賛同する見解もある[11]。しかし，私自身は，第2審判決
による第1審判決の治療義務論批判には賛同できるが，自己決定権アプロー
チ批判の論理については疑問を覚える[12][13]。これまでの学説の理論的努力を
まったく考慮せず，しかもそれでいて，「尊厳死の問題を解決するには，尊厳
死を許容する法律の制定ないしこれに代わり得るガイドラインの策定が必要
である」とルール化を説くが，何ら論理も示さずに「ルールを皆で作れ」と
いうのは，司法消極主義的色彩が強すぎ，かえって無責任と思われる。われ
われは，その批判を克服する理論的努力をさらに積み重ねる必要がある。そ
して，自己の生を最期まで自分らしく生きることを保障する重要な砦として

148　第9章　終末期医療と臨床倫理

患者の延命拒否権を位置づけ，可能なかぎり「患者の真意の探求」の途を模索すべきだ，と考える。

　その後，被告人の上告に対して，最高裁判所は，特別に新たな判断を示してはいないが，事実関係のなかから敢えて，「本件気管内チューブの抜管は，被害者の回復をあきらめた家族からの要請に基づき行われたものであるが，その要請は上記の状況から認められるとおり被害者の病状などについて適切な情報が伝えられた上でされたものではなく，上記抜管行為が被害者の推定的意思に基づくということもできない」，という点を重視して，「上記抜管行為は，法律上許容される治療中止には当たらない」，という法的判断を下して上告を棄却している点に注目する必要がある（最決平成21年12月7日刑集63巻11号1,899頁）[14)15)]。いわば個別事例に対する判断にすぎないとはいえ，裏を返せば，被害者の病状などについて適切な情報が伝えられ，かつ「抜管行為が被害者の推定的意思に基づいていれば，気管内チューブの抜管は許容される」，という解釈も成り立ちうるのである。

　以上のように，司法の立場も，犯罪として処罰に値するほどの一方的な延命治療中止を行わないかぎり，犯罪として処罰すると考えていないように思われる。そして，何より検察も，第1に，延命治療中止と死亡との間の因果関係が明確になければ起訴しないとの（刑法上は当然の）立場をとっており，第2に，延命治療中止に関して本人または家族の意思を無視しないかぎりは殺人罪として起訴しない傾向が強い，と推測される。

## 4　人工延命措置の差控え・中止（尊厳死）をめぐる法理と倫理

　では，人工延命措置の差控え・中止（尊厳死）の問題をどのように考えればよいか。

### 1　延命拒否権としての自己決定権
　まず，患者の現実の意思ないし事前の意思といった自己決定を可能なかぎ

り尊重する方向が考えられる。しかし，この考えに対しては，「個人の『自己決定』を強調しすぎる場合，意思による『死の管理化』の問題が生じうる，ということも考える必要がある」[16]，との批判もある。この点に関しては，以下の点を補足しておきたい[17)18)]。

第1に，終末期医療にかかわらず，生命と法に関する諸問題において，私は，基本的に自己決定万能主義に警鐘を鳴らしてきた[19]。とりわけ積極的安楽死について，自己決定権を強調して正当化を論じる見解は，「結局，法自体が人間の社会的存在としての側面を危殆化せしめることになる」し，また，「殺害による苦痛除去は，規範論理的に矛盾である」[20]。「自己決定権は重要だが，万能ではない」[21]という命題をここで再度確認したい。

第2に，自己決定権の問題を尊厳死の問題に当てはめて考えるとき，自己決定（権）の内容は，「延命拒否（権）」という意味での自己決定（権）に本質がある。「人間の尊厳」の内容をカントに倣って「人間を手段としてのみ使ってはならない」という脈絡で理解すると[22]，そこには自ずと，合理的根拠のない強制を拒否する権利を保障する内容が含まれざるをえないように思われる。人工延命器具を中心とした侵襲的介入に対して，患者が拒否権を持たない以上，生死を病院に管理されきってしまうことになるのではなかろうか。私が主張しているのは，その意味における自己決定権の尊重である。

第3に，私見は，「患者の明確な治療拒否の意思表示がない限り尊厳死が認められない」というリジッドな見解ではない。私は，患者の延命拒否の意思を，① 明確な場合，② 十分に明確でない場合，③ 不明確な場合，という具合に3段階に分け，とりわけアメリカのニュージャージー州のコンロイ事件上告審判決（In re Conroy, 486 A. 2d 1209（1985））の3つのテスト（後述）を意識しつつ，① の場合は当然にその意思を尊重してよく，② の場合も事前の意思表明に一定の合理的根拠があればこれを尊重してよいとし，③ の場合は患者が単なる客体に貶められているような場合（例えば，臓器提供のためにだけ延命されているとか，実験の客体にされている場合）を除き，基本的に延命治療の中止は認められない，という見解を展開している[23]。このうち，最も争いになるのは，②

150 第9章 終末期医療と臨床倫理

の場合であろう。この場合，私見によれば，コンロイ事件判決の説く制限的・客観的テスト（患者の治療拒否を推定せしめるある程度信頼に値する証拠があるとき，および患者の生存保持の負担が生存利益より明らかに重いと決定者が判断するとき，人工延命措置の差控え・中止（抜去）を認める。）をクリアーする場合が延命治療中止の許容性の限界だと考えるので，この場合に許容範囲が限定されすぎている点に批判が向けられているものと思われる。すなわち，「もしそうだとすれば，尊厳死問題が生じてきた根幹にある，『一分一秒でも』可能な限り延命をすべきだという近代医療の『延命至上主義』それ自体に対しては，正面からの問い直しが展開されていないことにならないだろうか」[24]，と。このような批判の根底には，②の場合には（そして③の場合にも同様に）医師の裁量を広く認め，治療義務の限界をもっと緩やかに設定して広く延命治療の中止を認めてよいし，そのためには患者の意思に厳格に固執する必要はない，とする考えがあるように思われる。確かに，このような考えは，ある意味では，現実的な解決策となり，医療現場にも歓迎されるかもしれないが，他方で，安易に第三者の判断を優先する方向に舵を切ることになりはしないか，という危惧の念もある。

## 2　尊厳死問題の法的・倫理的ルール化

最後に，ルール化について述べておこう[25]。まず，尊厳死問題を考えるうえで重要な基本的視点を確認しておく必要がある。

第1に，「疑わしきは生命の利益に」という基本的視点は不可欠である。この原則は，生命の尊重および平等性の保障を与えるものであり，人工延命治療の差控え・中止の場合，そこに合理的な疑念が存在する以上，生命に不利益に解釈してはならないことを意味する。具体的には，例えば，本人の意思を何ら確認することなく，医師が一方的に当該延命治療について「無意味」とか「無益」という価値判断を押し付けてはならないことを意味する。

第2に，「人間の尊厳」を保障することである。これは，生存権の保障と生命の平等性の保障を当然含むほか，患者を医療技術の単なる客体に貶めるこ

と（人間を手段としてのみ用いること）を避けるよう要請する。もちろん，過剰な延命が「人間の尊厳」を侵害する場合とはどのような場合か，をより具体的に呈示する必要がある。少なくとも，移植用の臓器確保のためにだけ，あるいは人体実験のためにのみ延命する場合は，それに該当する。

　第3に，対象の明確化が必要である。典型例とされるいわゆる植物状態患者の病状も多様であり，遷延性植物状態（PVS）の段階からそこに至らない程度のものまであるので，その慎重な把握が必要であるし，がんの末期患者の病状も多様であるので，その慎重な把握も必要である。また，慢性疾患や認知症の場合もあるし，救急患者の場合もある。さらには，筋萎縮性側索硬化症（ALS）のような難病患者の場合もある。治療中止をめぐる自己決定権は，「死ぬ権利」を認めたものではなく，死の迎え方ないし死に至る過程についての選択権を認めたにすぎない点，および差控え・中止の対象となる延命治療の内容も，人工呼吸器，人工栄養補給，化学療法など多様である点を再確認する必要がある。すべてを対象にしてよいとする見解もあるが，本人が栄養分・水分のすべてについて拒否をしていない以上，最低限のケアをしつつ「人間の尊厳」に適った「段階的な治療解除」が妥当である。

　第4に，患者の意思の確認が重要である。厳密には，それも，いくつかの場合分けが必要である。そこで，つぎに，その場合分けをしつつ，「患者の事前指示」について検討する。

　まず，「患者の事前指示」のように，延命拒否の意思が明確な場合は，患者が延命治療当時に直接意思表示ができかつ延命拒否の意思表示をしていた場合と同様，患者の意思を尊重して，かりに患者が死亡しても，法的に民事・刑事の責任を負わないであろう。より厳密には，延命治療当時には直接意思表示ができなかったが，一定期間内の事前の明確な意思表示がある場合，原則としてその意思が継続しているとみることができ，基本的にその意思に拘束力があると解釈してもよいであろう。リビング・ウィルやアドバンス・ディレクティヴないし事前の指示は，そのかぎりで尊重してよいと考える。しかし，当然ながら，事前の意思表示の撤回を保障することが重要である。同時

152　第9章　終末期医療と臨床倫理

に，延命治療の差控え・中止の決断を迫られる場面とはいかなるものかを広く情報提供しておくことも重要である。また，「明白かつ説得力ある証拠」（複数人の証言）があれば，口頭でも認めるべきであろう。

とはいえ，現実には患者の意思が必ずしも十分に明確でない場合やまったく明確でない場合が多いという現実がある。前者の場合には，「代行判断」を考えざるをえない。問題は，どのような場合に誰が代行判断をすることが許されるか，である。前述のアメリカのコンロイ事件上告審判決では，代行判断の際の代行決定方式として，(a)主観的テスト（代行決定者が患者の願望を十分に知ったうえで明確な証拠に基づいて決定する。），(b)制限的・客観的テスト（患者の治療拒否を推定せしめるある程度信頼に値する証拠があるとき，および患者の生命保持の負担が生存利益より明らかに重いと決定者が判断するとき，差控え・中止〔抜去〕を認める。），そして(c)純客観的テスト（患者の生の負担が生存利益より明らかに重く，治療実施がインヒューマンなものになる場合，主観的証拠なしで差控え・中止〔抜去〕を認める。）というテストが呈示された。主観的テストは患者本人の意思と同視してよいであろうし，制限的客観的テストも患者の意思の手がかりを探りつつ客観的状況を加味して判断するというものであるから，客観面の状況把握をきめ細かく行う体制が整えば考慮に値する，と思われる。しかし，純客観的テストは，すでに代行判断の枠組みを超えるものであり，例えば，遷延性植物状態の患者を単なる人体実験の客体としてのみ延命するとか，臓器確保のためにだけ延命する場合が考えられるが，むしろこのような過剰な延命措置の場合には「人間の尊厳」に反するという論理で延命治療を中止すべきである，と思われる。以上の点に留意すれば，これは，日本でも導入可能なテストである。

患者の意思がまったく不明確な場合には，なお「代行判断」を採用できるか，疑問である。家族の判断は複数人にわたることもあり，確認しにくいケースもある。正確な情報提供ないし説明が誰に対してなされたか，という点も，重要な要因となる。また，仮に正確な情報が家族に伝わっていて，家族が判断を迫られた場合，家族が本人に代わって本当にこの種の問題で判断できる

か，あるいはその判断が適法であるかは，もう少し慎重に議論する必要がある。近時，家族の意思による推定を認める有力説も出始めたが，家族の有り様が多様なだけに，疑問がある。それが認められるのは，患者本人の延命拒否の意思の合理的な推定が可能な場合に限定されるべきである。そして，その探求にもかかわらず真意が不明であれば，「疑わしきは生命の利益に」の原則に則り，患者の生命保護を優先させるべきである。

## 3　ルール化の方法

　残る課題は，ルール化の方法である。患者の事前指示（アドバンス・ディレクティヴ）ないしリビング・ウィル（書面による生前の意思表示）については，患者の意思を尊重するにせよ，立法というハードな方式（ハードロー）ではなく，選択肢としては，書面に限らず多様な方式を採用するガイドライン方式（ソフトロー）のような柔軟な対応をする方が妥当ではないか，と思われる。なぜなら，立法化は，技術的にかなりの困難を伴い，必ずや拡張解釈が繰り返されるだろうからである。もちろん，ガイドラインの場合でも，患者の意思の確認には慎重さが要求され，意思確認を繰り返し行う必要がある。

　ここで，厚生労働省「終末期医療の決定プロセスに関するガイドライン」（2007年5月）について若干のコメントを述べておこう。膠着状態にある喫緊の問題について，手続面という限定ではあれ，チーム医療を基軸として患者の意思の尊重を中心に各界の議論を集約して公的ガイドラインを策定したことは，評価できる。しかし，患者の意思が不明確な場合の取扱いや倫理委員会の質の確保の問題，さらには病態毎の扱いといった繊細な部分の関連学会のガイドラインとの整合性など，細部では課題が多い。その他，日本医師会「終末期医療に関するガイドライン」（2008年），日本救急医学会・救急医療における終末期医療のあり方に関する特別委員会「救急医療における終末期医療のあり方に関するガイドライン」（2007年）など，関連医学界の動きも活発になってきた。これは，議論がオープンになるという点で歓迎すべきことである。とりわけ日本救急医学会のガイドラインは，本人の意思が確認できな

154　第9章　終末期医療と臨床倫理

い場合，家族の意思だけでも人工延命措置の差控え・中止を認めるという内容が盛り込まれているが，はたして法的にいかなる意味を有するか，なお検討を要する。ということは，患者本人が明確な意思表示または何らかの手がかりとなる意思表示をしていない以上，現段階では問題点の解決にはならないということであろうか。さらに，今後の課題として，ドイツのように成年後見人制度（第3次世話法改正）を絡ませる場合には，立法論議が出てくるであろう。フランスの尊厳死法（2005年）の今後の運用などもフォローする必要がある。オープンな議論を踏まえて，具体的提言を深化させていきたい[26]。

## 5　おわりに

　以上を総括すれば，「自己決定は重要だが，万能ではない」という命題を意識しつつも，可能なかぎり患者の延命拒否権を尊重し，それで賄いきれない場面（例えば，意思決定能力が減退した人や子どもの場合）で，医師の裁量ないしイギリスが採用する「最善の利益」テストを補完的に使用して対応すべきだ，というのが結論である。もちろん，「最善の利益」テストの論理構造を明確に示さないと，安易な「他者決定」に途を譲ることになるのではないか，との批判が付きまとう点を自覚しなければならない。いずれにせよ，この種の領域では，法の役割ないし守備範囲は限定されざるをえない。法律は，基本的に踏み外してはならない外枠を規律するところに意義がある。むしろ，医療現場では，適正な生命倫理ないし臨床倫理を踏まえた対応こそ，患者および患者を支える家族などの支えとなるように思われる。法律と臨床倫理・医療倫理は，その意味で，相互補完的にこの問題に連携して取り組む必要がある。

　　1）甲斐克則：尊厳死と刑法。成文堂，2004
　　2）甲斐克則：尊厳死と刑法。成文堂，2004，p1
　　3）甲斐克則：尊厳死と刑法。成文堂，2004，p279
　　4）いのちの回廊。北日本新聞編集局編，北日本新聞社，2006
　　5）会田薫子：延命医療と臨床現場——人工呼吸器と胃ろうの医学倫理学——。

東京大学出版会，2011

6）日本尊厳死協会東海支部編：私が決める尊厳死──「不治かつ末期」の具体的提案。中日新聞社，2007〔日本尊厳死協会編『新・私が決める尊厳死──「不治かつ末期」の具体的提案──』（中日新聞社，2013）〕

7）甲斐克則：終末期医療のルール化と法的課題。日本医事法学会編，年報医事法学 24：81，2009〔本書第 7 章〕

8）甲斐克則：安楽死と刑法。成文堂，2003，p157，p163

9）甲斐克則：尊厳死と刑法。成文堂，2004，p284

10）甲斐克則：終末期医療・尊厳死と医師の刑事責任──川崎協同病院事件第 1 審判決に寄せて──。ジュリスト 1293：98，2005〔本書第 1 章〕

11）辰井聡子：治療不開始/中止行為の刑法的評価──『治療行為』としての正当化の試み。明治学院大学法学研究 86：57-104，2009

12）町野朔：患者の自己決定権と医師の治療義務──川崎協同病院事件控訴審判決を契機として──。刑事法ジャーナル 8：47，2007

13）田中成明：尊厳死問題への法的対応の在り方。法曹時報 60：1，2008

14）小田直樹：判批『平成 22 年度重要判例解説』。ジュリスト 1420：200，2011

15）小田直樹：治療行為と刑法。神戸法学年報 26：1，2010

16）河見誠：人間の尊厳と死の管理化──甲斐克則『尊厳死と刑法』を読んで──。法の理論 24：160-161，2005

17）甲斐克則：尊厳死問題における患者の自己決定のアポリア──河見誠助教授の批判に答える──。法の理論 24：173，2005〔本書第 2 章〕

18）甲斐克則：終末期医療における病者の自己決定の意義と法的限界。飯田亘之＝甲斐克則編：終末期医療と生命倫理。太陽出版，2008，p13〔本書第 5 章〕

19）甲斐克則：安楽死と刑法。成文堂，2003，p25

20）甲斐克則：安楽死と刑法。成文堂，2003，p41

21）甲斐克則：安楽死と刑法。成文堂，2003，p5

22）甲斐克則：人体構成体の取扱いと『人間の尊厳』。法の理論 26：3-27，2007〔甲斐克則『臓器移植と刑法』（成文堂，2016）1 頁以下所収〕

23）甲斐克則：尊厳死と刑法。成文堂，2004，p92，p209，p286

24）河見誠：人間の尊厳と死の管理化──甲斐克則『尊厳死と刑法』を読んで──。法の理論 24：163，2005

25）甲斐克則：終末期医療のルール化と法的課題。日本医事法学会編，年報医事法学 24：81，2009〔本書第 7 章〕

26）甲斐克則：日本における人工延命措置の差控え・中止（尊厳死）。甲斐克則＝谷田憲俊編：生命倫理第 5 巻　安楽死・尊厳死，丸善出版，2012〔臨床倫理の観点から蘇生不要指示（DNAR＝do not attemt resusciation）の提言をするものとして，箕岡真子『蘇生不要指示のゆくえ──医療者のためのDNAR の倫理』（ワールドプランニング・2012）〕

## 第10章

# ベネルクス3国の安楽死法の比較検討

## 1　序

　オランダ，ベルギー，およびルクセンブルクは，社会的・経済的側面を中心に，ベネルクス3国として様々な共通点を有するが，安楽死法を有するという点でも，共通点がある。しかし，仔細にみると，言語的な側面や宗教的な側面（同じキリスト教でもカトリックかプロテスタントか）で錯綜していることから社会的に異なる部分も多々あり，それぞれの安楽死法も，内容において微妙に異なる部分もある。それぞれの異同はどこにあるのであろうか。それは，終末期医療とどのように関わるのであろうか。

　このような問題意識から，盛永審一郎・富山大学教授（富山大学大学院医学薬学研究部）〔現・富山大学名誉教授〕を代表に，飯田亘之・千葉大学名誉教授らとファイザー・ヘルスリサーチの国際共同研究資金を得て，ベネルクス3国の安楽死法の比較調査・研究を3段階で行った。第1段階として，オランダ・エラスムス大学メディカルセンターのアグネス・ヴァン・デル・ハイデ（Agnes van der Heide）准教授，ベルギー・ブリュッセル大学医学部のリュック・デリエンス（Luc Deliens）教授，およびルクセンブルク・ルクセンブルク大学法学部のシュテファン・ブラウム（Stefan Braum）教授をお招きして，2012年3月27日に京都大学文学部で，翌3月28日には早稲田大学小野記念講堂で比較法研究所の主催により，それぞれ「ベネルクス3国安楽死法の比較検討」というシンポジウムを開催した。いずれも，実に有益な議論ができた。その成果は，盛永教授により『シンポジウム：ベネルクス3国安楽死法の比較検討』

という冊子体の報告書に 2012 年 7 月 6 日付でまとめられている。しかし，関係者以外が目にすることは困難かもしれないので，今後，広く公表する工夫をしたい。本章も，その補足の一環である。

第 2 段階として，2012 年 8 月 18 日から 24 日にかけて，最新情報を得るべく盛永教授と共にベルギーおよびオランダに現地調査に出かけた。前半は，両名同一行動で，8 月 20 日の午後にベルギーのブリュッセル市郊外にあるブリュッセル大学医学部のリュック・デリエンス教授を，そして 8 月 21 日の午後にはオランダのロッテルダム市内にあるエラスムス大学メディカルセンターのアグネス・ヴァン・デル・ハイデ准教授を訪問した。後半は，各自が独自に調査を行った。私は，8 月 22 日にアムステルダム市に移動し，午後，アムステルダム VU 大学地球生命科学部に旧知の生命倫理学者ジャンティーヌ・ランズホフ（Jeantine E. Lunshof）博士を訪ね，同博士およびその知人の終末期医療専門医で安楽死を実践している GP（general practitioner）のルーベン・ヴァン・ケヴォルデン（Ruben S. van Coevorden）医師にお会いして臨床現場での安楽死の実情について詳細な話を 2 時間ほど拝聴して意見交換を行った。さらに，8 月 23 日の昼にナイメーヘン市に移動してナイメーヘン大学法学部を訪問し，旧知の同大学のペーター・タック（Peter J.P. Tak）名誉教授を訪ね，法的観点から最近の安楽死問題の動向を伺った。タック教授には，時間を延長して自宅に招いていただき，広い庭のテーブルで，ウィルマ・ダウスト（Wilma Duijst）博士（法医学者）および若い大学院生共々安楽死問題について意見交換を入念に行った。結局，合計 8 時間にもなってしまった。相変わらずの熱意と友情に対して，感謝に耐えない。

第 3 段階として，2012 年 10 月 27 日に立命館大学において開催された第 24 回日本生命倫理学会大会での公募シンポジウム「終末期医療への提言——ベネルクス 3 国の安楽死制度の比較検討から——」で，盛永教授の司会の下，オランダについて甲斐が，ベルギーについて本田まり准教授（芝浦工業大学）が，ルクセンブルクについて小林真紀准教授（愛知大学法学部）が，そして全体について飯田名誉教授が報告をし，有益な議論を行った。このシンポジウム

は，上記共同研究の中間的総括ともいうべきものであった。

　本章では，これまでの研究および上記の共同研究および調査に基づいて，ベネルクス３国における安楽死の比較検討を試みることにする。順序としては，まず，先駆となったオランダの安楽死について歴史的経緯も含めて詳細に述べ，つぎに，ベルギーの安楽死についてオランダと比較しつつ法制度と事情について述べ，そして最後に，ルクセンブルクの安楽死についてベルギーと比較しつつ法制度を中心に簡潔に述べることにする。

## 2　オランダにおける安楽死の法制度とその運用の実態

### 1　背　景

　オランダは，その評価を別として，ある意味で世界の安楽死問題をリードしてきた国である。それは，医師による積極的安楽死を認めるために裁判および立法により徹底してオープンな議論を展開してきたからであろう。自ら海を干拓して国土を作ってきた歴史から，国民の自律意識がきわめて高く，終末期の生命についても「自分のことは自分で決める」という精神的風土およびそれに基づく社会制度・法制度がオランダの土台を形成している。2001年４月，オランダの国会は，「要請に基づく生命終結および自殺幇助（審査手続）法（Termination of Life on Request and Assistance in Suicide（Review Procedures）Act）」（以下「安楽死等審査法」という。）を可決した（施行は 2002 年４月）。筆者も，その前後からオランダの学者との学術交流をしているので，４度程オランダに調査に行った。オランダの専門家も，何度か来日して意見交換をした。本章では，その学術交流[1]およびその延長にある上述の共同研究と最新の現地調査に基づき，このような歴史的社会的背景を踏まえて，オランダにおける安楽死の法制度とその運用の実態について述べることにする。

### 2　オランダにおける安楽死法制定までの判例の歴史

　オランダでは，1970 年代以降，安楽死に関する刑事法廷による多数の判決

をめぐり広く議論がなされてきた[2]。要請に基づく生命終結に関する公的論争は，1973 年に始まり，ポストマ女医事件 (Postma case) におけるレーワルデン地方裁判所判決によって活気づけられた。本件では，ポストマ女医が，自己の母親の生命を要請に基づいて終結したという理由で裁判にかけられることになった。母親は，高齢であって身体的に耐え難いほど苦痛に苛まされていた。レーワルデン地方裁判所は，1973 年 2 月 21 日，その医師を象徴的な執行猶予付き［1 年間］の 1 週間の拘禁刑を宣告した (Leeuwarden District Court 21 February 1973, NJ 1973, no. 183)。同裁判所は，もしそれが充足されれば，医師が刑の免除 (impunity) を受けることになるであろう 3 つの条件を定式化した。すなわち，a．医学上患者が不治の疾患であると考えられること，b．患者が身体的もしくは精神的に耐えがたいかもしくは激烈なほどに苦痛に苛まされていること，および c．患者が事前に文書もしくは口頭で自己の生命を終結させて苦痛から解放してくれるようにとの明示的意思を表明していたこと。

　その後も，がんに罹患したと思い込んだ（実際にはがんではなかった）患者の自殺を友人が幇助したケースに関する 1984 年のヴェルトハイム事件 (Wertheim case) ロッテルダム地方裁判所判決では，被告人を 6 か月の拘禁刑に処するに際して，刑の免除を受けるために充足すべき相当の注意 (due care) の要件として，a．要請に基づく生命終結は，医師のみが行うことができるものとする，および b．医師は，患者に対して健康に関する予測，および要請に基づく生命終結に対する実行可能な代替案を十分に情報提供しなければならない，という 2 つを呈示した (Rotterdam District Court 24 November 1984, NJ 1985, no. 63)。

　しかし，判例の方向性が固まるには，最高裁判所の判断が待たれた。1983 年のスコーンハイム事件 (Schoonheim case) では，95 歳の障害を持つ女性の生命を彼女の要請に基づいて終結させた医師について，アルクマール地方裁判所は無罪とし (Alkmaar District Court 10 May 1983, Tijdschrift voor Gezondheidsrecht 1983, p. 29)，1985 年に最高裁判所 (Hoge Raad = Supreme Court) がついに安楽死

について判断を示した（HR 12 November 1984, NJ 1985, no. 106）。この第1の最高裁判所判例によれば，客観的な医学的見識に従う医師によって行われる生命終結は，義務衝突（conflict of duties）のゆえの緊急避難（necessity）の行為として考えてよく，そしてそれゆえに正当化される，という。すなわち，安楽死を行う場合，医師は，一方では，客観的な医学的見識，医の倫理規範，および医学的な専門的技術知識に合致した行為をすべき専門職上の義務と，他方では，刑法に従うべき市民としての義務，これらの義務の葛藤に直面する，と。そこで，緊急避難という抗弁が適用可能か否かという評価の中で，最高裁判所は，次のような質問を重要なものと考えた。

1．専門的な医学的知見によれば，絶えず品位が低下することと耐えがたいほどの苦痛のさらなる悪化は，どの程度まで案じられるべきか。
2．患者が，やがて，もはや威厳を持った方法では死ぬことができないという可能性は存在するのか。
3．苦痛を除去するための（他の）手段は残されていたか。

ペーター・タック教授によれば，「もし，質問1と3が即座に『ノー』という意思表示によって解答され，そして質問2が意欲的に『イエス』と解答されるならば，このことは，医師によって行われた安楽死が客観的医学的知見によれば緊急避難の行為と考えられるうる可能性があることを意味する。」[3] オランダ刑法40条は，「緊急避難によってやむをえず犯罪を行った者は，処罰されない。」と規定するが，これは，日本の緊急避難の規定（刑法37条1項）と異なり，要件が緩やかであり，また，違法性阻却事由（正当化事由）なのか責任阻却事由（免責事由）なのか，必ずしも明らかでない。しかし，刑法解釈論としては，不可抗力（duress of circumstances）の場合は道徳的非難可能性が欠けるので責任を問えず免責されるが，あまりに重大な害悪を自己もしくは他者にもたらすであろう場合，犯罪者が客観的に最も大きな利益を促進し，他の利益を軽視することを選択するならば，彼の行為は正当化される，という。後者の場合，保護される利益は，犯罪行為を犯すことによって侵害される利

162　第 10 章　ベネルクス 3 国の安楽死法の比較検討

益よりも重いものでなければならないし（比例性（proportionality：法益権衡）の要件），その目的がもうひとつの，非犯罪的もしくは犯罪性のより小さい方法では達成されえなかった，ということでなければならない（補充性（subsidiarity）の要件）[4]。したがって，実質的には，日本の刑法解釈論と差異がないように思われるが，刑法 40 条に両方が含まれている点で，やはり日本と異なり，幅広さがある。いずれにせよ，要請に基づく生命終結の場合には，医師は，特殊な状況を考慮しつつ，医の倫理規範および彼が有していると思われる専門的意見に従って，衝突している諸々の義務および利益を注意深く衡量すれば，自己の行為が客観的に正当化される，ということが 1984 年の最高裁判所の判決以降確認されたのである。

　第 2 の 1986 年の最高裁判所判決（HR 21 October 1986, NJ 1987, no. 607）は，要請に基づく生命終結を行う医師が不可抗力によっても免責されるということを否定し，いわゆる保障人的地位（Garantenstellung）の理論により不可抗力の抗弁を否定した。タック教授によれば，「この理論の中核は，一定の職業を持った人々，とりわけ医師は，不可抗力の場合に気弱になるようなことがあってはならないというものである。したがって，医師は，患者との専門的医学的関係において，この患者に対する個人的感情によって凌駕されるようなことがあってはならない。本判決は，最高裁判所が医療上の特例（exceptio medica）を拒否したという理由からも重要である。最高裁判所は，刑法 293 条はレーゲ・アルティス［医学準則］（lege artis）に則って専門的に行為する医師に適用しない，という主張をきわめて明確に拒否したのである。」[5]逆に，医療上の特例を承認するということは，レーゲ・アルティスに則って要請に基づく生命終結を行う医師は，刑法 293 条が彼に適用できないがゆえにつねに処罰から免れる，ということを暗に意味することになるであろう。

　以上の 2 判決が，重篤で不治の疾患の患者，および生き続けたくないとの意思表示をしていた患者，さらには耐えがたい苦痛を経験した患者の生命の終結のケースを取り扱ったのに対して，第 3 の最高裁判所判決，すなわち，要請に基づく生命終結に関する 1994 年のシャボット事件（Chabot case）最高

裁判所判決（HR 21 June 1994, no. 656）[6]は，精神疾患に罹患した患者に関するものであった。本件は，2, 3年内に2人の息子を自殺と悪性腫瘍で亡くした50歳の女性に関する事案であり，その女性は，夫のひどいアルコール問題と家庭内暴力が原因で離婚し，息子の死後の絶望感，婚姻中の暴力のエスカレート，そして彼女の自殺傾向の結果，精神科病院に入院したが，精神科の治療は，効果がなかった。自殺の試みも失敗し，ついに彼女は，数多くの調査の対話および他の専門家との相談［コンサルテーション］(consultation) の後，自己の生命を終結してくれる精神科医シャボット医師を見つけたのである。シャボット医師は，利用可能な精神科のいかなる治療も効果がないであろうとの結論に到達した。本件で最高裁判所は，肉体的に苦しんでいる患者ではなく，精神的に苦しんでいる患者，しかも末期でない患者の生命を終結させる医師について，緊急避難の抗弁がそれ自体排除されない，と明言した。もちろん，精神的苦痛の場合，緊急避難という実用的な抗弁が存在するかどうかを確認する調査に際して，特段の注意を払って手続を進めなければならないが，耐え難い不治の精神的苦痛がなければならない。タック教授の分析によれば，「一般に，精神疾患の患者の場合には，もしその苦痛を除去する現実の代替措置が患者によって完全に自由に拒絶されてしまえば，不治の苦痛などは存在しない。［原文改行］裁判所は，緊急避難の抗弁が承認されるべきかどうかを評価するに際して特段の大きな注意を払わなければならないので，その患者を観察し，かつ診察したことのある独立した専門家の意見もまた取り込まなければならない。［原文改行］もし，独立した専門家のそのセカンド・オピニオンが利用できなければ，緊急避難の抗弁は，認められない。」[7]

　シャボット事件では，相当の注意 (due care) の要件について，精神科医シャボット医師によって充足されていたが，もう1人の独立した専門の精神科医に相談してはいなかったので，緊急避難の抗弁は認められず，その精神科医は有罪とされた。しかし，最高裁判所は，刑罰を科すことなく象徴的な有罪（刑法9a条）としたのである。

　これらの一連の最高裁判所判決の後も，友人によるエイズ患者の生命終結

164 第10章 ベネルクス3国の安楽死法の比較検討

に関する 1995 年のフローニンゲン地方裁判所判決（District Court Groningen 23 March 1995, NJ 1995, no. 477）およびレーワルデン控訴裁判所判決（Court of Appeal Leeuwarden 21 September 1995, NJ 1996, no. 61）〔執行猶予付き拘禁 2 か月〕，生命終結を申告しなかった 1997 年のシャット事件（Schat case）レーワルデン地方裁判所判決（Leeuwarden District Court 8 April 1997）〔執行猶予付き拘禁 6 か月〕，生に疲れた 86 歳の元上院議員の生命を彼の要請に基づいて医師が終結したブロンヘルスマ事件（Brongersma case）ハーレム地方裁判所判決（Haarlem District Court 30 October 2000, www.rechtspraak, Nl E/50 no. AA 7962）〔無罪〕等が出された[8]。

　最高裁判所の判例法によれば，オランダでは，生命終結が許容される条件は，以下の 3 点に集約される[9]。

　1）それが，医学上不治と考えられる患者に関係する場合。

　2）身体的もしくは精神的苦痛が，患者にとって主観的に耐え難いかもしくは深刻である場合。

　3）患者が，文書もしくは口頭で，生命終結および苦痛からの解放という明示的意思を事前に表明していた場合。

そして，医師がある者の要請に基づいて生命終結を行う決定のための 3 つの重要な要素は，不治，苦痛の耐え難さ，および自由な意思である。これらの要件は，安楽死の立法化に向けて考慮されることになる。


## 3　オランダにおける安楽死法制定

　上述の判例の流れに呼応して，オランダでは，1980 年代のはじめから，法律に規定された諸要件が充足された場合に安楽死を非犯罪化するか非刑罰化する法改正を行う試みおよびそのような立法を行う試みがなされてきた。すでに 1985 年に安楽死に関する国家委員会の最終報告書[10]が公表され，その中で安楽死と自殺幇助に関する刑法改正の勧告が出されていた。しかし，立法化に向けた大きな契機となったのは，1991 年の安楽死に関するレメリンク医療実務調査委員会（Remmelink Commission）の報告書（以下「レメリンク委員会報告書」という。）[11]である。レメリンク委員会報告書は，一般に行われている安

楽死実務と安楽死の発生について分析し，また，概して医師が生命終結の要請を取り扱う際にきわめて注意深く対処していることを明らかにし，しかも，保健医療資源の不足が安楽死を実施する動機となるものではないことも示した。そして，耐え難い苦痛，および尊厳をもって死にたいという自然な願望こそが，要請に基づく生命終結の主な理由であることを明らかにした点は，かなり各方面に影響を及ぼした。

　その結果，司法大臣と福祉厚生文化大臣は，書簡で国会に対して，生命終結についての医学的決定に関する政府の見解を公表したが，「その見解の中心は，生命終結と自殺幇助の諸ケースを届け出ることに関する法的手続を決定する提案であった。この届出手続は，これらの行為に関して検察庁に情報を提供し，届出報告書において与えられた情報に基づいて検察官が安楽死もしくは自殺幇助という刑法上の犯罪を訴追すべきかどうかを決定することができる，というものである。」[12] ここに，オランダ独自の工夫が如実に表れている。

　こうした動きの中で，1993 年 12 月 17 日に，まず，遺体処理法（1993 Burial Act）が成立し，1994 年 6 月 1 日に施行された。この法律は，安楽死を実施した場合に届け出ることを医師に義務づけ，適正な要件を充足した場合には刑事訴追をしないという性格のものである。特に同法 10 条は，届出手続（notification procedure）のための制定法上の基礎を提供しており，さらに同手続は，届出形式が勅令（Order in Council）によって発布されなければならない，と規定している。タック教授によれば，「届出手続は，要請に基づく生命終結，自殺幇助，および患者からの明示的な要請のない生命短縮のための積極的な医学上の干渉の場合における医療行為の洞察を行う構造を提供している。それはまた，報告された要請に基づく生命終結のケースが合法的であったかそれとも非合法的であったか，そして訴追されるべきかどうか，ということを検察庁が評価する枠組をも提供している。」[13]

　医師による届出報告書において仕上げられるべきリストは，5 項目に分かれる。

第1項目は，患者の病歴（既往歴（anamnesis））に関する質問を含む。それは，診断，治療，付添医（attending physicians），患者の苦痛に関する情報，治療の見通し，疾患の経過，およびペイン・コントロールの諸可能性に関係する。

第2項目は，身体的疾患もしくは精神的疾患を持った患者のケースにおける安楽死もしくは自殺幇助の枠内での諸活動に関係している。ここでは，患者の要請の熟慮および持続性が，患者の要請の文書による意思表示の存在と同様に吟味される。さらに，患者がその要請の時点での自己の要請の諸々の結果を十分に知っていたかどうか，を示すように求められる。また，要請時点での彼または彼女の身体的状況，および生命の終結ころに近親者がそばにいたかどうか，がこの項目で報告されることになっている。

第3項目では，明示的要請のない生命終結に関する諸々の質問が行われる。とりわけ，生命終結行為の時点で要請がないことの理由が求められる。生命終結に関する患者の事前の意思表示可能性については，さらなる情報が要求される。また，医療上の意思決定（medical decision-making）および生命終結行為の時刻を確定した補足的諸考慮事項も求められる。

第4項目では，セカンド・オピニオンを得るための他の医師もしくは精神科医の助言が要求される。これらすべての重要項目は，相談を受けた医師が独立した意見を十分に提供することができるということを保障するのに役立っている。その相談［コンサルテーション］は，相談を受けた医師が患者を自ら往診することを強いることにならざるをえない。

最後に，第5項目は，生命終結の現実の行為についての質問に関係している。ここでは，生命終結がどのような方法および手段で行われたか，生命終結時に誰がいたか，および看護人もしくは付添人が相談を受けていたかどうか，が示されることになる。

全体として，重要事項のリストは，生命終結の基礎になっていた熟慮の像，その決定が獲得された方法の像，およびその決定が実施された方法の像を創り出すに違いない一定の50の質問を含むものであった[14]。

これを契機として，オランダでは，安楽死についての評価調査（evaluation

research) が始まり，5年に1度の割合で実施されており，届出に基づく数値も正確に公表され，それにより議論がますますオープンになった。ちなみに，安楽死および自殺幇助の件数は，1990年から1995年までの間に2,700件から3,600件に増加しており，明示的要請数は1995年に9,700件あったが，そのうちの6,000件以上は条件を充足していなかった，という[15]。また，1994年に導入された申告手続は，意思決定能力のある患者の生命終結の申告と意思決定能力のない患者の生命終結の申告とを区別していなかった等，制度的不備もあった。それにもかかわらず，オランダの安楽死は，着実に国民の中に定着していった。

　こうして，1999年8月6日に安楽死等審査法案が国会に上程され，生命終結に際して医師が「相当の注意 (due care)」を遵守していれば刑事責任を免除するという特別事由の定式化に向けた審議が始まった。12歳から16歳までの少年の要請に基づく生命終結に強い批判が加えられ，この点については撤回された。成案では，この場合，患者の両親もしくは後見人が同意していることを条件に加えた (2条4項)。他の批判点は，第1に，健康であるか疾患があるかどうかにかかわらず，生命は十分な保護に値するというものである。第2に，「滑りやすい坂道論 (slippery slope argument)」である。同法案を承認すれば，重度の障害者，昏睡状態の患者，もしくは重度の精神遅滞患者の生命終結を承認する途への第1歩になるであろう，というものである。第3に，人間はたとえその人の要請があったとしても，第三者を殺害する道徳的権利を有していない，というものである。法律で明示された条件に基づいて生命終結を認める法律であっても，そのような不道徳な行為を決して正当化できない，というわけである[16]。これらの批判は，一般的に浴びせられる批判でもある。

　タック教授によれば，「政府は，これらの異議に対して詳細に亘り回答した。政府が基本に置いたのは，同法案は，生命の保護をそのような影響を受けていない健全なものとして維持している，ということであった。きわめて限定的な条件の下でのみ，また厳格な保障の下でのみ，そして原則として患者の

要請に基づいてのみ，同法は，患者の苦痛が耐えがたくなったときにひとつの方法を提供するにすぎないのである。」[17]

15か月に亘る審議の末，2001年4月，下院は，賛成104票，反対40票で安楽死等審査法を採択し，上院も，賛成46票，反対28票で同法を採択した。同法は，2002年4月1日に施行されることになった[18]。同法は全24か条であり，その構成は，第Ⅰ章「用語の定義」(1条)，第Ⅱ章「相当の注意の要件」(2条)，第Ⅲ章「要請に基づく生命終結および自殺幇助のための地域審査委員会」(3条〜19条)，第Ⅳ章「その他の法律の改正」(20条〜22条)，第Ⅴ章「終局規定」(23条〜24条)，である。

安楽死等審査法は，第1に，医師を訴追から免れさせることを保障するために，刑法293条2項に規定された「相当の注意 (due care)」の要件として，医師が遵守すべき6つの基準を定式化する点に特徴がある (2条1項)。

a 医師が，患者による要請が自発的で熟考されたものであることを確信していること。

b 医師が，患者の苦痛が永続的なものであり，かつ耐えがたいものであることを確信していること。

c 医師が，患者の病状および予後について患者に情報提供をしていること。

d 医師および患者が，患者の病状の合理的解決策が他にないことを確信していること。

e 医師が，その患者を診断しかつ上記aからdまでに規定された相当の注意 (due care) の要件について書面による意見を述べたことのある，少なくとも別の1人の独立した医師と相談していること。および，

f 医師が，相当の注意 (due care) を尽くして生命終結を行うかまたは自殺幇助をしたこと。

第2の特徴は，要請に基づく生命終結および自殺幇助の事案の審査のために，地域審査委員会（regional review committee）を設けている点である。地域審査委員会は，5つあるが，構成メンバーは，奇数であり，委員長を兼任する法律専門家1名，医師1名，および倫理学・哲学の専門家1名を含んでいなければならない（3条2項）。任期は6年であり，再任1回が可能である（4条1項）。職務権限は，要請に基づく生命終結を行いまたは自殺を幇助した医師が，2条に規定する「相当の注意（due care）」の要件を遵守して行為していたか否かを，遺体処理法7条2項に規定する報告書に基づいて評価することにある（8条1項）。委員会は，6週間以内に理由を付した書面による審査結果を医師に通知する（9条1項）。その際に，2条に規定する相当の注意（due care）を医師が遵守していないと判断した場合，その審査結果を高等検察庁検事長会議（Board of Procurators General）および地域医療監督官に通知することになっている（9条2項）。高等検察庁検事長会議で起訴すべきか否かの判断を行うことにより，医師の濫用チェックをするシステムは，興味深いものがある。

## 4　オランダにおける安楽死等審査法施行後の動向

　2002年の安楽死等審査法施行後の動向も，きわめて重要である。なぜなら，安楽死問題に同法が実際上どのように機能するかを検証することは，立法化の問題を検討するうえで不可欠だからである。そこには，3つの点で注目に値するものがある。第1は，緩和的鎮静と安楽死との関係であり，第2は，安楽死等審査法の運用に関する評価結果である。第3は，海外への影響，特にベルギー（2002年の安楽死法）とルクセンブルク（2009年の安楽死・自殺幇助法）における立法化への影響である。ここでは，第1と第2の点について述べ，第3の点は，次節で改めて述べることにする。

　緩和的鎮静（palliative sedation）は，日本では，間接的安楽死の範疇に入れて議論することもあり，少なくとも刑法上，犯罪とする見解はあまりない。ところが，医師による積極的安楽死を許容するオランダでは，2003年に，重度の脳梗塞に罹患した77歳の男性患者に苦痛緩和措置（緩和的鎮静）を施してい

た若い医師が20ミリグラムの静脈注射と5ミリグラムの睡眠薬を投与して患者を死亡させたケースが刑事事件となった[19]。医師を刑事訴追すべきだという前述の高等検察庁検事長会議の決定および同会議議長の意見は，医学界に大きな波紋を投じた。なぜなら，緩和的鎮静は，近年オランダではますます利用されているからである。他方，保健大臣は，緩和的鎮静は通常の治療とみなされるべきであり，安楽死と同等ではない，という宣言を2003年8月21日に出したので，その懸念は減少したし，さらに，裁判所および地域医療懲戒委員会の決定によっても減少した。その医師は，第1審裁判所（2004年11月10日）および控訴裁判所（2005年7月19日）の両方によって謀殺罪について無罪とされた（District Court Breda, 10 November 2004, Medisch Contact 2004, pp. 1876-1878 and Court of Appeal's Hertogenbosch, 19 July 2005, Medisch Contact 2005, p. 1359）。無罪の理由は，両裁判所が，本件においてその処置は呼吸困難に陥っている患者のための適切な治療行為であり，それゆえに適切な緩和ケアであった，という多くの医学専門家証言によって表明された意見を採用したからであった[20]。

　この無罪の結論は，当然ともいえるものであったが，緩和的鎮静が検察により一種の安楽死として考えられた理由は，緩和的鎮静という現象の明確な定義が存在しないこと，および緩和的鎮静がもっぱら誰かの生命の末期段階で行われるという事実から生まれたようである。しかし，その後は，タック教授が指摘するように，「緩和的鎮静は，末期段階における鎮静，生命ケアの終局における鎮静，あるいは末期の鎮静（terminal sedation）とも呼ばれ，安楽死と同様，生命の終焉に関する医療上の決定の領域に属する。」[21]と考えられるようになった。2003年段階で，緩和的鎮静は，オランダでもかなり頻繁に行われるようになっていた（毎年の死亡者数約140,000人のうち約10％の割合）という報告もある[22]。しかし，緩和的鎮静の定義が不明確であったことが混乱の一因であることは間違いなかった。

　そこで，2005年12月にオランダ王立医師会（the Royal Dutch Medical Association：KNMG）は，緩和的鎮静のためのガイドラインを出した[23]。このガイド

2　オランダにおける安楽死の法制度とその運用の実態　171

ラインにおいては，緩和的鎮静のための適応および諸条件が定式化されている。ここでは，タック教授の明快な分析を引用しつつ，その概略をみておこう。それによれば，「緩和的鎮静のための適応は，患者の耐え難い苦痛に至る疾患のひとつまたはそれ以上の医学的に不治もしくは制御し難い徴候，いわゆる難治性の徴候（refractory symptoms）が存在することである。ある徴候が難治であるといえるのは，一般に行われている治療のいずれもが徴候救済に効果がないか，またはこれらの治療が受け入れ難い副作用を有する場合である。その適応は，第1次的には医療上の決定であるが，当該患者の意見こそがきわめて重要である。ある患者が，自己のための治療があまりに耐え難いか効果がないという理由から，不治の疾患のための治療を認めない場合，このことは，緩和的鎮静の適応が存在するという医師の決定に影響を及ぼすかもしれない。

最も重要な難治性の徴候は，疼痛，呼吸困難（dyspnoea），および難治性の悲嘆（distress）もしくはせん妄（delirium）もしくは重大な心理的苦痛と結び付いた著しい吐き気(nausea)ないし呼吸の低下といったような複合的徴候である。難治性の徴候がなければ，緩和的鎮静のための適応はない。

緩和的鎮静のための条件は，1週間ないし2週間以内に患者の死が予測されるべきこと，である。緩和的鎮静の事案においては，人工的な水分補給もしくは栄養分補給が何ら行われないであろう，ということが想定されている。患者の大多数は，緩和的鎮静が開始されて数日内に死亡する時点では，もはや飲食をしない（3日以内が85％，7日以内が98％）。

水分を飲み続ける患者は，概してずっと後になって死亡する。緩和的鎮静の下にある患者のための人工的な水分補給は，意味のない治療と考えられている[24]。なぜなら，水分補給は，苦痛を引き延ばし，そして，水腫（oedema），疼痛，気管支分泌作用（bronchial secretion）の増幅，尿の生成ないし失禁の増幅による苦痛を増幅するかもしれないからである。その治療の対象と適用される手段との間には，もはや合理的な比例性（reasonable proportionality）は存在しない。それゆえ，水分補給をしないことは適切な治療である，と考えられる。」[25]

172　第 10 章　ベネルクス 3 国の安楽死法の比較検討

　かくして，このガイドラインは，緩和的鎮静を行う際に注意深く行うこと，および本人と近親者へのインフォームド・コンセントをしっかり確保することを条件に，一般に承認されるに至っており，何よりも，オランダ王立医学会と高等検察庁検事長会議とでガイドラインの扱いについて協議がなされ，しかも 2007 年 3 月 15 日に，同検事長会議が，緩和的鎮静に関するガイドラインにおいて定められた要件が充足されれば訴追を行わない，という見解[26]を打ち出した点は，政策的にみても参考になる。日本でも，人工延命措置の中止の問題等において，この手法をとることができるのではなかろうか。

　オランダでは，5 年に 1 度ほど，安楽死等審査法の評価に関する調査を行っている。ここでは，2005 年に実施された評価の分析を中心に概略をみておこう[27]。個別の地域審査会の報告書とは異なり，オランダ全国の安楽死の実施状況が正確に分かる点で実に興味深い。ちなみに，タック教授の分析によれば，2005 年には，5 つの委員会が，1,933 件（2006 年は 1,923 件）の生命終結の申告を受理した。1,765 件（2006 年は 1,765 件）の申告が安楽死に関係するものであり，143 件（2006 年は 132 件）の申告が自殺幇助に関係するものであり，また，25 件（2006 年は 26 件）の事案においては，申告は，安楽死と自殺幇助の両方に関係するものであった。申告のほとんどは，一般医（general practitioners＝GP）によってなされたものである（1,697 件：2006 年は 1,692 件）。その内訳は，170 件（2006 年は 151 件）が病院勤務の専門医からのものであり，また，66 件がナーシング・ホームの勤務医からのものであった（2006 年は 80 件）。がんが群を抜いて安楽死を行う最も重大な疾患であることが判明しており，1,713 件（2006 年は 1,656 件）であり，心臓・血管疾患が 23 件（2006 年は 55 件），神経系疾患が 85 件（2006 年は 106 件），肺疾患が 29 件（2006 年は 64 件），その他の（全）カテゴリーが 83 件（2006 年は 42 件）であった。1,585 件（2006 年は 1,528 件）というほとんどのケースにおいて，生命終結は患者の自宅で行われており，159 件（2006 年は 145 件）が病院で，72 件（2006 年は 70 件）が，例えば，ホスピス等のその他の場所で行われている。2004 年には，1,886 件の申告があり，そして 2005 年（および 2006 年）には，申告数が微増した[28]。

2 オランダにおける安楽死の法制度とその運用の実態 173

表1 安楽死・自殺幇助・緩和的鎮静の割合

| Box 1 医療上の生命終結の意思決定 | 2001 | %* | 2005 | %* |
|---|---|---|---|---|
| ― 要請に基づく生命終結 | 3,500 | 2.6 | 2,325 | 1.7 |
| ― 自殺幇助 | 300 | 1.2 | 100 | 0.1 |
| ― 明示的要請のない生命終結 | 950 | 0.7 | 550 | 0.4 |
| ― 苦痛・症状緩和が副作用として死期を早める | 29,000 | 21 | 33,700 | 25 |
| ― 延命治療の中止 | 28,000 | 20 | 21,300 | 16 |
| Box 2 緩和的鎮静（セデーション） | 2001 | %* | 2005 | %* |
| ― 医療上の生命終結の意思決定を伴うもの | 8,500 | 6.0 | 9,700 | 7.1 |
| ― 医療上の生命終結の意思決定を伴わないもの | なし | | 1,500 | 1.1 |

＊オランダにおける全死亡の％

さて，2005年に，要請に基づく生命終結の実践の第4回目の国家的規模の評価が行われたわけであるが[29]，その評価は，医療上の生命終結の意思決定，同法の機能および効果，同法の射程範囲に関する医師の意見，および様々な生命終結の意思決定の区別に焦点を当てたものである[30]。

その評価調査から，タック教授は，2つの主な結論を導くことができる，としている[31]。

1）安楽死および自殺幇助のパーセンテージは，Box 1 および Box 2 で示されているように，著しく減少した。

2）申告のパーセンテージは，明確に増加し，2005年には，すべての安楽死および自殺幇助の80.2％が報告された。第1次評価と第4次評価との間を見ると，1990年の40.7％から1995年には40.7％，2001年には54.1％へと申告のパーセンテージが増加した。

タック教授の分析によれば，この評価は，以下のようになる。

「安楽死の割合の増加は，医師たちが安楽死を行うことにより躊躇しているという事実の結果ではなく——安楽死の全要請の3分の1で医師はその要請に好意的に対応している——，疫学的要因の結果である。毎年の死亡者数は徐々に減少しつつあり，また，80歳以上で死亡者の割合は増加しつつある。

174　第10章　ベネルクス3国の安楽死法の比較検討

80歳以上の人々では，要請に基づく生命終結の割合は，非常に小さい。さらに，緩和的鎮静のケースの増加は，安楽死の割合の減少と関係がある。〔緩和的〕鎮静は，事前に安楽死を要請した80歳以下のがん患者にとって，ほとんど共通に行われるものであった。

申告の割合の急激な増加は，部分的には，いかなる医療行為が生命終結として考えられるか，ということに関するより明確な見解の結果である。2005年に，バルビツール塩酸（barbiturates）のような神経・筋弛緩剤（neuro-muscular relaxants）を睡眠薬と組み合わせて用いる内容の医療の99％は，安楽死として申告されている。2001年にはこのカテゴリーで，74％しか申告されていなかったのである。

本調査は，初めて，申告されなかった理由に関するデータを提供している。すなわち，相当の注意（due care）の全基準を充足したか否か疑わしいがゆえに申告しない医師，および訴追を恐れているがゆえに申告しない医師は，ほとんどいないのである。

評価研究が明らかにするところによれば，医師の20％は，催眠剤（opiates）および鎮静剤（sedatives）を用いた医療が安楽死ではなく，苦痛緩和ないし緩和的鎮静であるがゆえに，要請に基づく生命終結を申告していないのである。」[32]

## 5　最新の状況

かくして，オランダでは，諸外国から批判を受けた「滑りやすい坂道（slippery slope）」の懸念は事実に合致していない，という認識が強い[33]。さらに5年を経て，2010年にも5度目の評価が行われたが，結果はしばらく公表されていなかった。世界が注目しているので慎重に分析する必要がある，というのが遅延の理由である。ようやく2012年夏にその評価結果が公表された[34]。その詳細な分析結果の公表にはまだ時間がかかるということであるが，冒頭で述べたように，2012年8月に現地で調査したところによれば，任意的安楽死の数は，全死亡数の2.9％になった。安楽死を希望する患者の8割は，がん患

である，ということである。ちなみに，2001年にはその割合は2.6％，2005年には1.7％であった。したがって，2001年当時に近づいたことになる。安楽死を要請する患者の割合は，2005年には全患者死亡数の4.8％であったのが，2010年には6.7％になっている。医師たちが安楽死を容認する割合も，2005年には37％であったのが，2010年には45％になっている。オランダでは，安楽死法の定着により，緩和的鎮静との選択が明確に可能となり，医師・患者関係が強くなったとして，この結果を好意的に受け止めている。冒頭で示したハイデ准教授に対するヒアリングでは，医師が安楽死法とその運用手続に慣れたために頻度 (frequency) が高くなったのが一因かもしれない，という回答が返ってきた。

　しかし，安楽死を実践しているアムステルダム在住の前出GPのケヴォルデン医師によれば，この問題に「慣れ」ということはなく，医師は，毎回，医師としての生命維持義務と患者の自己決定権尊重義務との義務衝突に陥っており，緩和的鎮静も含めて，慎重な対応をしている，という[35]。ちなみに，安楽死はGPが実践しているが，その資格は，必ずしも法的なものではないものの，医師になって5年後，さらに3年間のトレーニングを要する，という。それは，セカンド・オピニオンになるための要件も含んでいる。もっとも，タック教授によれば，王立医師会の指導の下で一種のホスピスで半年間研修すればよい，ともいう。また，難しい問題として，認知症患者の場合の対応等があるということであり，迷ったときは，精神科医に相談するなどして対応している，という。

　なお，最後に，タック教授が指摘された新たな喫緊の問題として，刑務所における受刑者の安楽死問題がある。周知のように，オランダでは死刑がないため，終身刑の高齢受刑者が多いが，高齢受刑者が末期がんに罹患して安楽死を望んだ場合，医師は安楽死を実践してよいか，議論が分かれる。タック教授はこれに賛成しておられるが，調査当日一緒に議論に加わった旧知の法医学者ウィルマ・ダウスト博士は，これに懐疑的であった。この点も含め，オランダの今後の動向を長期的に注視する必要がある。

## ③ ベルギーにおける安楽死の法制度とその運用の実態

オランダの安楽死等審査法は、ベネルクスの他の国、すなわち、ベルギーとルクセンブルクにも大きな影響を及ぼした。簡潔に両国の法制度をみておこう。

ベルギーでは、オランダの動向に刺激を受けて、議会および生命倫理に関する連邦諮問委員会（Federal Advisory Committee on Bioethics）でわずか3年間議論しただけで、2002年5月28日に「安楽死法（La loi du 28 mai 2002 relative à l'euthanasie)」[36)]が成立し、同年施行された。2005年に一部補足され、3条の2が追加されたので、それを加えると、全17か条に亘る条文から成っている。

同法は、安楽死を「患者の生命をその要請に基づき意図的に終結させる、第三者によって実施される行為」と定義する。デリエンス教授によれば、「主たる目的は、こうした［医療］慣行を公にすること、医師が生命を終結させる各事例を評価する際に統一的な基準を適用すること、それゆえ、この種の事例において最大限のケアが保障されるようにすること、にある。安楽死に関する意思決定は医師・患者関係の枠内に留められ、（社会的）コントロールは、死後審査手続の枠内において確立されてきた。医師が安楽死を実施しうるのは、医師が以下の点を評価しうるに十分なほど患者について知っているときに限られる。」[37)]

1. 安楽死の要請が自発的で十分に熟慮されたものか否か、
2. 患者の医学的症状に改善の見込みがないか否か、および
3. 患者の苦痛が耐え難いものか否か。

オランダとの共通点も多いが、異なる特徴点は、第1に、第3章に「事前の宣言（declaration anticipée)」を認める規定を置いて4条で詳細に規定しており、患者の直近の明示的要請を要件としていない点が挙げられる。第2に、自殺幇助について明文で規定していない点も特徴である。この点は、解釈に

委ねられているようである。第3に，オランダは5つの安楽死地域審査委員会を置いているが，ベルギーは1つの全国審査委員会しか置いていない点も特徴である。なお，第4に，2002年6月14日に「緩和ケアに関する法律（14 JUIN 2002—Loi relative aux soins palliaifs）」[38]も成立し，同年施行されている点も挙げておきたい。全10か条に亘るこの法律により，緩和ケアを受ける権利を保障しようというものであり，安楽死と緩和ケアとの関係を補完するものとして注目される。

　安楽死の決定およびその実施の特徴について示しておこう。病院で亡くなった患者に関して言えば，第2の顧問医は，臨床専門医が最も多く（69.7%），自宅またはケア・ホームで亡くなった患者にとっては，一般開業医が最も多かった（それぞれ73.5%および84.1%）。緩和ケア専門医は，自宅（7.9%）またはケア・ホーム（4.9%）で亡くなった患者よりも，病院で亡くなった患者（15.7%）の方をより多く診察していた。病院勤務医は，自宅（全事件中29.6%）またはケア・ホーム（全事件中31.7%）における医師よりも頻繁に，補助医（全事件の38.2%）との相談を行っていたとのことである。

　デリエンス教授が報告された1998年と2007年の調査によれば，回答率は1998年が48.2%で，2007年が58.4%であったが，2007年には，フランダースにおける全死亡例のうち1.9%が安楽死によるものであり，その値は，1998年の1.1%を上回っているとのことである。全死亡例のうち1.8%は，致死的薬物が患者の明示的な要請を得ることなく使用され，その値は，1998年の3.2%を実質的に下回っている。苦痛緩和が行われた割合は，1998年の18.4%から2007年の26.7%に増え，治療不開始決定は，1998年の16.4%から2007年の17.4%に増加した。全死亡例のうち14.5%では，継続的に高い効果の得られる鎮静が患者に対して行われたとの報告がなされ，その値は，2001年における前回調査時の8.2%を実質的に上回っている。

　2001年以降の安楽死および自殺幇助率の上昇は，ケア・ホームを除く，すべての患者グループとすべてのケア環境において確認された。2007年の普及率は，65歳以下の患者（4.2%），癌患者（5.7%）および在宅死亡者（4.2%）の

間で，最も高い数値を記録した。

2007 年に行われた苦痛および症状の緩和は，高等教育を受けた患者と癌患者を除く，すべての患者グループにおいて，1998 年においては明らかに高い頻度で実施された。治療不開始決定の普及率に関する重要な傾向は，80 歳以下の患者，癌以外の患者，入院患者において確認された。

安楽死の届出件数は，2002 年 24 件，2003 年 235 件，2004 年 347 件，2005 年 383 件，2006 年 428 件，2007 年 495 年，2008 年 704 件，2009 年 822 件，という具合に増加傾向にある。それにもかかわらず，ベルギーでも，安楽死実施により医師・患者関係が良好である，という[39]。

## 4 ルクセンブルクにおける安楽死の法制度

ルクセンブルクでは，やや遅れて，2009 年 3 月 16 日に，「緩和ケア，患者の事前指示および死の看取りに関する法律（Loi du 16 mars 2009 relative aux soins palliatifs, à la directive anticipée et à l'accompagnement）」と「安楽死および自殺幇助に関する法律（Loi du 16 mars 2009 sur l'euthanasie et l'assistance au suicide）」が成立し，同年施行された。議論自体は 20 年間なされたが，アンリ（Henri）大公が拒否権を行使するなど，成立に時間がかかり，憲法改正にまで至ったという経緯がある[40]。

シュテファン・ブラウム教授によれば，ルクセンブルクの立法の背景には，次のように，ベルギーの影響が強くあったという。

「ルクセンブルクの立法者は，――刑事事件においてしばしばそうであるように――ベルギーのモデルから影響を受けている。このことは，法律の内容と同じく，その理由づけについても当てはまる。その際，安楽死を非犯罪化することは，ベルギー元老院（Senat）の考えに基づいており，その考えは，欧州人権条約（Europäische Menschenrechtskonvention：EMRK）2 条と，市民的および政治的権利に関する国際規約（Internationale Pakt über bürgerliche und politische Rechte：IPBPR）6 条と関連する。ルクセンブルクの立法者がベルギー元老

院の見解に着想を得ていることは，欧州人権条約6条と，市民的および政治的権利に関する国際規約2条から導かれる生きる権利（Recht auf Leben）が，いかなる場合にも本人の意思に反してその生命を保護する国家の義務を含んでいない，というところにある。保護法益は生きる権利であり，個人から切り離された客観的価値の意味における生命それ自体ではない，とされる。したがって，生きる権利を保護する国家の義務を，非人道的で侮蔑的な処遇からの保護，身体的統合性（körperliche Integrität）に関する人権とどのような方法で調和させるかについては，立法者の裁量に委ねられている。安楽死が本人の要請に基づき，明示的に限定された手続の結末として，自動的になされる管理の下で行われた場合，当該安楽死の不可罰性は，いずれにせよ否定されない。」[41]

　また，安楽死を非犯罪化する目的は，「生命終結に関する倫理的・医学的・法的なその他の諸問題との関連で臨死介助を考察することで，生きる権利の主体に関係づけたこの解釈に効力を持たせる」という点にあり，「それゆえ，安楽死法と緩和医療法は，全体が1セットになっている。緩和ケアと安楽死は，相互に排斥しあう行為であるとは解されていない。」[42]これまで，安楽死が刑事事件になった例はない，という。もちろん，その際，両者の限界はいつも明確に認識されるとはかぎらないかもしれないが，それでも，2つの法律が柱になっている点は興味深い。オランダの苦い経験に学んだのかもしれない。

　ルクセンブルク安楽死法は，全16か条に亘る。安楽死法1条第1文は，安楽死を，「ある者の生命をその明示的な任意の要請に基づいて医師が意図的に終結させる行為」と定義する。また，1条第2文は，自殺幇助を，「他人の明示的な任意の要請に基づいて，同人が自殺をするために医師が行う意図的な援助または準備すべて」，と規定している。ブラウム教授は，これらの法文上の定義から，以下の2つの重要な観点が明らかとなる，と論じている。「1つは，非犯罪化される安楽死の適用範囲が医師に限られている点である。安楽死を行ったその他の者はすべて，故殺ないし故殺幇助（ルクセンブルク刑法

(Code penal luxembourgeois：CPL) 392 条「殺人」("Homicide")) によって今もなお処罰されうる。これは，安楽死を行った医師を援助した場合にもあてはまる。もう１つは，立法者がドイツ流の積極的臨死介助と消極的臨死介助の区別を重視していない点である。他の者の明示的な任意の要請に基づいて行われる生命終結行為の意図的な不作為も，１条の定義に該当する。」[43]

　ルクセンブルクの安楽死法の特徴は，第１に，安楽死を実施するには，以下の４つの基本条件が重要とされている点である[44]。
　①　安楽死の要請は，理解力のある成人によって，十分な意識があるときになされることが求められる（２条１項１号）。
　②　安楽死は，任意でありかつ熟慮されたものでなければならず，安楽死の要請は，必要に応じて繰り返し，外部からの圧力を受けることなく申し伝えられなければならない（２条１項２号）。
　③　安楽死行為の実質的な核心である患者の医学的症状として，患者が疾患または事故によって，絶望的な医学的症状（"situation medicale sans issue"）にあり，永続的で耐え難い身体的・精神的苦痛に晒され，回復する見込みがまったくないことを要件としている（２条１項３号）。
　④　安楽死を要請する旨の書面と患者の署名が要求される（２条１項４号）。
　第２の特徴は，手続化（Prozeduralisierung）の重視であり，これは，ルクセンブルクの立法の核心にとって欠かせない，とされる点である。ブラウム教授によれば，「手続による正統化の原理（Prinzip einer Legitimation durch Verfahren）は，安楽死のみならず，終末期の患者の意思を最優先させることにもあてはまる。」という。「主治医は，安楽死または自殺幇助を行うに先立って，全部で７つの手続措置を行わなければならない。それによれば，医師には，以下の事項が義務づけられている。」[45]

・患者に健康状態と平均余命について情報を提供し，彼の安楽死の要請について，行いうる治療も含めて患者と話し合うこと。医師は，患者との対話

から，当該要請が患者の自由な意思に添い，患者にとってその他の解決が彼の症状からして不可能だと思われるという内心の確信を得なければならない（2条2項1号）。

・患者の身体的および精神的苦痛が継続していることを確認すること（2条2項2号）。

・自己の所見において，回復見込みのない「重篤な不治の疾患」という診断に至った第2の独立した医師を召喚すること（2条2項3号）。

・患者の意思を前提として，患者の症状について，看護師と意思疎通を図ること（2条2項4号）。

・患者の意思を前提として，患者の事前指示のなかで挙げられた患者の信頼できる人物とコンタクトをとること（2条2項5号）。

・患者が自己の選んだ者と意思疎通を図る機会があることを確認すること（2条2項6号）。

・臨死介助実務の管理と評価に関する国家委員会（Nationale Kommission zur Kontrolle und Evaluation der Sterbehilfepraxis）においては，安楽死を要請する患者の事前指示が存在するかを確認すること（2条2項7号）[46]。


第3の特徴は，4条3項にある。すなわち，「安楽死の不可罰性は，その要請が明示的である場合のみならず，それが安楽死に関する患者の『事前指示（"Disposition de fin de vie"）』により行われた場合にもあてはまる。これは，まず第1に，医師が重篤な不治の疾患を確認することを要件とする。第2に，患者は，意識を喪失していなければならない。最後に，現在の学問水準に基づく意識喪失［状態］に照らして，不可逆的な医学的症状が問題とされなければならない。」[47]


第4の特徴は，安楽死法を適用する際のチェックと評価を行うために，すべて新たな構成員——医師の代表，患者の代表，健康保険機関の代表ならびに法律家——から成る（6条2項），国家委員会を設置している（安楽死法6条以

182 第 10 章 ベネルクス 3 国の安楽死法の比較検討

下）点である。「同委員会の重要な任務の 1 つは，安楽死の要請を含む患者の事前指示を登録する公式のデータバンクを整備することである（4 条 2 項）。さらに中心的な任務は，個々人の安楽死の処置そのものをチェックすることである（7 条）。」[48]

本法は，まだ歴史が新しいので，その実態についての評価はなされていない。なお，緩和ケアに関する法律も，非犯罪化の効力をもつ規定を 2 条に設けている。すなわち，「継続的な集中治療を拒否する医師は不可罰である。本法では，進行段階ないし末期段階の重大な不治の疾患が前提条件とされている。本人の状態に照らして，現在の医学知見の水準によれば，その病状が緩和または改善することも治癒する望みもない場合は，集中治療が拒否されうる」[49]のである。

## 5 結 語

以上，ベネルクス 3 国の安楽死について論じてきたが，特に安楽死の問題について，この 3 国は，オランダを先頭に，強力な自律意識に支えられて立法化を行い，しかも徹底した情報開示により透明性を維持しつつ実践していることが明らかになったと思う。同時に，それぞれの制度と運用の異同もある程度明らかになったと思う。もちろん，それにもかかわらず，安楽死の立法化には，大きな問題があることは否定できないが，ベネルクス 3 国の「社会的実験」に学ぶべきところも多い。今後も，ベネルクス 3 国の動向を長期的視野に立って注視していきたい。

1）その主な成果として，ペーター・タック（甲斐克則編訳）『オランダ医事刑法の展開——安楽死・妊娠中絶・臓器移植——』（2009・慶應義塾大学出版会）を挙げておく。また，現代の状況については，タック教授のほか，ロッテルダムのエラスムス大学メディカルセンターのアグネス・ヴァン・デル・ハイデ（Agnes van der Heide）准教授より，2 度の訪問時および 2 度の来日の際

に情報提供をしていただいた。特に，2012 年 3 月 27 日（京都大学文学部）および 28 日（早稲田大学小野記念講堂）において開催された国際シンポジウム「ベネルクス 3 国安楽死法の比較検討」では，実に正確かつ質の高い議論が展開され，参考になった。また，山下邦也教授の遺作『オランダの安楽死』（2006・成文堂）も随時参照。なお，本章のオランダの部分については，甲斐克則 = 谷田憲俊編『安楽死・尊厳死〔生命倫理第 5 巻〕』（2012・丸善出版）の第 12 章「オランダにおける安楽死・尊厳死」と重複するところがあるが，本章の方がより詳しいものとなっている。〔その後，本章との関係で重要な文献として，盛永審一郎監修『安楽死法：ベネルクス 3 国の比較と資料』（2016・東信堂）および盛永審一郎著（ベイツ裕子編集協力）『終末期医療を考えるために――検証オランダの安楽死から』（2016・丸善出版）が刊行されているので，併せて参照されたい。〕

2) 以下の叙述は，Peter J.P. Tak, Essays on Dutch Criminal Policy, 2002, p. 62ff. の Chapter 3：Euthanasia（タック（甲斐編訳）・前出注 1）第 1 章 6 頁以下「オランダにおける安楽死論議の展開」）による。各判決文および関連資料は，タック教授より以前に随時いただいたものである。また，山下・前出注 1）75 以下に判例の詳細なフォローがある。なお，Raphael Cohen-Almagor, Euthanasia in the Netherlands：The Policy and Practice of Mercy Killing, 2004；Marc Groenhuijsen & Floris van Laanen, Euthanasia in the broader framework of Dutch penal policies, in Marc Groenhuijsen/Floris van Laanen (ed.) Euthanasia in International and Comparative Perspective, 2006, p. 195ff.；Raphael Cohen-Almagor, Euthanasia in the Netherlands―The Policy and Practice of Mercy Killing, 2004 参照。いずれもオランダで出版された本であるが，後者の本では，私も日本の安楽死について寄稿している。See Katsunori Kai, Euthanasia in Japanese law, ibid. p. 187ff.

3) Tak, op. cit. note 2, p. 63（タック（甲斐編訳）・前出注 1）8 頁）.

4) Tak, op. cit. note 2, p. 63f.（タック（甲斐編訳）・前出注 1）8-9 頁）参照。

5) Tak, op. cit. note 2, p. 64f.（タック（甲斐編訳）・前出注 1）10 頁）参照。なお，山下・前出注 1）90 頁以下参照。

6) Tak, op. cit. note 2, p. 64f.（タック（甲斐編訳）・前出注 1）11 頁）参照。なお，山下・前出注 1）6 頁以下参照。

7) Tak, op. cit. note 2, p. 65f.（タック（甲斐編訳）・前出注 1）11-12 頁）参照。

8) Tak, op. cit. note 2, p. 66f.（タック（甲斐編訳）・前出注 1）12-13 頁）参照。特にシャット事件については，山下・前出注 1）183 頁以下参照。

9) Tak, op. cit. note 2, p. 67（タック（甲斐編訳）・前出注 1）13 頁）参照。

10) Euthanasie, Rapport van de Staatscommissie, Staatsuitgeverij, 1985. この報告書の詳細については，山下・前出注 1）67 頁以下参照。

11) Medische beslissingen rond het levenseinde〔Medical decisions concerning the end of life〕, Sdu, 1991.

184　第10章　ベネルクス3国の安楽死法の比較検討

12) Tak, op. cit. note 2, p. 72（タック（甲斐編訳）・前出注1）18頁）

13) Tak, op. cit. note 2, p. 73（タック（甲斐編訳）・前出注1）18頁）

14) Tak, op. cit. note 2, p. 74（タック（甲斐編訳）・前出注1）19頁）

15) Tak, op. cit. note 2, p. 75（タック（甲斐編訳）・前出注1）20頁）. 詳細については，pp. 75-77（甲斐編訳）・前出注1）20-23頁）参照。

16) Tak, op. cit. note 2, pp. 85-86（タック（甲斐編訳）・前出注1）32頁）.

17) Tak, op. cit. note 2, pp. 86（タック（甲斐編訳）・前出注1）32-33頁）

18) 安楽死等審査法の全訳については，タック（甲斐編訳）・前出注1）40-48頁で翻訳しておいたので参照されたい。〔その後，一部修正したものを盛永監修・前出注1）119-126頁に掲載しているので，参照されたい。〕なお，山下・前出注1）233頁以下参照。

19) 本件および緩和的鎮静の問題については，Peter J.P. Tak, Palliative Sedation and Euthanasia in the Netherlands（タック（甲斐編訳）・前出注1）第2章「オランダにおける緩和的鎮静と安楽死」49頁以下）による。

20) タック（甲斐編訳）・前出注1）51頁。

21) タック（甲斐編訳）・前出注1）52頁。

22) G. van der Wal A. van der Heide, B.D. Onwuteaka-Philipsen, *Medische besluitvorming aan het einde van het leven. De praktijk en de toetsingsprocedure euthanasie（Medical decisions at the end of life. Practice and review procedure euthanasia）*, Utrecht, De Tijdstroom, 2003, pp. 75-101.

23) KNMG—*richtlijn palliative sedatie（Guideline palliative sedation）*, Utrecht, December 2005. この報告書も，タック教授からいただいたものである。

24) Tak, op. cit. note 2, p. 73（タック（甲斐編訳）・前出注1）18頁）

25) タック（甲斐編訳）・前出注1）54-56頁。

26) Directive of the Board of Prosecutors General on prosecution decisions related to termination of life on request, 15 March 2007, Staatscourant 2007, 46.

27) この評価については，Peter J.P. Tak, Five Years after the Adoption of the Dutch Termination of Life on Request and Assistance in Suicide（Review Procedure）Act（タック（甲斐編訳）・前出注1））第3章「オランダの要請に基づく生命終結および自殺幇助（審査手続）法採択から5年を経て」59頁以下）による。

28) タック（甲斐編訳）・前出注1）61-62頁。

29) B.D. Onwuteaka-Philipsen et. al., *Evaluation of the Termination of Life on Request（Review Procedures）Act*, The Hague, May 2007, p. 311ff. ただし，原文は未見である。

30) See A. van der Heide et al., End of Life Practices in the Netherlands under the Euthanasia Act, *The New England Journal of Medicine* 356：19（10 May 2007）, pp. 1957-1965. この論文の要約として，石川悦久＝飯田亘之「安楽死

法施行下における終末期医療（要約）」飯田亘之＝甲斐克則編『終末期医療と
生命倫理』（2008・太陽出版）270-273頁参照。その詳細については，ハイデ
准教授に2度に亘り直接聞く機会があった。本章では，タック教授の原稿と
ハイデ准教授の原稿および彼女からのヒアリングによる。

31）以下の点は，表1を含めて，タック（甲斐編訳）・前出注1）70-71頁によ
る。

32）タック（甲斐編訳）・前出注1）70-71頁。

33）タック（甲斐編訳）・前出注1）72-73頁。ハイデ准教授も，前出注1）のベ
ネルクス3国安楽死シンポジウムにおける講演「オランダとベルギーにおけ
る安楽死と医師による自殺幇助（Euthanasia and physician-assisted suicide
in the Netherlands and Belgium）」で，その旨を強調された。〔この講演訳は，
甲斐克則＝福山好典訳として，比較法学47巻2号（2013）173頁以下に掲載
された後，修正を加えて甲斐克則編訳『海外の安楽死・自殺幇助と法』（2015・
慶應義塾大学出版会）123頁以下に収められているので参照されたい。〕

34）See Regionale toestingscommissies euthanasia, Jaarverslag 2010；Bregje
D Onwuteaka-Philipsen, Arianne Brinkman-Stoppelenburg, Corine Pen-
ning, Gwen J F de jong-Krul, Johannes J M van Delden, Agnes van der
Heide, Trends in end-of-life practices before and after the enactment of the
euthanasia law in the Netherlands from 1990 to 2010：a repeated cross-
sectional survey, Lancet, 11 July 2012, pp. 1-8.

35）GPのケヴォルデン医師は，若い頃に5年間ほど上智大学で学んでいた経
験があることから，アムステルダムでも年間1,000人程の日本人患者を診て
おられるほか，ホスピス活動にも尽力しておられ，出版されたばかりの共著
HET ZINDERT HIER VAN LEVEN：JOODS HOSPICE IMMANUEL, 2012
をいただいた。オランダのホスピスの現状を理解するうえで実に有益である。

36）この法律の邦訳については，前出注1）のベネルクス3国安楽死シンポジ
ウムにおいて配布された本田まり准教授の訳〔盛永監修・前出注1）151頁以
下〕参照。

37）前出注1）のベネルクス3国安楽死シンポジウムにおけるベルギー・ブ
リュッセル大学のリュック・デリエンス（Luc Deliens）教授の講演（福山好
典＝天田悠＝甲斐克則訳）「安楽死：ヨーロッパおよびベルギーにおける態度
と実務（Euthanasia：attitude and practices in Europe and Belgium）」参照。
この邦訳は，比較法学47巻1号（2013）153頁以下に掲載されている。〔この
講演訳は，修正後，甲斐編訳・前出注33）『海外の安楽死・自殺幇助と法』137
頁以下に収められている。本書での訳文は，それに合わせた。〕

38）この法律の邦訳についても，前出注1）のベネルクス3国安楽死シンポジ
ウムにおいて配布された本田まり准教授の訳〔盛永監修・前出注1）160頁以
下〕参照。

39）以上の叙述は，前出注1）のベネルクス3国安楽死シンポジウムにおける

186　第 10 章　ベネルクス 3 国の安楽死法の比較検討

デリエンス教授の講演（前出注 38））において示されたデータおよび講演内容〔甲斐編訳・前出注 33）144 頁以下〕による。その後，ベルギーでの調査においてデリエンス教授から，Kenneth Chambare, Medical end-of-life practices in Flanders and Brussels, Belgium, 2010；Tinne Smets, The Euthanasia Practice in Belgium. Behavior and attitudes regarding reporting and adherence to legal safeguards, 2011；Yanna Van Wesemael, The euthanasia practice in Belgium, Evaluation of the mandatory consultation procedure between physicians, 2011 をいただいた。これらの著作には，ベルギーの安楽死について詳細な分析があるが，本章では，分析の余裕はないので，別途行うことによる。

40）この経緯については，前出注 1）のベネルクス 3 国安楽死シンポジウムにおけるルクセンブルク大学のシュテファン・ブラウム（Stefan Braum）教授の講演（甲斐克則 = 天田悠訳）「ルクセンブルクにおける臨死介助──新法の成立，解釈および実務──(Sterbehilfe in Luxemburg：Genese, Dogmatik und Praxis des neuen Gesetzes)」参照。この邦訳は，比較法学 46 巻 3 号（2013）189 頁以下に掲載されている。〔この講演訳は，修正後，甲斐編訳・前出注 33）『海外の安楽死・自殺幇助と法』155 頁以下に収められている。本書での訳文は，それに合わせた。〕また，ルクセンブルク安楽死法の邦訳として，同シンポジウムにおいて配布された小林真紀准教授の訳〔盛永監修・前出注 1）178 頁以下〕参照。

41）ブラウム（甲斐 = 天田訳）・前出注 40）比較法学 46 巻 3 号 192 頁〔甲斐編訳・前出注 33）『海外の安楽死・自殺幇助と法』157-158 頁〕。

42）ブラウム（甲斐 = 天田訳）・前出注 40）比較法学 46 巻 3 号 192 頁〔甲斐編訳・前出注 33）『海外の安楽死・自殺幇助と法』158 頁〕。

43）ブラウム（甲斐 = 天田訳）・前出注 40）比較法学 46 巻 3 号 193 頁〔甲斐編訳・前出注 33）『海外の安楽死・自殺幇助と法』158-159 頁〕。

44）ブラウム（甲斐 = 天田訳）・前出注 40）比較法学 46 巻 3 号 194-195 頁〔甲斐編訳・前出注 33）『海外の安楽死・自殺幇助と法』159-160 頁〕。

45）ブラウム（甲斐 = 天田訳）・前出注 40）比較法学 46 巻 3 号 195 頁〔甲斐編訳・前出注 33）『海外の安楽死・自殺幇助と法』160-161 頁〕。

46）ブラウム（甲斐 = 天田訳）・前出注 40）比較法学 46 巻 3 号 195-196 頁〔甲斐編訳・前出注 33）『海外の安楽死・自殺幇助と法』161 頁〕。

47）ブラウム（甲斐 = 天田訳）・前出注 40）比較法学 46 巻 3 号 196 頁〔甲斐編訳・前出注 33）『海外の安楽死・自殺幇助と法』161 頁〕。

48）ブラウム（甲斐 = 天田訳）・前出注 40）比較法学 46 巻 3 号 199 頁〔甲斐編訳・前出注 33）『海外の安楽死・自殺幇助と法』164 頁〕。

49）ブラウム（甲斐 = 天田訳）・前出注 40）比較法学 46 巻 3 号 197 頁〔甲斐編訳・前出注 33）『海外の安楽死・自殺幇助と法』162 頁〕。

187

## 第11章

# オランダの安楽死の現状と課題

## 1　序

　国民の自律意識が世界でもきわめて高い国柄として知られ，安楽死問題に対して世界に先駆けて「要請に基づく生命終結および自殺幇助（審査手続）法（Review procedures of termination of life on request and amendment to the Penal Code（Wetboek van Strafrecht）and the Burial and Cremation Act（Wet op de lijkbezorging））」（以下「安楽死等審査法」という。）の立法化（2001年成立，2002年施行）により対応してきたオランダは，諸外国からの強い批判を受けながらも，現在なおその定着の方向で着実に進んでおり，ベネルクス3国の仲間であるベルギーおよびルクセンブルクもこれに追従している[1]。しかも，近年では，緩和的鎮静（palliative sedation）についても理解と実践が進み，終末期医療の一環として医師による積極的安楽死がオランダで広く受け入れられつつある。

　しかし，課題もある。私自身は，積極的安楽死は違法であるが例外的に責任阻却可能という立場を長年貫いているが[2]，ベネルクス3国が安楽死を立法で合法化して終末期医療の問題に対応しようとしているいわば「社会的実験」の動向は，注視し続けなければならないテーマである。終末期医療において，医師が患者の要求とはいえ，積極的に患者の生命を終結させることが何ゆえ許容されるのか，その背景にはいかなる状況があるのか，そしてその実態はどうなのか。尽きない疑問から，長年，オランダの安楽死について調査してきたが，本章では，刑法および医事法の観点から，これまでの個人的研究と共同研究および現地調査から知りえた情報を元に，オランダの安楽死

の現状と課題を論じることにする。実情を知らずして外在的批判をしても，本質に迫ることができないからである。

　以下，まず，オランダの安楽死等審査法の基本要件と手続を概観し，次いで，安楽死等審査法施行後の動向と課題を示し，さらに，緩和ケア・緩和的鎮静と安楽死との関係について述べ，最後に，残された課題を示すことにする。

## 2　オランダの安楽死等審査法の基本要件と手続

　1　オランダでは，1970年代からポストマ女医事件 (Postma case) をはじめとする長年に亘る多くの判例の積み重ねと議論を経て，1999年8月6日に安楽死等審査法案が国会に上程され，生命終結に際して医師が「相当の注意(due care)」を遵守していれば刑事責任を免除する，という特別事由の定式化に向けた審議が始まった。当時，12歳から16歳までの少年の要請に基づく生命終結に強い批判が加えられ，この点については撤回された。成案では，この場合，患者の両親もしくは後見人が同意していることを条件に加えた（2条4項）。他の批判点も，いくつか出された。第1に，健康であるか疾患があるかどうかにかかわらず，生命は十分な保護に値する，という批判があった。第2に，「滑りやすい坂道論 (slippery slope argument)」も批判として出された。すなわち，同法案を承認すれば，重度の障害者，昏睡状態の患者，もしくは重度の精神遅滞患者の生命終結を承認する途への第一歩になるであろう，というものであった。第3に，人間はたとえその人の要請があったとしても，第三者を殺害する道徳的権利を有していない，という批判もあった。法律で明示された条件に基づいて生命終結を認める法律であっても，そのような不道徳な行為を決して正当化できない，というわけである[3]。これらの批判は，海外からも一般的に浴びせられる批判であった。15か月に亘る審議の末，2001年4月，下院は，賛成104票，反対40票で安楽死等審査法を採択し，上院も，賛成46票，反対28票で同法を採択し，同法は，2002年4月1日に施行されることになった[4]。

**2** 安楽死等審査法は，第Ⅱ章「相当の注意の要件」(2条)で安楽死実施の6要件を規定し，第Ⅲ章「要請に基づく生命終結および自殺幇助のための地域審査委員会」(3条〜19条)で実施手続に関する諸規定を置いている。これらの規定が，同法の中心を成すものである。

同法は，第1に，医師を訴追から免れさせることを保障するために，刑法293条2項に規定された「相当の注意 (due care)」の要件として，医師が遵守すべき6つの基準を定式化する点に特徴がある (2条1項)。

a　医師が，患者による要請が自発的で熟考されたものであることを確信していること。

b　医師が，患者の苦痛が永続的なものであり，かつ耐えがたいものであることを確信していること。

c　医師が，患者の病状および予後について患者に情報提供をしていること。

d　医師および患者が，患者の病状の合理的解決策が他にないことを確信していること。

e　医師が，その患者を診断し，かつ上記aからdまでに規定された相当の注意 (due care) の要件について書面による意見を述べたことのある，少なくとも別の1人の独立した医師と相談していること。および，

f　医師が，相当の注意 (due care) を尽くして生命終結を行うかまたは自殺幇助をしたこと。

これらの要件は，オランダの最高裁判例が蓄積してきた基準を明文化したものであり，オランダでは総じて当然の前提として承認されている。個々の要件をみるかぎり，特段の問題はないようにも思われる。しかし，これらの要件を前提としても，医師が患者の生命を致死薬を用いて積極的に終結させることが許されるか，という根本的課題は残る。

第2の特徴は，要請に基づく生命終結および自殺幇助の事案の審査手続の

190　第11章　オランダの安楽死の現状と課題

ために，地域審査委員会（regional review committee）を設けている点である。地域審査委員会は，全国に5つあるが，構成メンバーは，奇数であり，委員長を兼任する法律専門家1名，医師1名，および倫理学・哲学の専門家1名を含んでいなければならない（3条2項）。任期は6年であり，再任1回が可能である（4条1項）。職務権限は，要請に基づく生命終結を行いまたは自殺を幇助した医師が，2条に規定する「相当の注意（due care）」の要件を遵守して行為していたか否かを，遺体処理法7条2項に規定する報告書に基づいて評価することにある（8条1項）。委員会は，6週間以内に理由を付した書面による審査結果を医師に通知する（9条1項）。その際に，2条に規定する相当の注意（due care）を医師が遵守していないと判断した場合，その審査結果を高等検察庁検事長会議（Board of Procurators General）および地域医療監督官に通知することになっている（9条2項）。高等検察庁検事長会議で起訴すべきか否かの判断を行うことにより医師の濫用チェックをするシステムは，オランダが生み出した独自の興味深いものである。

　3　ここで注意しておくべきことは，ここまで入念なチェックシステムを確立していることの刑法上の意義である。医師による積極的安楽死が違法性阻却（正当化）可能なものであれば，地域審査委員会への届出とそれによるチェックで十分と思われるが，さらに高等検察庁検事長会議まで介入させて判断するということは，刑法解釈論のレベルで考えると，やはり違法性が残り，場合によっては責任（有責性）も残り，嘱託殺人罪として犯罪は形式的には一応成立するが，一定の手続を踏めば法制度上刑事訴追をしないというスタンスではないか，とも考えられる。実は，オランダの過去の判例上，医師が刑の免除（impunity）を受けるための要件として前述の諸要件が検討されてきた経緯があるし，安楽死等審査法の前身である1993年の遺体処理法（1993 Burial Act）も，そのような趣旨で届出を基軸として改正された経緯がある。その後の立法化へのプロセスにおいても，そのような理解は有力であった。安楽死等審査法も，そのような理解が可能である。それは，いわば，日本で

現在議論されている医療事故の届出と刑事免責をめぐる問題と類似している。もっとも，オランダでは，ドイツや日本の刑法のように，違法性と責任をあまり厳密に区別しないので，安楽死等審査法が定着していけば，合法であるがゆえに，刑法解釈論上も当然に正当であるという解釈も強まる可能性はある。しかし，以上の視点は絶えず意識しておく必要がある。

## 3　安楽死等審査法施行後の動向

1　問題は，これらの特徴を有する安楽死等審査法の運用の実態である。この点に関して，2002 年の安楽死等審査法施行後の評価は，きわめて重要である。なぜなら，安楽死問題に同法が実際上どのように機能するかを検証することは，立法化の問題を検討するうえで不可欠だからである。オランダは，安楽死等審査法の成立前から 5 年に 1 度，安楽死の実施に関する評価を行い，評価結果を国内外に公表している。この評価では，2 つの点が注目に値する。第 1 は，緩和的鎮静と安楽死との関係であり，第 2 は，安楽死等審査法の運用に関する評価結果である。

2　参考として，まず，2005 年に実施された第 4 次評価の分析の概略をみておこう[5]。それは，個別の地域審査会の報告書とは異なり，オランダ全国の安楽死の実施状況が正確にわかる点で実に興味深い。刑法学者のペーター・タック（Peter J.P. Tak）教授の分析によれば，2005 年には，5 つの委員会が，1,933 件（2006 年は 1,923 件）の生命終結の申告を受理した。1,765 件（2006 年は 1,765 件）の申告が安楽死に関係するものであり，143 件（2006 年は 132 件）の申告が自殺幇助に関係するものであった。また，25 件（2006 年は 26 件）の事案においては，申告は，安楽死と自殺幇助の両方に関係するものであった。申告のほとんどは，一般医（general practitioners＝GP）によってなされたものである（1,697 件：2006 年は 1,692 件）。その内訳は，170 件（2006 年は 151 件）が病院勤務の専門医からのものであり，また，66 件がナーシング・ホームの勤務医から

192　第 11 章　オランダの安楽死の現状と課題

のものであった（2006 年は 80 件）。がんが群を抜いて安楽死を行う最も重大な疾患であることが判明しており，1,713 件（2006 年は 1,656 件）であり，心臓および血管疾患が 23 件（2006 年は 55 件），神経系疾患が 85 件（2006 年は 106 件），肺疾患が 29 件（2006 年は 64 件），その他の（全）カテゴリーが 83 件（2006 年は 42 件）であった。1,585 件（2006 年は 1,528 件）というほとんどのケースにおいて，生命終結は患者の自宅で行われており，159 件（2006 年は 145 件）が病院で，72 件（2006 年は 70 件）が，例えば，ホスピス等のその他の場所で行われている。2004 年には，1,886 件の申告があり，そして 2005 年（および 2006 年）には，申告数が微増した[6]。

　2005 年度の第 4 次評価は，医療上の生命終結の意思決定，同法の機能および効果，同法の射程範囲に関する医師の意見，および様々な生命終結の意思決定の区別に焦点を当てたものである[7]。その評価調査から，タック教授は，2 つの結論を導くことができる，と分析している[8]。第 1 に，安楽死のパーセンテージが 2.6% から 1.7% へ，自殺幇助のパーセンテージが 1.2% から 0.1% へとそれぞれ著しく減少した。第 2 に，申告のパーセンテージは明確に増加し，2005 年には，すべての安楽死および自殺幇助の 80.2% が報告された。第 1 次評価と第 4 次評価との間を見ると，1990 年の 40.7% から 1995 年には 40.7%，2001 年には 54.1% へと申告のパーセンテージが増加した。タック教授の分析によれば，この評価は，以下のようになる。

　　安楽死の割合の増加は，医師たちが安楽死を行うことにより躊躇しているという事実の結果ではなく——安楽死の全要請の 3 分の 1 で医師はその要請に好意的に対応している——，疫学的要因の結果である。毎年の死亡者数は徐々に減少しつつあり，また，80 歳以上で死亡者の割合は増加しつつある。80 歳以上の人々では，要請に基づく生命終結の割合は非常に小さい。さらに，緩和的鎮静のケースの増加は，安楽死の割合の減少と関係がある。〔緩和的〕鎮静は，事前に安楽死を要請した 80 歳以下のがん患者にとって，ほとんど共通に行われるものであった。
　　申告の割合の急激な増加は，部分的には，いかなる医療行為が生命終結として考えられるか，ということに関するより明確な見解の結果である。2005 年に，

バルビツール塩酸（barbiturates）のような神経・筋弛緩剤（neuro-muscular re-laxants）を睡眠薬と組み合わせて用いる内容の医療の99％は，安楽死として申告されている。2001年にはこのカテゴリーで，74％しか申告されていなかったのである。

　本調査は，申告されなかった理由に関するデータを初めて提供している。すなわち，相当の注意（due care）の全基準を充足したか否か疑わしいがゆえに申告しない医師，および訴追を恐れているがゆえに申告しない医師は，ほとんどいないのである。

　評価研究が明らかにするところによれば，医師の20％は，催眠剤（opiates）および鎮静剤（sedatives）を用いた医療が安楽死ではなく，苦痛緩和ないし緩和的鎮静であるがゆえに，要請に基づく生命終結を申告していないのである[9]。

この分析は，実に明快であり，当時の状況を的確に伝えている。


**3**　その後，さらに5年を経て，第5次評価が2010年に行われたが，結果はしばらく公表されていなかった。世界が注目しているので慎重に分析する必要があるというのが遅延の理由であったが，ようやく2012年夏にその評価結果が公表された[10]。そこには，注目すべき変化が出ている。

　諸外国から批判を受けた「滑りやすい坂道（slippery slope）」の懸念が事実に合致しているかどうかが注目されたが，オランダでは，その懸念は実際上も心配ないという認識が強い[11]。その詳細な分析結果の公表にはまだ時間がかかるということであるが，冒頭で述べたように，2012年8月に現地で調査したところによれば，任意的安楽死の数は，全死亡数の2.9％になった。安楽死を希望する患者の8割は，がん患者であるということである。ちなみに，2001年にはその割合は2.6％，2005年には1.7％であった。したがって，任意的安楽死の数が全死亡数の2.9％になったのは，2001年当時に近づいたことになる。安楽死を要請する患者の割合は，2005年には全患者死亡数の4.8％であったのが，2010年には6.7％になっている。医師たちが安楽死を容認する割合も，2005年には37％であったのが，2010年には45％になっている。オランダでは，安楽死法の定着により，緩和的鎮静との選択が明確に可能と

194　第11章　オランダの安楽死の現状と課題

なり，医師・患者関係が強くなったとして，この結果を好意的に受け止めている。この問題の専門家である医学者のアグネス・ヴァン・デル・ハイデ(Agnes van der Heide) 准教授に対する現地でのヒアリングでは，医師が安楽死法とその運用手続に慣れたために頻度（frequency）が高くなったのが一因かもしれない，という回答が返ってきた。しかし，安楽死を実践している GP のルーベン・ヴァン・ケヴォルデン（Ruben S. van Coevorden）医師にアムステルダムでヒアリングしたところよれば，この問題に「慣れ」ということはなく，医師は，毎回，医師としての生命維持義務と患者の自己決定権尊重義務との義務衝突に陥っており，緩和的鎮静も含めて，慎重な対応をしている，という[12]。

　なお，難しい問題として，認知症患者の場合の対応等があるということであり，迷ったときは，精神科医に相談するなどして対応している，という。

## 4　緩和ケア・緩和的鎮静と安楽死

　1　以上の安楽死の実態は，緩和ケアにどのような影響を及ぼしているであろうか。かつて，オランダの安楽死実践に対しては，緩和ケアないし緩和的鎮静（palliative sedation）が不十分であるために安楽死を安易に行っていたのではないか，という批判が海外からなされた。しかし，ここ10年間は，緩和ケアないし緩和的鎮静にも力を入れている。その動向を概観しておこう。

　第1に，緩和的鎮静（palliative sedation）は，日本では，適法な間接的安楽死の範疇に入れて議論することもあり，少なくとも刑法上，犯罪とする見解はあまりない。ところが，医師による積極的安楽死を許容するオランダでは，2003年に，重度の脳梗塞に罹患した77歳の男性患者に苦痛緩和措置（緩和的鎮静）を施していた若い医師が20ミリグラムの静脈注射と5ミリグラムの睡眠薬を投与して患者を死亡させたケースが刑事事件となった[13]。医師を刑事訴追すべきだという高等検察庁検事長会議の決定および同会議議長の意見は，医学界に大きな波紋を投じた。なぜなら，緩和的鎮静は，近年オランダではますます利用されているからである。他方，保健大臣は，緩和的鎮静は

通常の治療とみなされるべきであり，安楽死と同等ではない，という宣言を
2003 年 8 月 21 日に出したので，その懸念は減少したし，さらに，裁判所および地域医療懲戒委員会の決定によっても減少した。その医師は，第 1 審裁判所（2004 年 11 月 10 日）および控訴審裁判所（2005 年 7 月 19 日）の両方によって謀殺罪について無罪とされた（District Court Breda, 10 November 2004, Medisch Contact 2004, pp. 1876-1878 and Court of Appeal's Hertogenbosch, 19 July 2005, Medisch Contact 2005, p. 1359）。無罪の理由は，両裁判所が，本件においてその処置は呼吸困難に陥っている患者のための適切な治療行為であり，それゆえに適切な緩和ケアであった，という多くの医学専門家証言によって表明された意見を採用したからであった[14]。

　この無罪の結論は，当然ともいえるものであったが，緩和的鎮静が検察により一種の安楽死として考えられた理由は，緩和的鎮静という現象の明確な定義が存在しないこと，および緩和的鎮静がもっぱら誰かの生命の末期段階で行われるという事実から生まれたようである。しかし，その後は，タック教授が指摘するように，「緩和的鎮静は，末期段階における鎮静，生命ケアの終局における鎮静，あるいは末期の鎮静（terminal sedation）とも呼ばれ，安楽死と同様，生命の終焉に関する医療上の決定の領域に属する。」[15]と考えられるようになった。2003 年段階で，緩和的鎮静は，オランダでもかなり頻繁に行われるようになっていた（毎年の死亡者数約 14 万人のうち約 10%の割合），という報告もある[16]。しかし，緩和的鎮静の定義が不明確であったことが混乱の一因であることは，間違いなかった。


**2**　そこで，2005 年 12 月にオランダ王立医師会（the Royal Dutch Medical Association：KNMG）は，緩和的鎮静のためのガイドラインを出した[17]。このガイドラインにおいては，緩和的鎮静のための適応および諸条件が定式化されている。ここでは，タック教授の明快な分析を引用しつつ，その概略をみておこう。それによれば，

196 第11章 オランダの安楽死の現状と課題

　緩和的鎮静のための適応は，患者の耐え難い苦痛に至る疾患のひとつまたは
それ以上の医学的に不治もしくは制御し難い徴候，いわゆる難治性の徴候
（refractory symptoms）が存在することである。ある徴候が難治であるといえる
のは，一般に行われている治療のいずれもが徴候救済に効果がないか，または
これらの治療が受け入れ難い副作用を有する場合である。その適応は，第1次
的には医療上の決定であるが，当該患者の意見こそがきわめて重要である。あ
る患者が，自己のための治療があまりに耐え難いか効果がないという理由から，
不治の疾患のための治療を認めない場合，このことは，緩和的鎮静の適応が存
在するという医師の決定に影響を及ぼすかもしれない。
　最も重要な難治性の徴候は，疼痛，呼吸困難（dyspnoea），および難治性の悲
嘆（distress）もしくはせん妄（delirium）もしくは重大な心理的苦痛と結び付い
た著しい吐き気（nausea）ないし呼吸の低下といったような複合的徴候である。
難治性の徴候がなければ，緩和的鎮静のための適応はない。
　緩和的鎮静のための条件は，1週間ないし2週間以内に患者の死が予測され
るべきこと，である。緩和的鎮静の事案においては，人工的な水分補給もしく
は栄養分補給が何ら行われないであろうということが想定されている。患者の
大多数は，緩和的鎮静が開始されて数日内に死亡する時点では，もはや飲食を
しない（3日以内が85％，7日以内が98％）。
　水分を飲み続ける患者は，概してずっと後になって死亡する。緩和的鎮静の
下にある患者のための人工的な水分補給は，意味のない治療と考えられている。
なぜなら，水分補給は，苦痛を引き伸ばし，そして，水腫（oedema），疼痛，気
管支分泌作用（bronchial secretion）の増幅，尿の生成ないし失禁の増幅による苦
痛を増幅するかもしれないからである。その治療の対象と適用される手段との
間には，もはや合理的な比例性（reasonable proportionality）は存在しない。それ
ゆえ，水分補給をしないことは適切な治療である，と考えられる[18]。

　かくして，このガイドラインは，緩和的鎮静を行う際に注意深く行うこと，
および本人と近親者へのインフォームド・コンセントをしっかり確保するこ
とを条件に，一般に承認されるに至っており，何よりも，オランダ王立医学
会と高等検察庁検事長会議とでガイドラインの扱いについて協議がなされ，
しかも2007年3月15日に，同検事長会議が，緩和的鎮静に関するガイドラ
インにおいて定められた要件が充足されれば訴追を行わない，という見解[19]
を打ち出した点は，政策的にみても参考になる。日本でも，人工延命措置の

中止の問題等において，この手法をとることができるのではなかろうか。

3　2009年には，新たな「緩和的鎮静のためのガイドライン」[20]が公表された。これは，基本的には2005年版をベースとしているが，この分野におけるその後の国内外の進歩的側面（特に医学的エビデンス（evidence 臨床結果））を取り入れて，より充実した内容になっている。とりわけ継続的な強度の鎮静（continuous, deep sedation）に強い関心が寄せられている。しかし，緩和的鎮静の定義は，鎮静（セデーション）自体に段階があるため，必ずしも明確ではない。本ガイドラインでは，緩和的鎮静を，「生の最期の段階における患者の意識レベルを漸次的に低下させること」，と定義している（Para. 2.2）。なお，緩和ケアと緩和的鎮静との関係については，「緩和ケアの全体的計画もしくはプロセスの一部としての緩和的鎮静について言えば，それが開始されるべきか否かの決定が緩和ケアプランのコンテキストの範囲内で行われるということを意味する」（Para. 2.1）。そして，「緩和ケアは，回復の見込みがなく，結果的に病気の結果として死ぬであろう，生命を脅かす条件を持った患者のケアである」（Para. 2.1）。これは，基本的に，WHOの定義に従ったものである。

　このような緩和ケアないし緩和的鎮静は，日本では，範疇としては，間接的安楽死として法的にも倫理的にも許容されているが，オランダでは，前述のような経緯もあり，かなり慎重に扱われている。いずれにせよ，現地調査で確認したところ，患者は，安楽死か緩和的鎮静かのいずれかを終末期医療において選択できるようになった，という評価が与えられている。ただ，医師が正確に両者の区別を理解しておかないと，やはり安楽死の方に患者が誘導される懸念は残るであろう。

# 5　結　語

　以上，オランダの安楽死の現状分析を中心に論じてきた。最後に，課題を示しておこう。

198 第11章 オランダの安楽死の現状と課題

第1に，本章では触れなかったが，オランダでは，精神的苦痛も安楽死の対象になっていることから，精神疾患ないし認知症の患者に対する安楽死をどのように運用するのか，という課題がある[21]。認知症の進行は段階的なものだけに，本人の希望をどの段階まで法的に考慮してよいかは，重要な問題である。これを安易に認めると，「滑りやすい坂道」を滑っていく懸念が現実化する。

第2に，安楽死専門のクリニックが登場しているが，それがどのように受け入れられていくのか，という点も重要な課題である[22]。

現地調査でタック教授が指摘された新たな喫緊の問題として，刑務所における受刑者の安楽死問題がある。周知のように，オランダでは死刑がないため，終身刑の高齢受刑者が多いが，高齢受刑者が末期がんに罹患して安楽死を望んだ場合，医師は安楽死を実践してよいか，議論が分かれる。タック教授はこれに賛成しておられるが，調査当日一緒に議論に加わった旧知の法医学者ウィルマ・ダウスト（Wilma Duijst）博士は，これに懐疑的であった。

以上の点も含め，オランダの今後の安楽死の問題の動向を長期的に注視する必要がある。

1) ベネルクス3国の安楽死の歴史および近年の動向については，以下の文献参照。山下邦也『オランダの安楽死』（成文堂，2006年）の随所。ペーター・タック，甲斐克則編訳『オランダ医事刑法の展開——安楽死・妊娠中絶・臓器移植——』（慶應義塾大学出版会，2009年）1頁以下，49頁以下，59頁以下。甲斐克則「オランダにおける安楽死・尊厳死」，甲斐克則＝谷田憲俊編『シリーズ生命倫理学5 安楽死・尊厳死』（丸善出版，1012年），218頁以下。甲斐克則「ベネルクス3国の安楽死法の比較検討」，『比較法学』46巻3号，2013年，85頁以下〔本書第10章〕，2012年3月27日（京都大学文学部）および3月28日（早稲田大学比較法研究所）に行われたベネルクス3国安楽死法の比較検討」において報告された原稿訳であるシュテファン・ブラウム（甲斐克則＝天田悠訳）「ルクセンブルクにおける臨死介助——新法の成立過程，解釈および実務——」，『比較法学』46巻3号2013年，189頁以下〔甲斐克則編訳『海外の安楽死・自殺幇助と法』（慶應義塾大学出版会，2015年）155頁以下所収〕。リュック・デリエンス（甲斐克則＝福山好典＝天田悠訳）「安楽死：ヨーロッパおよびベルギーにおけるスタンスと実務」，『比較法学』47巻

1号，2013年，153頁以下〔甲斐編訳・同書137頁以下所収〕。アグネス・ヴァン・デル・ハイデ（甲斐克則＝福山好典訳）「オランダとベルギーにおける安楽死と医師による自殺幇助」，『比較法学』47巻2号2013年，173頁以下〔甲斐編訳・同書123頁以下所収〕。さらに，盛永審一郎「ベネルクス3国安楽死法の比較研究(1)」，『理想』691号，2013年，160頁以下参照。〔その後，盛永審一郎監修『安楽死法：ベネルクス3国の比較と資料』（2016・東信堂）および盛永審一郎著（ベイツ裕子編集協力）『終末期医療を考えるために——検証オランダの安楽死から』（2016・丸善出版）が刊行されているので併せて参照されたい。〕なお，オランダの文献として，Peter J.P. Tak, Essays on Dutch Criminal Policy, 2002, p. 62ff. の Chapter 3：Euthanasia（タック，甲斐編訳，前出訳書）：Raphael Cohen-Almagor, Euthanasia in the Netherlands：The Policy and Practice of Mercy Killing, 2004；Marc Groenhuijsen & Floris van Laanen, Euthanasia in the broader framework of Dutch penal policies, in Marc Groenhuijsen/Floris van Laanen（ed.）Euthanasia in International and Comparative Perspective, 2006, pp. 195-225；Raphael Cohen-Almagor, Euthanasia in the Netherlands—The Policy and Practice of Mercy Killing, 2004 等参照。

2) 甲斐克則『安楽死と刑法』（成文堂，2003年）等参照。

3) Tak, op. cit. note 2, pp. 85-86（タック（甲斐編訳），前出注1），32頁）。

4) 安楽死等審査法の全訳については，タック（甲斐編訳）・前出注1），40-48頁で翻訳しておいたので参照されたい。なお，山下，前出注1），233頁以下参照。

5) この評価については，Peter J.P. Tak, Five Years after the Adoption of the Dutch Termination of Life on Request and Assistance in Suicide（Review Procedure）Act（タック（甲斐編訳），前出注1）第3章「オランダの要請に基づく生命終結および自殺幇助（審査手続）法採択から5年を経て」，59頁以下）による。なお，甲斐，前出注1）『比較法学』46巻3号103-104頁〔本書第10章〕。

6) タック（甲斐編訳），前出注1），61-62頁。ハイデ（甲斐＝福山訳），前出注1），〔甲斐編訳・前出注1）『海外の安楽死・自殺幇助と法』137頁以下〕も，オランダの実態を理解するうえで有益である。

7) See A. van der Heide et al, End of Life Practices in the Netherlands under the Euthanasia Act, The New England Journal of Medicine 356：19（10 May 2007），pp. 1957-1965. この論文の要約として，石川悦久＝飯田亘之「安楽死法施行下における終末期医療（要約）」，飯田亘之＝甲斐克則編『終末期医療と生命倫理』（太陽出版，2008年）270-273頁参照。その詳細については，ハイデ准教授に2度に亘り直接聞く機会があった。本章では，タック教授の原稿とハイデ准教授の原稿および彼女からのヒアリングによる。

8) 以下の点は，タック（甲斐編訳），前出注1），70-71頁による。

200 第11章 オランダの安楽死の現状と課題

9) タック（甲斐編訳），前出注1），70-71頁。

10) See Regionale toestingscommissies euthanasia, Jaarverslag 2010 ; Bregje D Onwuteaka-Philipsen, Arianne Brinkman-Stoppelenburg, Corine Penning, Gwen J F de jong-Krul, Johannes J M van Delden, Agnes van der Heide, Trends in end-of-life practices before and after the enactment of the euthanasia law in the Netherlands from 1990 to 2010 : a repeated cross-sectional survey, New England Journal of Medicine, July 11, 2012, pp. 1-8.

11) タック（甲斐編訳），前出注1），72-73頁。前出注1）のベネルクス3国安楽死シンポジウムにおけるハイデ准教授との質疑応答でも，その趣旨の回答があった。

12) ちなみに，安楽死はGPが実践しているが，その資格は，必ずしも法的なものでなく，医師になって5年後，3年間のトレーニングを要するという。もっとも，タック教授によれば，王立医師会の指導の下で一種のホスピスで半年間研修すればよい，ともいう。

13) 本件および緩和的鎮静の問題については，Peter J.P. Tak, Palliative Sedation and Euthanasia in the Netherlands（タック（甲斐編訳），前出注1），第2章「オランダにおける緩和的鎮静と安楽死」，49頁以下）による。

14) タック（甲斐編訳），前出注1），51頁。

15) タック（甲斐編訳），前出注1），52頁。

16) G. van der Wal A. van der Heide, B.D. Onwuteaka-Philipsen, *Medische besluitvorming aan het einde van het leven. De praktijk en de toetsingsprocedure euthanasie*（*Medical decisions at the end of life. Practice and review procedure euthanasia*), Utrecht, De Tijdstroom, 2003, pp. 75-101.

17) KNMG, —*richtlijn palliative sedatie*（*Guideline palliative sedation*), Utrecht, December 2005. この報告書も，タック教授からいただいたものである。

18) タック（甲斐編訳），前出注1），54-56頁。

19) Directive of the Board of Prosecutors General on prosecution decisions related to termination of life on request, 15 March 2007, Staatscourant 2007, 46.

20) Royal Dutch Medical Association（KNMG), Guideline for Palliative Sedation, 2009.

21) ハイデ（甲斐＝福山訳），前出注1），188頁〔甲斐編訳・前出注1）『海外の安楽死・自殺幇助と法』136頁〕。

22) ハイデ（甲斐＝福山訳），前出注1），188頁〔甲斐編訳・前出注1）『海外の安楽死・自殺幇助と法』136頁〕。

## 第12章

# イギリスにおける人工延命措置の
# 差控え・中止（尊厳死）論議

## 1 序

イギリス（ここでは，イングランドおよびウェールズのほか，スコットランドも加える
ことにする。）において，終末期医療と法の問題は，長い間，真摯に議論されて
きた。

安楽死の問題は，古くから議論され，現在に至るまで，いくつかの裁判例
もある。イギリスでも，日本やドイツと同様，一般的に「安楽死（euthanasia）」
という場合，「任意的安楽死（voluntary euthanasia）」を前提とすることが多い
が，議論においては，「非任意的安楽死（involuntary euthanasia）」も射程に入れ
る場合もある[1]。また最近では，医師による自殺幇助（physician assisted suicide：
PAS）の問題が真摯に議論されている。イギリスでは，自殺法により，自殺自
体は犯罪でないものの，自殺幇助は犯罪である。しかし，上述のように，積
極的安楽死が違法で法的に認められないことから，自殺幇助の合法性に打開
策を見いだす動きが出ている。特に，進行性ニューロン病に罹患した女性が
夫に自殺幇助を依頼するに当たり，公訴局長官（Director of Public Procecu-
tions-DPP）に起訴をしないよう請願書を出し，ヨーロッパ人権裁判所まで
争った（最終的には棄却された）2001 年のダイアン・プリティー事件は，世界の
注目を浴びたが，最終的に，「死ぬ権利」ないし「自殺の権利」はヨーロッパ
人権条約には含まれない，という判決が下された[2]。しかし，それ以後も，い
くつかの事件が起きた。とりわけパーディー事件（R（Purdy）v Director of Public

202 第12章 イギリスにおける人工延命措置の差控え・中止（尊厳死）論議

Procecutions [2009] UKHL 45, [2010] ac 345 at [56]）を契機に，公訴局長官が，2010年2月25日，自殺幇助の訴追について「検察官のための指針」（DPP, Policy for Prosecutors in respect of Cases of Assisted Suicide）を公表した[3]。それは，訴追に有利な要素と不利な要素を挙げて，訴追の際の基準にするものである。公訴局長官は，その後，ある事案で同指針を適用して，自己の両親のためにスイスのホテルを予約し，スイスまでその両親を送り出し，その両親を，その後，自殺支援団体ディグニタス（DIGNITAS）の援助を受けて自殺するに至らせた被疑者の行為は，「犯罪の定義に十分に該当するけれども，きわめて軽微な幇助にすぎなかった」として不起訴の決定を下した[4]。この指針は，イギリスでも論議を呼んでおり，今後の動向に注目する必要がある。

これに対して，人工延命治療の差控え・中止の問題を中心とする尊厳死の議論は，1970年代後半から1980年代にかけて始まったが，1990年代になって具体的にトニー・ブランド事件（後述）等の裁判で争われるようになった[5]。また，医学界も，それに応じていくつかのガイドラインを策定するようになった。それは，アメリカともドイツとも異なるものを内包しており，日本の議論にとっても示唆深いものがある。そこで，本章では，イギリスにおける人工延命措置の差控え・中止（尊厳死）をめぐる論議について，判例，法制度，およびガイドラインを中心に論じることにする。

## 2 イギリスにおける判例の動向
### ——トニー・ブランド事件判決の射程——

**1** イギリスにおける尊厳死でまず想起されるのが，1993年2月4日のアンソニー（愛称トニー）・ブランド（Anthony Bland）事件貴族院判決（Airedale NHS Trust v Bland, [1993] 1 All ER 821)[6]である。本件では，1989年4月15日，サッカー場で惨事に巻き込まれ，肺が押しつぶされ，脳への酸素供給ができなくなり，エアデール病院（Airedale Genaral Hospital）での濃厚治療にもかかわらず意識がなく，遷延性植物状態（persistent vegetative state＝PVS）が続いた患者（事

件当時 17 歳，貴族院判決当時 21 歳）の鼻腔チューブによる人工栄養補給を中止してよいか，が争われた。主治医のホウ（Howe）医師は，神経学の専門家らの意見を参考に，1989 年 8 月には，患者の回復の見込みがないと診断し，それ以上の治療を中止することが適当である，と考えた。もしこの治療を中止すれば，遅くとも 14 日以内に患者は死ぬことが予測された。刑事訴追のリスクのことも考えたほうがよいとのコロナーの指摘・警告に基づいて，ホウ医師は，同病院の管理責任を負っているエアデール NHS Trust に相談したところ，同 NHS Trust は，患者を被告として，合法的に治療を中止することのできる宣言を求めて高等法院家事部（the Family Devision of the High Court）に，① 患者を PVS 状態のまま生かし続けている人工呼吸，人工栄養補給，水分補給を含むすべての生命維持治療および医的援助措置を合法的に中止しうること，② 最大限の尊厳と最も少ない苦痛しか伴わない安らかな死を迎えさせること以外の治療行為を合法的に中止でき，かつそれを提供する必要がないこと等の確認判決を申し立てた。同家事部は，1992 年 11 月 19 日，この主張を認め，同年 12 月 9 日，控訴院（the Court of Appeal）によってもこれは維持された。ところが，患者の訴訟後見人である最高法院付ソリシタ（Official Solicitor）は，医師たちは鼻腔チューブにより患者の食物を与える義務を有しており，もしこの義務に違反すれば故殺罪になる，として貴族院に上訴した。

**2** 貴族院は，1993 年 2 月 4 日，5 人の裁判官全員一致で上訴を棄却し，延命治療中止を認めた。代表的意見としてゴフ裁判官（Lord Goff of Chieveley）は，患者の意思の尊重（自己決定権の原則）を強調し，「この原則は，患者が意識を喪失するか意思を伝えることが不可能になる以前に拒否することを表明している場合にも，その事前の指示が事後に生じた状況においても適用可能なものである」とし，「このような場合には，患者が自殺をしたことは問題にならないし，それゆえに医師が自殺教唆ないし幇助を行ったことも問題とならない。患者は，……延命効果のある処置に同意することを拒否する権利があり，また医師は患者の願望に従う義務が存在するにすぎない。」という前提に

204 第12章 イギリスにおける人工延命措置の差控え・中止（尊厳死）論議

立脚して，本件のような患者の場合について主に8点にわたり次のように述べている。

① 「多くの場合に患者は，当該治療やケアに同意するか否かを言うことができない状態にないのみならず，それに関する自己の願望の事前の指示を与えてもいない。裁判所の被後見人である子どもの場合，裁判所は自ら，医学上の意見を考慮しつつ，治療が子どもの最善の利益において提供されるべきか否かを決定するであろう。しかし，裁判所は，治療に同意するか否かを自ら決定することのできない成人患者に成り代わってその同意を与えることはできない。それにもかかわらず，患者のケアを担当している医師には，いかなる場合にも延命義務が絶対的に課せられるわけではない。」

② 「強調しなければならないのは，患者の生命を延長することのできる治療やケアを提供し続けるか否かを医師が決定する場合と，例えば，致死薬を与えることによって積極的に患者を死に至らしめる場合とを，法が厳格に区別している点である。……前者は，医師が治療ないしケアを差し控えることによって患者の願望どおりにしているか，あるいは……患者が同意するか否かを表明できない状態にあるのであるから，合法である。しかし，医師が患者に致死薬を投与することは，たとえそれが苦痛を取り除くという人道主義的願望によるものであれ，しかも苦痛がどんなに大きいものであれ，合法とは言えない。」

③ 「生命維持措置を中止する医師の行為が適切にも不作為として範疇づけられうることに私も賛同する。……生命維持措置の中止は，当面の目的に照らせば，最初から生命維持措置を施さないことと何ら異なるところはない。いずれの場合も，一定の条件で，事前に存在する条件の結果として患者が死ぬことを防止する手段を採ることを断念するという意味において，患者を死にゆくにまかせているにすぎないのである。そして，このような不作為の一般原則からして，それが患者に対する義務違反を構成しないかぎり，違法とはならないであろう。」

④ 「本件の核心にある問題は，その［患者の最善の利益］原則によれば，アンソニー・ブランドの治療とケアに対して責任を有する医師が，彼の延命が依拠する人工栄養補給処置を正当に中止することができるか否か，という点にある。［原文改行］……問題は，医師が，もし続ければ患者の生命を延長するであろう治療やケアを患者に提供し続けるべきか否か，ということである。……問題は，このような形態の治療ないしケアを継続することによって患者

の生命を延長することが患者の最善の利益となるか否か，である。」

⑤ 「本件のように患者が完全に意識を喪失している状況の改善の見込みが何らない場合には，問題の定式化が特に重要である。このような状況においては，治療を終わらせることが患者の最善の利益になる，と言うことは困難かもしれない。しかし，人工延命効果を有する治療を継続することが患者の最善の利益となるか否かという問題が問われるならば，私見では，その問題は，そうすることが患者の最善の利益ではない，と解答するのが賢明である。」

⑥ 「アンソニーは，1人で食べることができないだけではない。彼は，飲み込むこともできない。それゆえに，通常の言語の意味における飲食ができないのである。医プロフェッションにおいては，人工栄養補給を治療行為の一形態とみなすのが一般的であり，たとえ厳密に治療行為でなくとも，患者のメディカル・ケアの一部を形成するものである。実際，アンソニーのケースにおける鼻腔チューブによる人工栄養補給の機能は，生命維持の一形態を提供することであり，それは，……ベンチレーターに類似している。いずれの場合も，担当医が合法的に生命維持治療ないしケアを中止することができるか否かが問題とされるときには，同じ原理が適用されなければならない。」

⑦ 「治療に同意すべきか否かについて言う能力がない者のために治療を提供する場合，治療の形態を決定するに際して，医師は責任ある適格な関連専門家集団の見解に従って行為しなければならないことは，F v West Berkshire Health Authority［1989］2 All ER 545,［1990］2 AC 1において述べられたところである……。私見によれば，この原理は，他の治療形態の場合と同様に，生命維持を開始または中止することを決定する場合にも等しく適用されなければならない。しかしながら，このような重要かつセンシティヴな問題の場合には，専門家のためのガイダンスが与えられるべきであり，本件のような場合のガイダンスは，英国医師会（British Medical Association）の医療倫理委員会によって1992年に出された遷延性植物状態患者の治療に関するディスカッション・ペーパーの中に見いだされる。」

⑧ 「以上の関係証拠の検討から，PVS患者を治療する医師が英国医師会の医療倫理委員会によっていまや発展させられた医療慣行に従って行為していれば，……責任ある適格な関連専門家集団からガイダンスを受けて行為していることになるであろう。……医師は，その職業上しばしば患者の生存に影響を及ぼす決定をしなければならないし，この種の事案においては裁判官よりも多くの経験を積んでいる。他方，裁判官の任務は，医師の行為の合法性の基礎となる法原理を述べることにあるが，最終的には，個々の事案においてなされる決定は，医師自身に委ねられなければならない。ここで要求される

ことは，裁判官と医師による相互の任務のセンシティヴな理解であり，とりわけ裁判官が判決を下す際に重要なことは，この種の事案において医プロフェッションが直面している諸問題を理解することのみならず，彼らのプロフェッショナル・スタンダードを尊重することでもある。医師と裁判官の相互理解こそが，健全な倫理的基盤に基づきつつ患者自身の利益ともなる，治療とケアに関するセンシティヴで賢明な法的枠組みを発展させる最善の方法である[7]。」

3　以上のように述べて，貴族院は，患者は延命処置に同意することを拒否する権利を認めつつ，意思決定能力のない患者の場合，患者の「最善の利益」テストを中心にして判断すべきだとすることを鮮明に打ち出したのである。そこから治療義務の限界も導かれる，というわけである。しかも，アメリカの判例のように，「代行判断 (substituted judgement) の法理」を採用しないことを明確に述べている。もちろん，ジョン・キオンのように，鼻腔チューブによる栄養補給を病院およびその医療・看護スタッフが行うべき義務のある基本ケアとみる見解からの批判もあるが[8]，侵襲という要因を考えると，鼻腔チューブ等による人工栄養補給と人工呼吸器の使用とは，いずれも人工延命措置として同視しうるものと思われる。かくして，本判決は，イギリスにおいて大きな支持を得ており，大きな影響を今でも有している[9]。ただ，「代行判断の法理」と「最善の利益テスト」との間に，どのような差異があるかについては，さらに検討する必要がある。本判決は，イギリスの法的考えを入念に結集して本件に当てはめたものであり，自己決定権を否定するわけではなく，それで対応困難な意思決定能力のない患者の事案に対して「患者の最善の利益」というテストを用いて解決を図ろうとするものである。その際に，「プロフェッショナル・スタンダードを尊重すること」を重視している点にイギリスの特徴を見いだすことができる。そう言えるためには，医プロフェッションの自律意識と尊重に値する医療倫理の確立が不可欠である。そうなってはじめて，「医師と裁判官の相互理解こそが，健全な倫理的基盤に基づきつつ患者自身の利益ともなる。」と言うことができるのである。そして，

「患者の最善の利益」の中に何を盛り込むか，が一定程度明確になれば，その方向性は，きわめて参考になる。以後のイギリスの動向は，それに向けて動き始める。

## 3 イギリスにおける終末期医療の意思決定のルール作り

**1** その後，貴族院は，問題点を検討すべく特別委員会を作り，1994年2月に『報告書』[10]を作成し，一方で，法は作為による意図的殺人の許容まで緩和されるべきではない，と勧告しつつ，他方で，遷延性植物状態患者に対するチューブによる栄養補給の中止については正当とみなした。この見解に対しては，若干の疑問も提起されたが，概ね好意的に受け止められた。そして，1994年には，この『報告書』に基づいて，4か条から成る「治療中止法案（Withdrawal of Treatment Bill）」が提出されたが，すぐ撤回された。議論は続き，1999年に英国医師会（British Medical Association＝BMA）が，『延命治療の差控えと中止——意思決定のためのガイダンス』[11]を発表した。このガイドラインは，概ね好意的に受け止められていたが，その後1998年に成立し2000年10月から施行された人権法（Human Rights Act）との整合性をとるために2001年に第2版が出され，さらに，2000年にはスコットランドで「意思決定能力なき成人法」（Adults with Incapacity（Scotland）Act 2000）が，2005年にはイングランドおよびウェールズで「精神能力法」（Mental Capacity Act）が成立して2007年に施行されたことに伴い，2007年に第3版[12]が出された。また，2006年に，緩和ケアのための国家評議会（National Council for Palliative Care）は，『ギアチェンジ——成人における生命の最後の日々をマネジメントするためのガイドライン』[13]を公表している。ここでは，紙数の関係で，臨床現場に影響力のあるBMAガイダンスの第3版（以下「BMAガイダンス」という。）を中心に取り上げてみよう。

**2** BMAガイダンスは，全体が9部に分かれ，本文が113頁，付録等も入

れると全体で130頁を超えるきわめて詳細なものである。第1部が「このガイダンスの活用方法」，第2部が「鍵となる用語および概念」，第3部が「治療を差し控えることまたは中止することのすべての決定に適用される法的および倫理的考慮」，第4部が「治療を差し控えることまたは中止することのすべての決定に適用される医学的考慮」，第5部「意思決定能力のある成人による意思決定」，第6部「意思決定能力のない成人のための意思決定」，第7部が「意思決定能力のある若者［未成年者：甲斐補足］による意思決定」，第8部が「意思決定能力のない子どもおよび若者［未成年者：甲斐補足］のための意思決定」，第9部が「一度決定がなされたら」，である。BMA ガイダンスは，上記のイングランドおよびウェールズで「精神能力法」およびスコットランドの「意思決定能力なき成人法」を基礎に置いているが，前者の引用が多い。その全貌を詳細に取り上げることは，紙数の関係で不可能であることから，ここでは，その考えの中心部分を析出してみよう。

　このBMA ガイダンスの焦点は，第1部で示されているように，治療が施されれば数週間，数か月，もしくは数年間生存するであろうが，治療が施されなければそれよりも早く死ぬであろう患者（意思決定能力を有する成人，意思決定能力を欠く成人，意思決定能力を有する若者，および意思決定能力を欠く子ども・若者）から延命治療を中止するかもしくは差し控えることを決定することにある（para. 1.2）。しかし，このガイドラインは，これに従わなければならないルールを定めようとする試みではなく，ある決定に達するに当たり考慮すべき諸々の原理と要素に関する一般的ガイダンスを提供するものである（para. 1.3）。

　また，第2部で示されているように，キー・タームおよびキー・コンセプトが重要である。BMA ガイダンスによれば，「治療の第一義的目標は，できるかぎり患者の健康を回復しもしくは維持し，ベネフィット（benefit）を最大にし，そして害（harm）を最小にすることである。もし，意思決定を有する患者が治療を拒否するか，または，もし，患者が意思決定能力を欠いていて，その治療が患者に対して最終的なベネフィットを提供することができなけれ

ば，その目標は達成できず，その治療は，倫理的および法的に，差し控えられるべきであるし，もしくは中止されるべきである。しかしながら，良き質をもったケアと症状の緩和は，継続されるべきである。」(para. 2.1)。ここに，BMAガイダンスの基本的スタンスが出ている。そして，「必ずしも常にというわけではないが，患者の延命は，通常，その患者にベネフィットをもたらす。裁判所は，延命治療を提供することに好意的な強い推定がある，と強調したことがあるけれども，治療の質もしくは負担を無視して，いかなる犠牲を払ってでも延命することが医療の適切な目標であるとはかぎらない。」(para. 2.2) とも説く。これは，一般論として，妥当である。

　ここで，延命治療とは，「患者の死を引き延ばす可能性のあるすべての治療もしくは措置」のことをいい，心肺蘇生，人工換気，化学療法ないし透析のような特殊な状況に用いられる特別な治療，生命を脅かす可能性のある感染症に対して投与される抗生物質，人工栄養・水分が含まれる (para. 3.1)。また，「16歳以上の患者は，反対のことが証明されないかぎり，自ら決定する能力を有する，と推定される。個人が当該決定を行う能力を有するかどうかについて疑いがある場合は，さらなる調査が行われるべきである。」(Para. 4.1) とも述べる。これは，精神能力法3条1項の規定に沿うものであり[14]，それ以前に1997年の判例 (Re MB (medical treatment) [1997] 2 FLR No 3) でも認められていた原則でもある。精神能力法3条1項によれば，以下の4項目について行うことができなければ，その人は，意思決定ができない者とされる。(a) その決定にとって重要な情報を理解すること，(b) その情報を保持すること，(c) その情報を意思決定と行うプロセスの一部として利用し，もしくは重きを置くこと，(d) 彼の決定を (会話か，サイン・ランゲージか，もしくはその他の手段によって) コミュニケートすること。

　そして，2005年，45歳の抹消神経系小脳症候群機能障害患者のオリバー・・レスリー・バーク (Oliver Leslie Burke) 事件控訴審判決 (R (on the application of Burke) v General Medical Council [2005] 2 FLR 1223) では，意思決定能力がある患者が人工栄養・水分を要求する場合，これが提供されなければならない，と

判示している。すなわち，これは，患者が特殊な形式の治療を要求する権利を有するということを意味するものではなく，患者の願望が分かっている場合は注意義務の基本的な点として，患者の生存を維持する合理的なステップを踏むべきである，ということを意味するものであった。

**3** BMA ガイダンスの中で法的観点から重要なキーワードは，「ベネフィット（benefit）」，「ハーム（harm）」，および「最善の利益（best interests）」である。

まず，「ベネフィット」は，医療専門職者が患者のために有する一般的な治療提供義務のコンテキストの中で，その患者にとっての有利な点ないし利点という意味を有するが，単にその治療が特殊な生理学的目標を達成するかどうかということ以上に広いものである，とされ，医学的なベネフィットとそれ以外の触知できないベネフィットの両方を含む，とされる（para. 7.1）。延命治療の提供は，通常はベネフィットであるが，必ずしも常にそうとはかぎらない，というのが BMA の基本的スタンスである。重度の障害がある場合，延命治療の提供の負担は，潜在的なベネフィットを凌駕し，良い質の終末期ケアの提供に注意がシフトされるべきだ，とされる。

「ハーム」は，より法的に馴染みやすい概念であるが，BMA ガイダンスによれば，「患者は，あまりに早すぎる治療の中止によっても，またその患者にベネフィットとならない時点を超えた延命治療によっても害される。意思決定能力のある患者，またはその考えが不明な患者もまた，自己の意思に反する治療提供もしくは治療中止によって害される。」（para. 8.1）。ここには，ハームが患者の意思に依存する傾向も看取される。もっとも，意思決定能力のない患者の場合，ハームとなるか否かは，それだけでは判断できない。もちろん，意思決定能力のない患者の場合も，患者のベネフィットとなる延命治療を受けられなければ害されることになるが，一方で，過剰な延命治療によっても害されることになる。しかし，その判断を何に求めるかは，実に難解である。そこで，「最善の利益」概念が登場する。

**4** 私が最も関心を抱いている「最善の利益」について，BMA ガイダンスは，「自ら意思決定を行う能力がない患者の場合，治療が提供されるべきか否かの決定をするために用いられなければならないテストが，『最善の利益（best interests）』である。これは，医療上の利益よりも広く，患者自身の願望および価値も含む。」と述べている (para. 9.1)。「最善の利益」が「医療上の利益」よりも広い点は，重要である。これは，純医学的判断では済まされないことを意味する。「これらの意思決定における重要な要因は，患者が自己の環境もしくは自己自身の生存について認識していると考えられるかどうか，である。」(para. 40.1)。

この点について，精神能力法4条は，「最善の利益」の評価に際して考慮すべき3つの事項を以下のように規定している。

1）本人の過去および現在の願望および感情（特に能力喪失以前に患者によってなされた書面による一切の言辞）。

2）もし患者が能力を有していたならばその決定に影響を及ぼすであろう信念および価値。

3）もし患者がそうすることができるならば考慮するであろうその他の要因。

延命治療を提供することは，通常，精神能力を欠く患者の最善の利益であろうが，これは，必ずしもこの場合に常に当てはまるとはかぎらない。そこで，同ガイダンスは，延命治療の提供が患者の最善の利益となるかどうかを評価するに際して考慮されるべき要因の類型を以下のように9点呈示している。

1）患者が意思決定能力があったときに行ったあらゆる文書による言辞を含む患者自身の願望および価値（これらが確認できる場合）。

2）提案された治療の効果に関する臨床上の判断。

3）手の施しようのない疼痛または苦痛を経験している患者の見込み（likelihood）。

212　第12章　イギリスにおける人工延命措置の差控え・中止（尊厳死）論議

4）患者が，例示されたようなその生存および環境について有している認
　　知の程度。例えば，以下のものが挙げられる。
　　─他者との交流能力。ただし，表明されたもの。
　　─自ら方向づけた行動をする能力または自己の生のあらゆる面をコント
　　　ロールする能力。
5）治療が提供された場合の患者の状態の改善の程度の見込みおよび範
　　囲。
6）その治療の侵襲性がその状況下で正当化されるかどうか。
7）患者が子どもの場合，その両親の見解。
8）指定されたヘルスケア代理人，福祉担当法定代理人，もしくは患者の
　　弁護士の見解。
9）それについて患者が有益と見なすであろうことについての，患者と親
　　しい人々，特に患者の近親者，パートナー，世話人の見解。

　これらは，全体としてみると，良好なコミュニケーションに基づいた決定
を重視しており，日本で「患者の最善の利益」について議論をする際にも考
慮に値する内容である。そして，BMA ガイダンスが適切にも指摘するよう
に，イギリスの裁判所は，意思決定能力のない成人の意思決定の基準として
「代行判断」を拒否して，より客観的な「最善の利益」という評価を用いてい
るが，実際は，「最善の利益」の評価の一部は，「代行判断」のいくつかの点
に依拠している（p. 13）。したがって，「最善の利益」テストと「代行判断」テ
ストとは，相矛盾するものではなく，相互補完的な部分もあるのではないか，
と考える。

　**5**　そして，これらを前提として，BMA ガイダンスが「心理学的には治療
を差し控えることのほうが，すでに開始された治療を中止することよりも容
易であるけれども，その2つの行為の間に法的もしくは道徳的に重要な必然
的相違はない。」（para. 15.1）と述べている点も重要である。これは，筆者が

2010 年 8 月にイギリスに調査に行って確認したところ，イギリスにおいて一般的に承認された命題である。

　日本では，事前の延命治療差控えに対してはかなり寛大に許容しつつ，1度開始した延命治療・措置に対しては，中止すれば殺人罪になる懸念があるとして過剰に抑制的であるが，これは，あまりに形式的な対応である[15]。

　**6**　その後，2010 年には英国一般医療審議会 (General Medical Council = GMC) 報告書『終末期に向けた治療とケア：意思決定における良き実践』[16]が公表されたが，筆者が 2010 年 8 月にオックスフォード大学に調査に赴いたときに確認したところによれば，これが，現在のイギリスにおいて最も権威ある見解であり，ガイドラインである（以下「GMC ガイドライン」という）。GMC ガイドラインは，章番号を付しているわけではないので，便宜上章番号を付して内容を示せば，以下の構成になっている。序文にあたる「このガイダンスについて」を受けて，1「ガイダンス」(para. 1-6)，2「原理」(para. 7-13)，3「意思決定モデル」(para. 14-16)，4「原理と意思決定モデルを用いた作業」(para. 17-89)，5「新生児，子ども，および若者」(para. 90-108)，6「患者の栄養分および水分の必要性を充足すること」(para. 109-111)，7「臨床上援助された栄養分および水分」(para. 112-127)，8「心肺蘇生 (CPR)」(para. 128-146)，と続き，そして最後に，「レファレンス」，「法律の付録」，「法律の付録のための巻末注」，「用語解説」が掲載されている。全体で 88 頁ながら，内容が濃く，それでいて実に読みやすく，利便性の高いものである。これも，ここで全貌を示すことは，紙数の関係で困難であり，骨子のみを取り上げることにする[17]。

　その基本的スタンスは，BMA ガイダンスと共通するものが多いが，GMC ガイドラインの基本理念は，人の生命の尊重，患者の健康保護，尊重と尊厳をもって患者を処遇すること，および患者のケアであり（「このガイダンスについて」），主に 12 か月以内に死亡するであろう患者を対象としている (para. 2)。延命治療の差控え・中止の場合，一連の措置のベネフィット，負担，およびリスクの証拠は，必ずしもクリアーカットではなく，一定の条件の下では，

死にゆくプロセスを引き延ばすにすぎない場合があるが，特にいかなる場合に延命治療を中止してよいかを慎重に判断することが求められている。その際，医師と患者の共同意思決定に基づき，しかも「患者の最善の利益」が中心に置かれる。また，従来の「人工的（artificial）」栄養・水分補給という用語に代えて「臨床上援助された（clinically assisted）」栄養・水分補給という用語を用いている点にも留意する必要がある（para. 112）。さらに，(1)意思決定能力のある患者と(2)意思決定能力のない患者に分けて対応をしている（para. 14-16）。特に後者の場合，患者の「最善の利益」のほか，家族の同意も考慮している（para. 17ff.）。また，「あなたは，患者の近親者およびヘルスケアチームに対して，その治療がチェックされ審査されることを明確に説明しなければならず，そして，その治療がベネフィットとの関係で患者にとって効果のない過大な負担を提供するものであれば，後の段階で中止することができる。」（para. 33）とも述べている。このように，GMC ガイドラインも，BMA ガイダンスと同様，延命治療の差控えと中止に法的・倫理的差異を認めていないのである。

　以上のように，GMC ガイドラインは，現在のイギリスの英知を結集したものであり，詳細は BMA ガイダンスが補足していくということでイギリスの終末期医療は運用されていくことになるであろう。

## 4　結　語

　以上，イギリスの終末期医療と法について概観してきた。イギリスの裁判所は，意思決定能力のない成人の意思決定の基準として「代行判断」を拒否して，より客観的な「最善の利益」という評価を用いているが，実際は，「最善の利益」の評価の一部は，「代行判断」のいくつかの点に依拠している。したがって，「最善の利益」テストと「代行判断」テストとは，相矛盾するものではなく，相互補完的な部分もあるのではないか，と考えることができる。しかも，イギリスのルールは，終末期医療に特化した法律ではなく，ガイド

ラインないしガイダンスで対応している点も特徴である。そこには，ナショナル・ヘルスサービス（NHS）という医療制度と医師への信頼という背景があるのであろうが，モデルとして参考になる。

　また，BMA ガイダンスが「心理学的には治療を差し控えることのほうが，すでに開始された治療を中止することよりも容易であるけれども，その 2 つの行為の間に法的もしくは道徳的に重要な必然的相違はない。」（para. 15.1）と述べている点も重要である。日本では，事前の延命治療差控えに対してはかなり寛大に許容しつつ，1 度開始した延命治療・措置に対しては，中止すれば殺人罪になる懸念があるとして過剰に抑制的であるが，これでは，救助できる患者でも最初から見放すことになり，医療の本質からかけ離れ，病院ないし医療職者の自己防衛に重きが置かれることになり，何のための終末期医療であるか，疑問である。本章でみたイギリスの状況は，こうした日本の憂うべき現状を再考する契機を提供するものと思われる[18]。

1）詳細については，甲斐克則『安楽死と刑法』115 頁以下（成文堂，2003 年），同「欧州（イギリス・ドイツ・フランス）における安楽死・尊厳死」甲斐克則＝谷田憲俊編『安楽死・尊厳死（シリーズ生命倫理学：第 5 巻）』197 頁以下〔本田まり准教授と共同執筆〕（丸善出版，2012 年）参照。
2）詳細については，甲斐克則「自殺幇助と患者の『死ぬ権利』──難病患者の『死ぬ権利』を否定した事例：プリティー判決」戸波江二ほか編『ヨーロッパ人権裁判所の判例』199 頁以下（信山社，2008 年）〔本書第 6 章〕参照。
3）詳細については，ペニー・ルイス（甲斐克則監訳＝福山好典＝天田悠訳）「自殺幇助に関するインフォーマルな法の変容：検察官のための指針」早稲田法学 87 巻 1 号 205 頁以下（2011 年）〔甲斐克則編訳『海外の安楽死・自殺幇助と法』25 頁以下（慶應義塾大学出版会，2015 年）所収〕，福山好典「自殺関与と刑事規制に関する一考察──イギリスの近時の動向を手がかりに(1)(2・完)」早稲田大学大学院法研論集 143 号 305 頁以下（2012 年），144 号 189 頁以下（2012 年），高島響子＝児玉聡「英国における自殺幇助をめぐる論争とスイスへの渡航幇助自殺──渡航医療が国内医療の法規制に及ぼす影響の一考察」生命倫理 22 巻 1 号 75 頁以下（2012 年）参照。
4）ルイス（甲斐監訳）・前掲注 3）〔甲斐編訳書〕参照。
5）甲斐克則『尊厳死と刑法』264 頁以下（成文堂，2004 年），同・前掲注 1）『安楽死と刑法』129 頁以下参照。

6）トニー・ブランド事件の詳細については，甲斐・前掲注5）『尊厳死と刑法』271頁以下，三木妙子「イギリスの植物状態患者トニー・ブランド事件」ジュリスト1061号50頁以下（1995年），町野朔ほか編著『安楽死・尊厳死・末期医療』201頁以下〔西村秀二執筆〕（信山社，1997年），John Keown, Restoring Moral and Intellectual Shape to the Law after Bland, 113 Law Quarterly Review (1997), pp. 481-503, ジョン・キオン（城下祐二訳）「イギリスにおける生命維持治療の中止——ブランド判決の道徳的・理性的再検討」札幌学院法学15巻2号123頁以下（1999年）参照。

7）以上の判決部分の叙述は，甲斐・前掲注5）『尊厳死と刑法』272-276頁による。

8）キオン（城下訳）・前掲注6）136頁以下。

9）その後の判例として，Frenchay Healthcare NHS Trust v S [1994] 2 All ER 403, [1994] BMLR 156, CA.；Swindon and Marlborough NHS Trust v S, [1995] Med LR 84をはじめ，最近では，W Healthcare NHS Trust v H and others [2005] 等がある。

　　　最近の動向については，2008年2月25日に早稲田大学比較法研究所主催・早稲田大学「生命医療・法と倫理」研究所（代表：岩志和一郎教授）および平成19年度医療安全・医療技術評価綜合研究推進事業（外国人研究者招聘事業（代表：林謙治・国立保健医療科学院次長））共催で開催された英国グラスゴー大学法学部・医療の法と倫理研究所所長シーラ・マクリーン（Sheila A. M. McLean）教授の講演「英国における終末期の意思決定」（Making End of Life Decisions in the United Kingdom）（甲斐克則＝新谷一朗訳・ジュリスト1360号93頁以下（2008年）〔甲斐編訳・前掲注3）『海外の安楽死・自殺幇助と法』17頁以下所収〕参照），2010年8月にオックスフォード大学法学部のジョナサン・ヘリング（Jonathan Herring）教授および生命倫理研究所所長のデイビッド・ジョーンズ（David A Jones）教授に対する質疑応答，2012年4月26日に早稲田大学比較法研究所主催・早稲田大学医事法研究会（代表：甲斐克則）共催で行われたロンドン大学キングズ・カレッジ「生命倫理と法」研究所のペニー・ルイス（Penney Lewis）教授の講演「植物状態患者の治療中止：法的パースペクティブ」（Withdrawal of Treatment from Patients in a vegetative state：A Legal Perspective）から多くを学んだことを特記しておきたい。

10）House of Lords Select Committee, Report of the House of Lords Select Committee on Medical Ethics, H.L. Paper 21-1 of 1993-1994 (1994). この報告書の抄訳として，町野ほか編著・前掲注6）209頁以下〔西村秀二執筆〕がある。

11）British Medical Association（BMA）, Withholding and Withdrawing Life-prolonging Medical Treatment；Guidance for decision making, 1999.

12）British Medical Association（BMA）, Withholding and Withdrawing Life-prolonging Medical Treatment；Guidance for decision making, Third Edition, 2007.

13）The National Council for Palliative Care, Changing Gear：Guideline for Managing the Last Days of Life in Adults, 2006.

14）詳細については，マクリーン（甲斐＝新谷訳）・前掲注9) 93 頁〔甲斐編訳・前掲注 3)『海外の安楽死・自殺幇助と法』所収〕参照。

15）詳細については，甲斐克則「日本における人工延命措置の差控え・中止（尊厳死）」甲斐＝谷田編・前掲注 1)『安楽死・尊厳死』127 頁以下，同「終末期医療と臨床倫理」ICU と CCU 36 巻 9 号（2012 年）651 頁以下〔本書第 9 章〕。

16）General Medical Council, Treatment and care towards the end of life：good practice in decision making, 2010.

17）このうち，5「新生児，子ども，および若者」（para. 90-108）については，すでに，甲斐克則「イギリスにおける小児の終末期医療をめぐる法と倫理」比較法学 45 巻 1 号 27-28 頁（2011 年）で紹介した。

18）私見の詳細については，甲斐・前掲注 15) の諸文献参照。〔その後発表された橋本有生「イギリス法における精神能力を欠く成年者の医療の決定」田山輝明編著『成年後見人の医療代諾権と法定代理権――障害者権利条約下の成年後見制度――』143 頁以下（三省堂，2015 年）は，本章との関連問題をイギリス法の視点から再考させる貴重な論文である。〕

# 第13章

## PEG 施行について患者の事前指示と家族の希望が異なる場合どうするか
### ——法律家の立場から——

【事例】 70歳代の男性が脳梗塞により意識不明の状態となったが，この患者は「自分が判断能力を失った場合，PEG・水分補給を含めた一切の延命措置を拒否する」という内容の事前指示書を作成していた。しかし，家族は，今後患者の意識が戻る可能性が少しでもあるならば，胃瘻を造設して1日でも長く生きてほしい，と希望してきた。

この場合，胃瘻を造設すべきか。

## 1　はじめに

法律家の立場から冒頭の設例を考えるにあたり，患者が事前指示（アドバンス・ディレクティブ）により「PEG・水分補給を含めた一切の延命措置を拒否する」という内容の延命拒否の意思表示をしていた点をどのように評価すべきか，が大きなポイントになる。この設例では，本人による最初からのPEG（胃瘻）という人工延命措置の差控え（withholding）が問題となるが，さらに視点を広げて，ひとたびPEG（胃瘻）を造設した後に本人の事前指示による中止（withdrawing）が認められるか，という問題にも連動する。

以下，本章では，まず，患者の事前指示の法的意義を確認し，つぎに，胃瘻造設の差控えについて患者の事前指示と家族の希望とが衝突した場合にPEG（胃瘻）の差控えをどのように考えるべきか，について論じ，最後に，ひとたびPEG（胃瘻）を開始した後に患者の事前指示と家族の希望とが衝突した場合にPEG（胃瘻）の中止が認められるか，について論じることにする。

## ② 患者の事前指示の法的意義

　まず，日本における患者の事前指示の法的意義について確認しておく必要
がある。日本では，現時点で患者の事前指示に関する法律は存在せず，いく
つかのガイドラインがある。そのうち，厚生労働省の 2007 年の「終末期医療
の決定プロセスに関するガイドライン」〔2015 年に「人生の最終段階におけ
る医療の決定プロセスに関するガイドライン」に名称変更〕が公的ルールに
なっている。それは，あくまで決定プロセスを重視するガイドラインである
とはいえ，患者の意思の確認ができる場合とそれができない場合に分けて
ルール化している点からすると，「手続モデル」の性質を有しながらも患者本
人の自己決定を中心に考える「自己決定モデル」の一種に組み入れることが
できるであろう。さらに，日本医師会「終末期医療に関するガイドライン」
(2007 年)，日本救急医学会・救急医療における終末期医療のあり方に関する
特別委員会「救急医療における終末期医療のあり方に関するガイドライン」
(2007 年)，日本循環器学会などによる「循環器病の治療に関するガイドライ
ン──循環器疾患における末期医療に関する提言」(2010 年)，日本老年医学
会「高齢者ケアの意思決定プロセスに関するガイドライン──人工的水分・
栄養補給の導入を中心として」(2012 年) など，医学界の専門領域のガイドラ
インで対応しているのが現状である。これらは，法規範ではないが，専門領
域でつくられた倫理規範であり，これらが社会に定着すれば，ソフトローと
して一定の法的意義を有することになる。しかし，現段階では，必ずしもこ
れらのガイドラインが広く社会に定着している，とは言えない。

　そもそも，患者の事前指示の法的意義は，理論的にいかなるものであろう
か。これを確認せずには，設例にも回答できない。アメリカでは，いわゆる
リビング・ウィルが 1976 年のカリフォルニア自然死法以来，各州で立法によ
り認められている[1]。リビング・ウィルは，一定のフォーマットに則って患者
の人工延命措置の差控え・中止の意思を尊重しようとするものである。日本

でも，日本尊厳死協会を中心にリビング・ウィルの立法化が主張されている。これに対して，患者の事前指示（アドバンス・ディレクティブ：ドイツではPatientenverfügungと呼ばれる。）は，必ずしも書式には固執せずに，患者が事前に人工延命措置の差控え・中止の意思を表明してそれを尊重してもらうものであり，ドイツなどの国々では，この用語が多く用いられている。しかし，ドイツでも最近は，2009年の「世話法第3次改正法（患者の事前指示法）」に基づき，患者の事前指示の文書のフォーマット化が進んでおり，その手続を世話人（成年後見人）が進めるという点を除けば，リビング・ウィルとの実質的差異はなくなっている。

　患者の事前指示の法的意義は，まさに患者の人工延命措置の差控え・中止の意思に法的拘束力を持たせる点にある。1980年代以降のドイツでは，終末期医療と患者の事前指示をめぐる議論が活発化し，1990年には世話法（Betreuungsgesetz）が成立し，それに伴い民法も改正され，1986条以下に世話制度が導入された。そして，1994年9月13日にはケンプテン（Kempten）事件について連邦通常裁判所刑事判決（BGHSt. 40, 257）が出された。本件は，アルツハイマー病（認知症）を患った高齢者患者（70歳）の人工栄養補給中止をめぐり，医師と患者の息子（後見人）が故殺未遂罪に問われた刑事事件であった。本件で連邦通常裁判所は，患者がかなり前に「何となく」意思表示をしただけでは不十分だとして，世話人としての手続を踏まなければならないという理由で差戻しにしたのである。なお，差戻審で被告人は，無罪となっている。本判決により，刑事事件においても世話制度が重要な意味を有することが自覚され始めたのである[2]。

　その後，21世紀に入り，2003年3月17日に民事事件ながら重要なリューベック（Lübeck）事件で連邦通常裁判所決定（BGHZ 154, 205 = NJW 2003, 1588）が出された。本件は，心筋梗塞の結果，失外套症候群（Apallisches Syndrom）に罹患した患者の世話人に指定された息子が患者の事前指示に基づいて「ゾンデ挿管による栄養補給」中止を後見裁判所（後の世話裁判所）に求めた民事事件である。息子は，患者が自筆した事前指示書を提出した。その事前指示書によ

れば，不可逆的な意識喪失，最重度の継続的な脳障害もしくは身体の重要な生理的機能の継続的な障害に陥った場合，または致死性疾患の末期に至った場合において，もはや死の経過を引き延ばすことにしかならないのであれば，特に，いかなる集中治療も実施しないでほしいし，また，栄養補給は中止してほしい，ということであった。人工栄養補給の中止を求める息子の申立は，後見裁判所により，許容されないものとして退けられた。ところが，連邦通常裁判所は，その決定を破棄し，差戻しの決定を下した。その際，(i)「人間の尊厳」からの帰結として，患者に同意能力がなく不可逆的な経過を辿り始めた場合は，「患者の事前指示」の意思表示に基づいて延命措置を中止すべきである，(ii)世話人は，医師や看護スタッフに対して，自己の法的責任および民法 1901 条の基準に従って患者の意思を表現し，認めさせなければならないが，医師から生命維持処置の申し出がある場合には家庭裁判所の許可がなければこれを拒否できない，と述べた。その判断においては，書面による意思表示が，患者の推定的意思の探求よりも優先されることが，初めて認められた。世話人の権限については，なお不明確な部分を残すとはいえ，患者の事前指示が法的に拘束力を有することが，判例によって認められることとなったのである[3]。

　その前後，立法化に向けた動きが続々と出てくる。2002 年には連邦審議会答申，2004 年には司法大臣作業部会報告書，そして 2005 年には国家倫理評議会報告書が出された。いずれも，総じて，患者の事前指示の立法化を提言する内容であった。それらを契機として，2009 年に「第 3 次世話法改正」に伴う民法改正に至ったのである。特に 1901a 条に新しい規定を 1 項から 3 項まで設けて，世話人の権限をかなり重視するという規定になった。この法律により，自分が同意能力を喪失した場合に備え，特定の医療行為を受け入れるか否かについて患者の事前指示に基づき世話人がこの指示を実現しなければならない，という規定が民法 1901a 条および 1901b 条に盛り込まれることになった。民法 1904 条も改正された。この改正により，患者の事前指示が存在しないか，または患者の指示が実情に合わない場合には，世話人が被世話

人の治療の希望もしくは推定的意思を確定し，医療措置への同意または拒絶を決定しなければならないことになったが，その際，被世話人の過去における口頭または書面による発言，倫理的または宗教的信念およびその他の個人的価値観も考慮されることになった[4]。これが特徴的な点である。

いずれにせよ，全体的な傾向としては，事前のものであっても患者の意思を尊重しようというドイツの法学界，法曹界およびドイツ連邦医師会の立場が推進・強化された，と位置付けられる。日本では，成年後見人に身上監護についての権限はない，と解されているが，少なくとも法理論的にみると，患者の事前指示を尊重すべきであるという点に関して，ドイツの議論は，日本の議論でも参考になる。

## 3　胃瘻造設差控えの患者の事前指示と家族の希望とが衝突した場合

さて，以上の理論的枠組を考慮して，冒頭の設例をどのように考えるべきか。まず考えるべきは，患者の事前指示は何のためにあるか，である。言うまでもなく，患者の事前指示は，終末期医療における患者の最期の生き方としての延命拒否権（その意味での自己決定権）を尊重するための枠組であることからすれば，当然に患者の意思を優先すべきであり，したがって，家族が自分たちの願望を実現するために胃瘻を造設して1日でも長く生きてほしい，と希望しても，それは優先すべきものとは言えない。もし家族の願望を優先するのであれば，患者の事前指示の本来の意味は，没却されるであろう。

ただし，日本では，患者の事前指示が制度化されていないので，その事前指示が，「自分が判断能力を失った場合，PEG・水分補給を含めた一切の延命措置を拒否する」という内容であったとしても，それが，例えば，10年前とか5年前に書かれたものであったとすれば，有効とは言えない。そのような場合，家族の希望を優先することはありうるのではないか。それがそのまま有効であるためには，少なくとも2年以内のものであることを要するであろ

う。もっとも，たとえば，3年前の事前指示であっても，いまなおその意思が変わっていないと合理的に判断できる場合には，患者の事前指示はなお有力な手がかりとして尊重すべきであろう。また，「PEG・水分補給を含めた一切の延命措置を拒否する」という患者の意思があっても，胃瘻は差し控えるとしても，水分については，病状の推移を見極めるために，家族の意思を尊重して場合によっては補給を継続する場合があるのではないか。また，意思表示が真意から出されたものか，をチェックする必要があり，合理的疑念があれば，家族の希望を尊重すべき場合もありうる。

　なお，家族の意思だけで胃瘻を差し控えることが許されるか，という難問がある。患者の意思を尊重するという基本的スタンスからすると，原則としてこれは認められないが，遷延性植物状態で意識の回復可能性がほとんどないような患者の場合，「患者の最善の利益」に照らして胃瘻などの人工延命措置を差し控えても，許される場合がありえよう。もちろん，認知症患者の場合の対応には，意思決定能力に応じて判断するなど，なお難しい点がある。

## ④　ひとたび胃瘻を開始した後に患者の胃瘻中止の事前指示と家族の希望とが衝突した場合

　最後に，以上の延長線上に，ひとたびPEG（胃瘻）を開始した後に患者の胃瘻中止の事前指示と家族の希望とが衝突した場合どうするか，という問題がある。むしろ，この問題の方が難しい。日本では，最初から人工延命措置を差し控えることには寛大で，ひとたびそれを開始したら殺人罪で訴追されることを恐れてその措置の中止に対して過剰に抑制的であるという奇妙なジレンマに陥っている。これでは，最初からこうした措置を差し控えておいた方が問題がなくてよい，という安易な差控えを増長させることになり，救助可能な患者も救助できなくなる懸念がある。イギリスやドイツでは，一定の要件さえ充足すれば両者に法的・倫理的差異を認めていない[5]。少なくとも，本人が事前の指示で胃瘻を含む人工延命措置の中止を希望している場合は，そ

れを尊重しても法的に許容される，と考える。しかし，家族の希望に強い優位性を与える解決策は，この場合も，あまり患者の利益にならないように思われる。

東海大学病院事件判決（横浜地判平成 7・3・28 判時 1530 号 28 頁）や川崎協同病院事件最高裁決定（最決平成 21・12・7 刑集 63 巻 11 号 1899 頁）を分析しても，総じて，日本の司法の立場は，処罰に値するほどの一方的な延命治療中止を行わないかぎり犯罪として処罰するとは考えていない，と言えよう。もちろん，問題はそう簡単ではなく，事前の意思が不明な患者の場合，自己決定権だけを根拠とするのでは解決は難しく，また，認知症患者などの意思決定能力のない患者の場合も含め，「患者の最善の利益」，およびその反射的効果としての患者に有害な治療を中止する，という意味での治療義務の限界論の再構築などを考慮したルールの導入も考えるべきであろう[6]。

1) 甲斐克則『尊厳死と刑法』（成文堂，東京，2004 年）53-61 頁。
2) 甲斐克則『尊厳死と刑法』（成文堂，東京，2004 年）233-259 頁。
3) 武藤眞朗「人工的栄養補給の停止と患者の意思」東洋法学 49 巻 1 号 1 頁以下（2005 年）。
4) 甲斐克則＝本田まり「欧州（イギリス・ドイツ・フランス）における安楽死・尊厳死」甲斐克則＝谷田憲俊責任編集『安楽死・尊厳死』（丸善出版，東京，2012 年）197-217 頁。〔ドイツにおける終末期医療をめぐる成年後見人の刑事責任については，甲斐克則「成年後見人と刑事責任」田山輝明編著『成年後見：現状の課題と展望』（日本加除出版，2014）247 頁以下参照。〕
5) 甲斐克則「イギリスにおける人工延命措置の差控え・中止（尊厳死）論議」甲斐克則編『医事法講座第 4 巻　終末期医療と医事法』（信山社，2013 年）147-163 頁〔本書第 12 章〕，武藤眞朗「ドイツにおける治療中止──ドイツにおける世話法改正と連邦通常裁判所判例をめぐって──」同書 185-214 頁。
6) 甲斐克則「日本における人工延命措置の差控え・中止」甲斐克則＝谷田憲俊責任編集『安楽死・尊厳死』（丸善出版，東京，2012 年）127-148 頁。〔本章の問題を考えるうえで，神野礼斉「医療行為と家族の同意」広島法科大学院論集 12 号（2016）223 頁以下は，示唆深い。〕

227

## 第14章

# 人工延命措置の差控え・中止（尊厳死）問題の「解決」モデル

## 1 序——問題状況と問題設定——

　終末期医療をめぐる問題は，各国で盛んに議論されている[1]。それは，処罰問題が絡むだけに，刑法学上も座視できない内容を含む。その問題のうち，オランダ，ベルギーおよびルクセンブルク（ベネルクス3国）の立法を除けば，法解釈論上の帰結による例外はともかくとして，積極的安楽死を正面から肯定する国はない[2]。これに対して，医師による自殺幇助の許容性を求める動きは，それを正面から認めるベネルクス3国以外でも，アメリカ，スイス，イギリス等で起きている[3]。アメリカでは，1996年のオレゴン州の尊厳死法と2008年のワシントン州の尊厳死法による立法化によって，さらには2009年12月31日のモンタナ州最高裁判決（Baxter v. Montana, 224 p. 3d 1211（2009））によって，医師による自殺幇助が認められている。スイスでは，刑法が利己目的の自殺関与以外を処罰しないことから，自殺を斡旋する団体（DIGNITAS等）が近隣諸国の「自殺ツーリズム」を誘発し，問題となっている[4]。その影響は，イギリスにも及んだが，ヨーロッパ人権裁判所まで争われたダイアン・プリティー事件では，2002年7月29日，「死ぬ権利」ないし「自殺の権利」はヨーロッパ人権条約には含まれない，という判決が下された（Case of Pretty v. The United Kingdom, 29 July 2002 Reports of Judgements and Decisions 2002 Ⅲ）[5]。しかし，イギリスではその後も議論が続き，とりわけパーディ事件（R（Purdy）v. Directors of Public Prosecutions [2009] UKHL 45, [2010] ac 345 at [56]）を契機に，公

228　第 14 章　人工延命措置の差控え・中止（尊厳死）問題の「解決」モデル

訴局長官（Director of Public Prosecutions＝DPP）が，2010 年 2 月 25 日，自殺幇助の訴追について「検察官のための指針」（DPP, Policy for Prosecutors in respect of Cases of Assisted Suicide）を公表した[6]。それは，訴追に有利な要素と不利な要素を挙げて，訴追の際の基準にするものである。公訴局長官は，その後，ある事案で同指針を適用して，自己の両親のためにスイスのホテルを予約し，スイスまでその両親を送り出し，その両親を，その後，自殺支援団体ディグニタス（DIGNITAS）の援助を受けて自殺するに至らせた被疑者の行為は，「犯罪の定義に十分に該当するけれども，きわめて軽微な幇助にすぎなかった」として不起訴の決定を下した[7]。なお，ドイツでも，コッホ事件において，四肢麻痺の高齢女性が自殺のための薬物を連邦薬務局に申請して拒否され，ヨーロッパ人権裁判所に訴えたが，同裁判所は，2012 年 7 月 19 日に申立人の当事者適格性を認めつつも，「死ぬ権利」との関係では，連邦薬務局による制限に関するケルン行政裁判所の判断を尊重している（Koch v. Germany, no. 497/09, 52, 19 July 2012）[8]。このような動向を受けて，ドイツでは，「営業的な自殺促進の可罰性」に関する連邦政府による刑法典の新 217 条草案が国会に出されたが，現段階では成立の見通しはないようである[9]〔その後，2015 年に「業としての自殺促進罪」として成立した。〕。これらは，厳密な意味での終末期医療の問題ではないが，終末期の意思決定をめぐる問題性をよく示している。

　ところが，人工延命措置の差控え・中止（尊厳死）の問題は，以上の問題と連動しつつも，それとは一線を画して，国内外で議論が続いている。この問題は，新たな人工延命技術がもたらしたものだけに，いかなるルールが「解決」をもたらすか，その判断は難しい[10]。なぜなら，そもそも何をもって「解決」というのか，それ自体が難問だからである。それでも，一定の場合には可能なかぎり犯罪行為としての性格を排除する方法で人工延命措置の差控え・中止を行うことが，患者にとっても患者の家族にとっても，そして医師にとっても望ましい，と言えよう。しかしながら，その「解決」モデルを獲得すること自体が難しい。日本でも，「終末期の医療における患者の意思の尊重に関する法律案（仮称）」（ただし未定稿）が国会に提出されるのではないか，

とも言われており，立法とガイドラインのいずれのルールが妥当かを含め，「解決」を迫られている。

　そこで，本章では，人工延命措置の差控え・中止（尊厳死）問題について，世界の諸制度の中から3つの「解決」モデルを抽出し，日本の議論を盛り込みながらその3つのモデルを検討することにしたい。第1のモデルは，アメリカ，ドイツ，そして日本（厚生労働省ガイドライン等）が採用する「自己決定モデル」であり，第2のモデルは，イギリスが採用する「最善の利益モデル」であり，第3のモデルは，フランスが採用する「治療義務限界モデル」である。もちろん，フランスも，「事前の指示書（directives anticipées）」を採用しているので，一定程度「自己決定モデル」を採用している，とも言えることから，このように単純にモデル化して分類できるとは言えない側面もある点に留意しておく必要がある。この点を踏まえて，以下，それらを順次検討し，最後に，若干の提言を行うことにする。

## 2　「自己決定モデル」とその検討

### 1　アメリカの議論

　「自己決定モデル」の代表は，アメリカの制度である。人工延命措置の差控え・中止（尊厳死）の問題は，1976年のアメリカ・ニュージャージー州のカレン・クィンラン事件判決（70 N.J. 10, 355 A. 2d 647）以来，延命拒否権という意味での自己決定権を柱に据えつつそれをプライバシー権に結び付けて，生命維持に対する優越的利益を例外として認める論理で展開されてきた。リビング・ウィルを中心とした各州の立法も，その方向にある。すでに分析したように，判例の中には，延命拒否について(a)患者本人の現実の意思表示がある事案群，(b)患者本人の事前の意思表示があるが現時点では意識喪失状態ないし意思決定能力がない事案群，そして(c)何ら本人の事前の意思表示がなく，家族・近親者が患者の過去の言動から患者の延命拒否の意思を推定する事案群があり，さらには(d)患者の言動からは何ら手がかりが得られずに家族が

延命拒否をする事案群がある[11]。このうち、(d)の事案群は、自己決定モデルからは除外される。逆に、(a)の事案群は、典型的な自己決定モデルに合致する。そして、(b)の事案群も、患者本人の事前の意思表示に変更がない、と認められれば、やはり自己決定モデルのカテゴリーに入れてよい。ナンシー・クルーザン事件でアメリカ合衆国連邦最高裁判所がミズーリ州の「明白かつ説得力ある証拠（clear and convincing evidence）」を要求する州法を憲法違反ではないとしたのは、その現れである（Cruzan v. Director, Missouri Dept. of Health, 110 S. Ct. 2841 (1990)）。問題は、(c)の事案群である。これを自己決定モデルに入れてよいか。厳密に考えれば、この事案群は、患者の意思を考慮しているが、家族の判断も入り込んでおり、いわば共同決定モデルとでも言うべきものである。現実にはこの事案が多い、と言われている。家族間で意見が分かれることもあるので、この事案群は、より慎重に扱う必要がある。

　いずれの事案群にも対応すべく考えられたのが、ニュージャージー州のコンロイ事件上告審判決（In re Conroy, 486 A. 2d 1209 (1985)）における3つのテストである[12]。同判決では、「代行判断（substituted judgement）」の際の代行決定方式として、(a)主観的テスト（代行決定者が患者の願望を十分に知ったうえで明確な証拠に基づいて決定する。）、(b)制限的・客観的テスト（患者の治療拒否を推定せしめるある程度信頼に値する証拠があるとき、および患者の生命保持の負担が生存利益より明らかに重いと決定者が判断するとき、差控え・中止〔抜去〕を認める。）、そして(c)純客観的テスト（患者の生の負担が生存利益より明らかに重く、治療実施がインヒューマンなものになる場合、主観的証拠なしで差控え・中止〔抜去〕を認める。）というテストが呈示された。主観的テストは患者本人の意思と同視してよいであろうし、制限的客観的テストも患者の意思の手がかりを探りつつ客観的状況を加味して判断するというものであるから、客観面の状況把握をきめ細かく行う体制が整えば自己決定モデルとして考慮に値すると思われる。しかし、純客観的テストは、すでに代行判断の枠組、したがって自己決定モデルを超えるものであり、例えば、遷延性植物状態の患者を単なる人体実験の客体としてのみ延命するとか、臓器確保のためにだけ延命する場合が考えられるが、むしろこ

のような過剰な延命措置の場合には「人体の不可侵性」という観点を内包する「人間の尊厳」に反するという論理で延命治療を中止すべきである，と思われる。以上の点に留意すれば，これは，日本でも導入可能なテストである。なお，アメリカでは，その後も自己決定モデルの周辺をめぐり議論は続いている[13]。

## 2　日本の議論

　つぎに，日本の議論は，総じてリビング・ウィルを中心としたものが多く，超党派の国会議員が提出を予定している法案（前出）も，その方向にあり，したがって，自己決定モデルが大きな柱となっている[14]。また，厚生労働省の2007年の「終末期医療の決定プロセスに関するガイドライン」が公的ルールになっているが，あくまで決定プロセスを重視するガイドラインであるとはいえ，患者の意思の確認ができる場合とそれができない場合に分けてルール化している点からすると，「手続モデル」の性質を有しながらも自己決定モデルの一種に組み入れることができるであろう。そして，より具体的には，日本医師会「終末期医療に関するガイドライン」（2007年），日本救急医学会・救急医療における終末期医療のあり方に関する特別委員会「救急医療における終末期医療のあり方に関するガイドライン」（2007年），日本循環器学会等による「循環器病の治療に関するガイドライン——循環器疾患における末期医療に関する提言」（2010年），日本老年医学会「高齢者ケアの意思決定プロセスに関するガイドライン——人工的水分・栄養補給の導入を中心として」（2012年）等，医学界の専門領域のガイドラインで対応しているのが現状である。〔その後，日本集中治療医学会・日本救急医学会・日本循環器学会が「救急・集中治療における終末期医療に関するガイイドライン——3学会からの提言——」を平成26年（2014年）11月4日付で公表している。〕

　他方，法実務に目をやると，かつて東海大学病院事件判決（横浜地判平成7・3・28判時1530号28頁）は，傍論ながら，治療中止の要件について言及し，患者の自己決定権と治療義務の限界を柱に据えるべきだ，と説いた[15]。すなわち，

232 第14章 人工延命措置の差控え・中止（尊厳死）問題の「解決」モデル

意味のない治療を打ち切って人間としての尊厳性を保って自然な死を迎えたいという患者の自己決定権の理論と、意味のない治療行為まで行うことはもはや義務ではないという医師の治療義務の限界を根拠に、以下の3要件の下に許容される。(1)治癒不可能な病気に冒され回復の見込みがなく死が避けられない末期状態にあること。(2)治療行為の中止を求める患者の意思表示が中止の時点で存在すること。中止検討段階で明確な意思表示が存在しないときには、患者の推定的意思によることを是認してよい。(3)中止の対象となる措置は、薬物療法、人工透析、人工呼吸器、輸血、栄養・水分補給など、疾病を治療するための治療措置および対症療法である治療措置、さらには生命維持のための治療措置など、すべてが対象となる、と。

その後、いわゆる射水市民病院事件等で人工延命措置の中止行為について捜査が行われたものの、最終的には不起訴処分になった。これに対して、川崎協同病院事件では、最後に筋弛緩剤を投与したこともあって医師の有罪の結論は免れ難いものであったが、東海大学事件判決の流れを受けて、治療中止について判断を示した第1審（横浜地判平成17・3・25判タ1185号114頁）は、次のような論理で本件行為の正当性を否定し、殺人罪（刑199条［平成16年法律156号による改正前のもの］）の成立を認めた（懲役3年執行猶予5年）。① 治療中止は、患者の自己決定の尊重と医学的判断に基づく治療義務の限界を根拠として認められる。② 終末期における患者の自己決定の尊重は、自殺や死ぬ権利を認めるというものではなく、あくまでも人間の尊厳、幸福追求権の発露として、各人が人間存在としての自己の生き方、生き様を自分で決め、それを実行していくことを貫徹し、全うする結果、最後の生き方、すなわち死の迎え方を自分で決めることができるということのいわば反射的なものである。③ 自己決定には、回復の見込みがなく死が目前に迫っていること、それを患者が正確に理解し判断能力を保持しているということが不可欠の前提である。④ 自己決定の前提として十分な情報（病状、考えられる治療・対処法、死期の見通し等）が提供され、それについての十分な説明がなされていること、患者の任意かつ真意に基づいた意思の表明がなされていることが必要である。⑤

病状の進行，容体の悪化等から，患者本人の任意な自己決定およびその意思の表明や真意の直接の確認ができない場合には，前記自己決定の趣旨にできるだけ沿い，これを尊重できるように患者の真意を探求していくほかない。⑥ その真意探求に当たっては，本人の事前の意思が記録化されているもの（リビング・ウイル等）や同居している家族等，患者の生き方・考え方等をよく知る者による患者の意思の推測等もその確認の有力な手がかりとなる。その探求にもかかわらず真意が不明であれば，「疑わしきは生命の利益に」医師は患者の生命保護を優先させ，医学的に最も適応した諸措置を継続すべきである。⑦ 医師が可能なかぎりの適切な治療を尽くし医学的に有効な治療が限界に達している状況に至れば，患者が望んでいる場合であっても，それが医学的にみて有害あるいは意味がない，と判断される治療については，医師においてその治療を続ける義務あるいはそれを行う義務は法的にはない。⑧ 医師の判断はあくまでも医学的な治療の有効性等に限られるべきであり，医師が本人の死に方に関する価値判断を患者に代わって行うことは相当でない[16]。本判決は，終末期医療の本質にかなり踏み込んだ重要なものである。

　ところが，第2審（東京高判平成19・2・28判タ1237号153頁）は，刑こそ軽くしたが（懲役1年6月執行猶予3年），第1審の自己決定のアプローチを批判し，「自己決定権による解釈だけで，治療中止を適法とすることには限界がある」とし，現実的な意思の確認といってもフィクションにならざるをえないとの立場から，刑法解釈論上無理がある，と説き，治療義務の限界というアプローチについても批判した。そして，「家族の意思を重視することは必要であるけれども，そこには終末期医療に伴う家族の経済的・精神的な負担等の回避という患者本人の気持ちには必ずしも沿わない思惑が入り込む危険性がつきまとう」，と判示した。

　第1審判決の論理は，自己決定モデルに軸足を置きつつ，治療義務の限界モデルにも依拠するという複合的な2本柱から成っているのが特徴である。後者の内容は，第2審が批判するように，やや不明確であり問題があるが，前者は妥当な方向を示している，と考える。特に，④で，自己決定について

234 第 14 章 人工延命措置の差控え・中止（尊厳死）問題の「解決」モデル

患者の任意かつ真意に基づいた意思表明がなされていることを原則としつつ，⑤で，患者本人の任意な自己決定およびその意思の表明や真意の直接の確認ができない場合には，自己決定の趣旨にできるだけ沿い，これを尊重できるように患者の真意を探求していくほかない，としている点，そして，⑥で，真意探求に当たっては，本人の事前の意思が記録化されているものや同居している家族等，患者の生き方・考え方等をよく知る者による患者の意思の推測等もその確認の有力な手がかりとなる，としている点は重要である。さらには，真意が不明であれば，「疑わしきは生命の利益に」患者の生命保護を優先させ，医学的に最も適応した諸措置を継続すべきである，としている点も看過してはならない。ただ，「真意の探求」に際して家族等による「患者の意思の推測」の部分が緩すぎるように思われる。これに対して，第 2 審判決が第 1 審判決の自己決定権アプローチを批判する論理には疑問を覚える。これまでの学説の理論的努力を考慮せず，それでいて「尊厳死の問題を抜本的に解決するには，尊厳死法の制定ないしこれに代わり得るガイドラインの策定が必要」とルール化を説くが，何ら論理も示さずに「ルールを皆で作れ」というのは，司法消極主義的色彩が強すぎる[17]。第 2 審判決に賛同する見解もあるが[18]，第 2 審判決による第 1 審判決の批判を克服する理論的努力をさらに積み重ねる必要がある。そして，自己の生を最期まで自分らしく生きることを保障する重要な砦として患者の延命拒否権を位置づけ，可能なかぎり「患者の真意の探求」の途を模索すべきだと考える。

　弁護人は，被告人は終末期にあった被害者の意思を推定するに足りる家族からの強い要請に基づき気管内チューブを抜管したものであり，本件抜管は法律上許容される治療中止である，と主張して上告したが，2009 年，最高裁は，上告を棄却した（最決平成 21・12・7 刑集 63 巻 11 号 1899 頁）[19]。決定要旨は，次のように述べる。

　　「上記の事実経過によれば，被害者が気管支ぜん息の重積発作を起こして入院した後，本件抜管時までに，同人の余命等を判断するために必要とされる脳

波等の検査は実施されておらず，発症からいまだ2週間の時点でもあり，その回復可能性や余命について的確な判断を下せる状況にはなかったものと認められる。そして，被害者は，本件時，こん睡状態にあったものであるところ，本件気管内チューブの抜管は，被害者の回復をあきらめた家族からの要請に基づき行われたものであるが，その要請は上記の状況から認められるとおり被害者の病状等について適切な情報が伝えられた上でされたものではなく，上記抜管行為が被害者の推定的意思に基づくということもできない。以上によれば，上記抜管行為は，法律上許容される治療中止には当たらないというべきである。」

　本決定は，事例判断でもあることから，特に新たな判断を示してはいないが，事実関係の中から敢えて，「気管内チューブの抜管は，被害者の回復をあきらめた家族からの要請に基づき行われたものであるが，その要請は上記の状況から認められるとおり被害者の病状等について適切な情報が伝えられた上でされたものではなく，上記抜管行為が被害者の推定的意思に基づくということもできない」という点を重視している点に注目する必要がある。これは，裏を返せば，最高裁自身が，被害者の病状等について適切な情報を伝え，かつ抜管行為が被害者の推定的意思に基づいていれば，気管内チューブの抜管は許容される，という解釈を認めているとも言えるのである。そうすると，日本の司法も，ある種の自己決定モデルに則っている，と解釈できる。

　以上の検討から，総じて，日本の司法の立場も，処罰に値するほどの一方的な延命治療中止を行わないかぎり犯罪として処罰するとは考えていないように思われる。もちろん，問題はそう簡単ではなく，事前の意思が不明な患者の場合，自己決定権だけを根拠とするのでは解決は難しく，また，認知症患者等の意思決定能力のない患者の場合も含め，「患者の最善の利益」，およびその反射的効果としての患者に有害な治療を中止するという意味での治療義務の限界論の再構築等を考慮したルールの導入も考えるべきであろう[20]。

## 3　ドイツにおける議論

　自己決定モデルを採用するドイツは，アメリカや日本とやや異なる点があ

236　第14章　人工延命措置の差控え・中止（尊厳死）問題の「解決」モデル

る。ドイツは，成年後見制度と終末期医療の問題を制度的に結び付けて議論をする。本人が意思決定できない状態になったとき，つまり延命拒否権としての自己決定権を行使できなくなったとき，例えば，人工延命治療ないし措置を差し控えるか中止するといったことを成年後見人が本人に代わって判断できるか。成年後見制度と終末期医療の問題との関係は，近時，ドイツでは世話人をめぐり刑事裁判となったケースが幾つかある。

### (a)　ドイツの終末期医療と成年後見制度をめぐる議論の生成過程

簡単に1980年代以降のドイツにおける終末期医療と成年後見制度をめぐる議論について振り返ってみよう。特に1984年7月4日のヴィティヒ（Wittig）事件連邦通常裁判所判決（BGHSt 32, 367）が議論の契機となった。本件は，自殺患者を救助せずに死にゆくにまかせた医師の不作為をめぐる刑事事件であったが，連邦通常裁判所は，違法だけれども責任はない，という論理で無罪の結論に至った[21]。その後，ドイツでは終末期医療について刑法改正による立法化論議が沸騰したが，決着せず，民法で対応しようという動きが高まった。そして，1990年には世話法（Betreuungsgesetz）が成立し，それに伴い民法も改正され，1986条以下に世話制度が導入された[22]。そして，1994年9月13日にはケンプテン（Kempten）事件について連邦通常裁判所刑事判決（BGHSt. 40, 257）が出された[23]。本件では，アルツハイマー病（認知症）を患った高齢患者（70歳）の人工栄養補給中止をめぐり，医師と患者の息子（後見人）が故殺未遂罪に問われたが，連邦通常裁判所は，患者がかなり前に「何となく」意思表示をしただけでは不十分だとして，世話人としての手続を踏まなければならないという理由で差戻しにしたのである。なお，差戻審で被告人は無罪となっている。本判決により，刑事事件においても世話制度が重要な意味を有することが自覚され始めたのである。

その後，21世紀に入り，2003年3月17日に民事事件ながら重要なリューベック（Lübeck）事件で連邦通常裁判所決定（BGHZ 154, 205 = NJW 2003, 1588）が出された[24]。本件は，心筋梗塞の結果，失外套症候群（Apallisches Syndrom）に罹患した患者の世話人に指定された息子が患者の事前指示（Patientenverfügung）に基づいて「ゾンデ挿管による栄養補給」中止を後見裁判所（後の世話裁判所）に求めた民事事件である。息子は，患者が自筆した事前指示書を提出した。その事前指示書によれば，不可逆的な意識喪失，最重度の継続的な脳障害もしくは身体の重要な生理的機能の継続的な障害に陥った場合，または致死性疾患の末期に至った場合において，もはや死の経過を引き延ばすことにしかならないのであれば，特に，いかなる集中治療も実施しないでほしいし，また，栄養補給は中止してほしい，ということであった。人工栄養補給の中止を求める息子の申立ては，後見裁判所により，許容されないものとして退けられた。ところが，連邦通常裁判所は，その決定を破棄し，差戻しの決定を下した。その際，(i)「人間の尊厳」からの帰結として，患者に同意能力がなく不可逆的な経過を辿り始めた場合は，「患者の事前指示」の意思表示に基づいて延命措置を中止すべきである，(ii)世話人は，医師や看護スタッフに対して，自己の法的責任および民法1901条の基準に従って患者の意思を表現し，認めさせなければならないが，医師から生命維持処置の申し出がある場合には家庭裁判所の許可がなければこれを拒否できない，と述べた。その判断においては，書面による意思表示が，患者の推定的意思の探求よりも優先されることが，初めて認められた。世話人の権限については，なお不明確な部分を残すとはいえ，患者の事前指示が法的に拘束力を有することが，判例によって認められることとなったのである。これで概ね，ドイツにおける自己決定モデルの基盤が築かれた，と言える。

　その前後，立法化に向けた動きが続々と出てくる。2002年には連邦審議会答申，2004年には司法大臣作業部会報告書，そして2005年には国家倫理評議会報告書が出された[25]。いずれも，総じて，患者の事前指示の立法化を提言する内容であった。アルビン・エーザーが指摘するように，「患者の事前指示は，資格審査のための相談を受けた後でのみ許容されるべきか否か，それどころか公正証書のような特別の形式的要件をも課されるべきか否か，についても公的議論が行われた。その際に念頭に置かれていたのは，オーストリアの段階づけモデル（Stufenmodell）である。このモデルによれば，『相談を経

た』患者の事前指示にのみ医師に対する拘束力が与えられるのに対して,『相談を経ていない』意思表示は,単に重視されるべきものにすぎない,というにとどまる」[26]。

## (b)　患者の事前指示法の成立

2006 年に刑法改正案「死にゆくことの看取り法対案 (Alternativentwurf eines Gesetz über Sterbebegleitung)」[27]がハインツ・シェヒ (Heinz Schöch) やトルステン・ヴェレル (Torsten Verrel) らによって出されたが,1986 年の『臨死介助法対案 (Alternativentwurf eines Gesetz über Sterbehilfe)』[28]が否決されたのと同様,この対案も否決され,ドイツは結局,2009 年に「世話法第 3 次改正」[29],すなわち「患者の事前指示法」に伴う民法改正に至ったのである。特に 1901a 条に新しい規定を 1 項から 3 項まで設けて,世話人の権限をかなり重視するという内容になった。ここでまず 2009 年の「世話法第 3 次改正法」について述べておこう。この法律により,自己が同意能力を喪失した場合に備え,特定の医療行為を受け入れるか否かについて患者の事前指示に基づき世話人がこの指示を実現しなければならない,という規定が民法 1901a 条および 1901b 条に盛り込まれることになった。民法 1904 条も改正された。この改正により,患者の事前指示が存在しないか,または患者の指示が実情に合わない場合には,世話人が被世話人の治療の希望もしくは推定的意思を確定し,医療措置への同意または拒絶を決定しなければならないことになったが,その際,被世話人の過去における口頭または書面による発言,倫理的または宗教的信念およびその他の個人的価値観も考慮されることになった。これが特徴的な点である。

いずれにせよ,全体的な傾向としては,事前のものであっても患者の意思を尊重しようというドイツの法学界,法曹界およびドイツ連邦医師会の立場が推進・強化された,と位置づけられる。これは,自己決定モデルの一完成形態とも言える。

## (c) 事前指示法成立後の判例の展開

## ① プッツ弁護士事件

　事前指示法成立後の展開をみると，2010 年には，2 つの重要な連邦通常裁判所判例が出た。1 件は，2010 年 6 月 25 日のヴォルフガング・プッツ（Wolfgang Putz）弁護士事件判決（BGHSt 55, 191）である[30]。緩和医療を専門に扱い，この資格に基づき 2 人の兄妹に助言を与えていたフルダ市のプッツ弁護士の行為が問題となった。

　2002 年の脳溢血以来，深昏睡状態にあり，それ以来もはや話すこともできず，老人ホームで胃ゾンデによって人工栄養補給を受けていた患者は，脳溢血の 1 か月ほど前に，娘に対し，もし自分が一旦意識喪失状態となり，もはや意思表示をすることができなくなったら，人工栄養補給や人工呼吸という形式での延命措置をとってほしくない，と述べていた。2005 年に夫が死亡した後に裁判所によって指名されていた患者の職権世話人（Berufsbetreuerin）に対し，娘は，胃ゾンデを彼女の母親から除去し，それによって母親が尊厳を保って死ぬことができるよう希望していた，と述べた。しかしながら，書面がなく，彼女によって世話を受けている患者の推定的意思が知られていなかったため，このことは職権世話人によって拒否された。2007 年 8 月に，息子と娘が母親の単独世話人に指名された後，同人らは，自ら主治医の支持を得て人工栄養補給を中止しようとした。なぜなら，この母親にとって，医学的適応性はもはやなくなっていたからである。ところが，療養所および療養所職員は，人工栄養補給の中止に抵抗した。療養所職員は，結局，妥協策を呈示した。それによれば，職員は，狭義の看護行為にのみ携わるべきであり，一方で，患者の子らは自らゾンデを通した栄養補給を中止し，必要な緩和ケアを行い，死にゆく母親の援助をすべきである，というものである。法的助言者として招聘された弁護士プッツがこの妥協策に理解を示したため，娘は，2007 年 12 月 20 日にゾンデを通した栄養補給を中止し，溶液補給も軽減し始めた。しかしながら，翌日，当該療養所には，運営会社全体の業務管理者によって次のような指示が与えられた。すなわち，人工栄養補給を早速再開し，

人工栄養補給の継続に同意しない場合には，患者の子らに対し住居への立入りを禁止する，と。このことについて，両人は，同弁護士から電話で，ゾンデのチューブを直接，腹壁越しに切断する旨の助言を得た。なぜなら，彼の法的状況の判断によれば，クリニックは専断的に新たなゾンデを装着できず，そうすれば，患者は尊厳を保って死ぬことができる，とされたからである。この提案を実行に移すべく，娘が兄の面前でただちにチューブを切断した。この出来事は数分後に早くも看護師によって発見され，療養所が警察を介入させた後，患者は，その子らの意思に反して検察官の指示によって病院へ搬送され，そこで，新たな胃ゾンデが彼女に取り付けられ，人工栄養補給が再開された。しかし，彼女は，2008年1月5日に同病院で，疾患のため自然死した[31]。

　チューブを切断した娘とその法的助言者プッツが，故殺未遂罪で起訴された。しかし，第1審において，娘には回避不可能な禁止の錯誤が認められて無罪とされたのに対し，弁護士は有罪とされ，執行猶予付きの9か月の自由刑が言い渡された。これに対し，上告審で弁護士は，無罪を宣告された。連邦通常裁判所は，従来の作為か不作為かという争点では解決にならないとして，「治療中止（Behandlungabbruch）」という独自の範疇を設定し，娘の行為は世話法に基づいたものであったということを解釈論上前面に出して，それを指示した弁護士についても無罪宣告に至ったのである。要するに，世話人の権限を重視し，民法1901a条を基にして刑法が解釈された，というのが特徴的である。もちろん，このような解釈に対しては，一部では民法に従属しすぎるという批判がなされているが，総じて，好意的に受け止められている。

　本判決についてエーザーは，次の7点を指摘している[32]。第1に，行為の性質に関することとして，例えば，連邦通常裁判所が，治療放棄と治療中止の分野に関し，その外面的な現象形態を重視しなかったがために，作為と不作為の伝統的な区別を放棄したという点，第2に，治療中止の正当化のために，連邦通常裁判所によって2つの要件，すなわち，治療中止は，(a)「現実的または推定的な患者の意思」に合致していなければならず（民法1901a条），か

つ(b)「その治療を受けなければ死に至りうる疾患プロセスにその経過を委ねること」に資する，という要件が呈示されたこと，第3に，(aについて）患者の意思の確認に関して，民法1901a条によって重要な基準が設定されたこと，第4に，(bについて）「治療を受けなければ死をもたらす疾患プロセスにその経過を委ねること」という志向的正当化要件（intentionale Rechtfertigungsvoraussetzung）に関することとして，これによって，確かに，治療関連性が必要であるということが保障されるべきであること，第5に，治療中止権限を持つ可能性がある者に関することとして，確かに一方では，治療関連性要件によって，「医療行為と関連のない生命への独自の干渉に第三者を誘う権利や，ましてやその請求権（の付与）」は保障されるべきではない，ということ（したがって，「承諾による正当化」が考慮されるのは，すでに開始された疾患プロセスに経過を委ねる状態を（再び）作出することに行為が限定される場合だけである。），第6に，本件によってほとんど誘発されていないので驚くべきことではあるが，死が早く発生しうることを受け容れ，医学的適応性を備えた措置も，生命維持治療の差控えまたは中止と同列に置かれることで，連邦通常裁判所によって，いわゆる「間接的臨死介助」についても立場決定がなされたこと，第7に，本判決によってもなお明らかにされていない点として，患者の事前指示や推定的承諾がない「一方的治療中止（einseitiger Behandlungsabbruch）」の事案において，一度開始された治療は限りなく継続されるべきなのか，という点があること，である。

　また，ヘニング・ローゼナウは，本判決が2つの重要な言明を含んでいる，と指摘する。「第1に，本判決は，第三帝国の経験に根差す安楽死のタブーを解消するものである。多くの者は，許容される臨死介助の形式が，積極的臨死介助から厳格に区別される，と考えようとする。これに対し，プッツ判決は，積極的に行われる殺人でさえ許容され，要請される状況が存在することを明らかにする。……『治療中止（Behandlungsabbruch）は不作為によっても，積極的作為によっても，行うことができる』という『公式の』要旨2は，こうした連邦通常裁判所の勇気に対する敬意を，はっきり表現している。[原文

242　第14章　人工延命措置の差控え・中止（尊厳死）問題の「解決」モデル

改行〕第2に，より重要なことであるが，ロクシン（Roxin）に由来する『作為による不作為』がフィクションであることが暴かれている。これにより，消極的臨死介助の問題は，棚上げされることになる。」[33]と。

　以上の点は，まさに本判決が投げかけた重要なものといえよう。無罪の結論は支持しうる。もっとも，医師が医療の場で適正手続を経て人工延命措置を中止することは不作為と考えられるが，医師以外の者が人工延命措置を中止することは，やはり作為と考えるほかなく，この判決で「治療中止」が法的に独自の行為概念として位置づけられるのであれば，やはり問題であるように思われる。

### ②　娘婿事件

　ところが，もう1件，同じ年の11月10日にケルンの「娘婿事件（Schwiegersohn-Fall）」（BGH NJW 2011, 161）の連邦通常裁判所決定が出された[34]。本件は，娘婿が世話人でもないのに，不十分な事前指示に基づいて義母の治療中止を独断で行った事件である。

　82歳の女性が，肺炎と心不全を疑われ，入院した。入院時，彼女は，意識があり，受け答えでき，容態がさらに悪化した場合にICU病棟に移ることを了承した。彼女は，3日後，敗血症を発症したため，同病棟で人工的な昏睡状態になり，医療機器に繋がれた。その際，彼女は，さらに挿管を施され，100％人工的な酸素供給を受けた。医師らの所見によれば，患者は，深刻な状態にあり，死亡するおそれはあるが，医学的見地からは，望みがないわけではなかった。娘は，電話で母親の危篤状態を知らされたが，彼女自身は行けなかった。そのため，代わりに，彼女の夫（患者の娘婿）が病院に駆け付けた。同病院で，娘婿は，患者の看護に取りかかろうとしていた男性看護師に，「どのみち全部中止することになる」のだから何もしなくてよい，と伝えた。患者の容態は深刻であるが，望みがないわけではない，という女医の異議を受けて，娘婿は，内容については知らないが，義母による患者の事前指示があることを伝えた。娘婿は，妻との電話で，義母がいかなる「延命措置」も望んでいないことを知った。しかし，その際，この希望が，あらゆる医療行為に向け

2 「自己決定モデル」とその検討　243

られているのではなく，単に，その措置が医学的見地からもはや何らの成果
も約束しない場合にのみ当てはまるものであることは，娘婿にとって明らか
であった。その後，娘婿は，医師らに種々の機器の取外しを要請したが，医
師らはこれを拒否したうえで，患者の事前指示書の提示を求めた。すると，
娘は，患者の事前指示書を FAX で ICU 病棟に送付してきた。この事前指示
書の中で，患者は，次のような事前指示をしていた。すなわち，自分が意思
決定無能力に陥った場合，「まさに死にゆく過程にあり，いかなる生命維持措
置も，有効な治療への展望もなしに，死または苦痛を引き延ばすことにしか
ならないと見込まれること，または，私の身体の重要な生理的機能が，回復
不能な致命傷を受けていること」が確認されるときには，「いかなる延命措置」
も行わないでほしい。これに対し，患者は，「積極的臨死介助措置」について
は明示的に拒否していた。娘婿は，この患者の事前指示を気にも留めずに，
機器の取外しを要請した。女医は，まずは患者の事前指示をさらに検討して
評価しなければならないとして，この要請を拒否した。すると，娘婿は，「あ
あそうか，それなら今自分でやってやるよ！」と言い放ち，機器のところに
行き，それを取り外し始めた。しかしながら，娘婿が酸素ポンプを取り外す
前に，男性看護師が急いで駆け付けてきた。娘婿は，暴力沙汰になる旨を告
げて，男性看護師を脅したが，男性看護師に酸素ポンプの取外しを阻まれた。
器具が再び取り付けられると，患者の容態は再び安定した。しかし，患者は，
同日夜，敗血症性ショックにより死亡した。なお，投薬ポンプの短時間の取
外しが死亡原因であったことは，証明されていない[35]。

　本件で，連邦通常裁判所は，故殺未遂罪で起訴された娘婿に対し，刑の施
行猶予付きの 2 年の自由刑を言い渡した。本決定について，エーザーは，娘
婿が刑の施行猶予付きの 2 年の自由刑を言い渡されたことは，結論として意
外ではない，としつつ，「患者の容態は，深刻であったが，望みがないわけで
はなかったのであるから，そもそも客観的に，患者の事前指示の要件は満た
されていなかった。また，主観的にも，被告人には，患者意思を実現しよう
という意思がなかった。なぜなら，被告人は，患者の事前指示に気を留める

244 第14章 人工延命措置の差控え・中止（尊厳死）問題の「解決」モデル

ことすらせずに，専断的・独断的に，患者の容態に関する医学的評価を無視したからである。さらに，被告人たる娘婿は，患者の意思を実現する権限を与えられていなかったという非難を甘受しなければならない。というのも，娘婿は，世話人に選任されたこともなければ，患者意思を探求し実現する代理権を与えられたこともなかったからである。」[36]と指摘している。本件は，手続を正確に踏んで患者の真意を実現することが刑法上も求められた事案と言えよう。

### ③ 小 括

以上の２つのドイツ連邦通常裁判所の判例は，日本における終末期医療と成年後見人の役割を将来的に考えるうえで，重要な意義を有するものと言える。そして，それぞれの判例についての２人の学者の指摘は，世話制度と刑事責任を考えるうえで，実に示唆深いものと言える[37]。もちろん，ドイツにおいても世話制度が終末期医療に適用される実例の割合はいまのところ10％代にとどまっていることからすると[38]，このモデルが「成功している」とは断言できない。しかし，希望者にこうした制度を保障しているということに意味があるのかもしれない。ドイツでのヒアリング調査では，以上のような世話制度が終末期医療の領域で定着した，と言われている[39]。また，ドイツ連邦医師会が1979年に看取りに関するガイドラインを策定して以降，法曹界の動向を踏まえて数次にわたって改定を加え（1998年以降は「原則」に変更），世話法第３次改正法を受けて，2011年にはさらに改定している[40]。

日本では，仮に現段階で成年後見制度と終末期医療の問題が直結しなくても，現行法上，近親者の判断を考慮しつつ，患者の事前指示を入念に汲み取る努力をする際に，ドイツの動向は大いに参考になるであろう[41]。現状では問題が多いとはいえ，十分な議論と実践を積み重ねていけば，将来，日本においても成年後見制度と終末期医療の問題をリンクして考えざるをえない時期が来る，と思われる。しかし，「自己決定モデル」だけ追求したのでは，実は，事前の意思表示を何らしていない患者や認知症患者等の意思決定能力のない患者に対応できない点など，現実の多くの問題は残されたままである。

そこで，それを補完するモデルを探求する必要がある。

## 3 補完モデルとしての「最善の利益モデル」と「治療義務の限界モデル」

### 1 「最善の利益モデル」

「自己決定モデル」の補完モデルとして考えられるのは，「最善の利益モデル」と「治療義務の限界モデル」である。簡潔にこられについて論じておこう。

まず，「最善の利益モデル」は，イギリスが採用するものである。イギリスにおける尊厳死でまず想起されるのが，1993年2月4日のアンソニー（愛称トニー）・ブランド（Anthony Bland）事件貴族院判決（Airedale NHS Trust v Bland, [1993] 1 All ER 821）[42]である。本件では，サッカー場で惨事に巻き込まれ，肺が押しつぶされ，脳への酸素供給ができなくなり，病院での濃厚治療にもかかわらず意識がなく，遷延性植物状態（persistent vegetative state＝PVS）が続いた患者（事件当時17歳，貴族院判決当時21歳）の鼻腔チューブによる人工栄養補給を中止してよいか，が争われた。貴族院は，1993年2月4日，5人の裁判官全員一致で上訴を棄却し，延命治療中止を認めた。代表的意見としてゴフ裁判官（Lord Goff of Chieveley）は，患者の意思の尊重（自己決定権の原則）を強調し，「この原則は，患者が意識を喪失するか意思を伝えることが不可能になる以前に拒否することを表明している場合にも，その事前の指示が事後に生じた状況においても適用可能なものである。」とし，「このような場合には，患者が自殺をしたことは問題にならないし，それゆえに医師が自殺教唆ないし幇助を行ったことも問題とならない。患者は，……延命効果のある処置に同意することを拒否する権利があり，また医師は患者の願望に従う義務が存在するにすぎない。」という前提に立脚して，本件のような患者の場合について次のように述べている。

「患者のケアを担当している医師には，いかなる場合にも延命義務が絶対

的に課せられるわけではない。」「強調しなければならないのは，患者の生命を延長することのできる治療やケアを提供し続けるか否かを医師が決定する場合と，例えば，致死薬を与えることによって積極的に患者を死に至らしめる場合とを，法が厳格に区別している点である。……前者は，医師が治療ないしケアを差し控えることによって患者の願望どおりにしているか，あるいは……患者が同意するか否かを表明できない状態にあるのであるから，合法である。しかし，医師が患者に致死薬を投与することは，たとえそれが苦痛を取り除くという人道主義的願望によるものであれ，しかも苦痛がどんなに大きいものであれ，合法とはいえない。」「生命維持措置を打ち切る医師の行為が適切にも不作為として範疇づけられうることに私も賛同する。……生命維持措置の打切りは，当面の目的に照らせば，最初から生命維持措置を施さないことと何ら異なるところはない。いずれの場合も，一定の条件で，事前に存在する条件の結果として患者が死ぬことを防止する手段を採ることを断念するという意味において，患者を死にゆくにまかせているにすぎないのである。そして，このような不作為の一般原則からして，それが患者に対する義務違反を構成しないかぎり，違法とはならないであろう。」「本件の核心にある問題は，その〔患者の最善の利益〕原則によれば，アンソニー・ブランドの治療とケアに対して責任を有する医師が，彼の延命が依拠する人工栄養補給処置を正当に打ち切ることができるか否か，という点にある。〔原文改行〕……問題は，医師が，もし続ければ患者の生命を延長するであろう治療やケアを患者に提供し続けるべきか否か，ということである。……問題は，このような形態の治療ないしケアを継続することによって患者の生命を延長することが患者の最善の利益 (best interests) となるか否か，である。」「本件のように，患者が完全に意識を喪失している状況の改善の見込みが何らない場合には，問題の定式化が特に重要である。このような状況においては，治療を終わらせることが患者の最善の利益になる，と言うことは，困難かもしれない。しかし，人工延命効果を有する治療を継続することが患者の最善の利益となるか否か，という問題が問われるならば，私見では，その問題は，そうする

ことが患者の最善の利益ではない，と解答するのが賢明である。」

　以上のように述べて，貴族院は，患者は延命処置に同意することを拒否する権利を認めつつ，意思決定能力のない患者の場合，患者の「最善の利益」テストを中心にして判断すべきだとすることを鮮明に打ち出したのである。そこから治療義務の限界も導かれるというわけである。しかも，アメリカの判例のように，「代行判断の法理」を採用しないことを明確に述べている。侵襲という要因を考えると，鼻腔チューブ等による人工栄養補給と人工呼吸器の使用とは，いずれも人工延命措置として同視しうるものと思われる。かくして，本判決は，イギリスにおいて大きな支持を得ており，大きな影響を今でも有している。「代行判断の法理」と「最善の利益テスト」との間に，どのような差異があるかについては，さらに検討する必要があるが，本判決は，イギリスの法的考えを入念に結集して本件に当てはめたものであり，自己決定権を否定するわけではなく，その論理で対応困難な意思決定能力のない患者の事案に対して「患者の最善の利益」というテストを用いて解決を図ろうとするものである。その際に，「プロフェッショナル・スタンダードを尊重すること」を重視している点にイギリスの特徴を見いだすことができる。そう言えるためには，医プロフェッションの自律意識と尊重に値する医療倫理の確立が不可欠である。そうなってはじめて，「医師と裁判官の相互理解こそが，健全な倫理的基盤に基づきつつ患者自身の利益ともなる」と言うことができるのである。そして，「患者の最善の利益」の中に何を盛り込むかが一定程度明確になれば，その方向性は，きわめて参考になる[43]。

　ここで注意すべきは，イギリスでは，法律ではなく，ガイドラインで人工延命措置の差控え・中止の問題に対応している点である。もっとも，2000年にはスコットランドで「意思決定能力なき成人法」（Adults with Incapacity (Scotland) Act 2000）が，2005年にはイングランドおよびウェールズで「精神能力法」（Mental Capacity Act）が成立して2007年に施行されたことも看過してはならない。なぜなら，これらの法律は，終末期医療に特化した法律ではないが，この問題を考えるうえで根底に置かれるべき重要規定だからである。

248　第 14 章　人工延命措置の差控え・中止（尊厳死）問題の「解決」モデル

1999 年に公表された英国医師会（British Medical Association ＝ BMA）の『延命治療の差控えと中止──意思決定のためのガイダンス──』は 2007 年に第 3 版となり[44]，臨床現場に影響力を持つ。この BMA ガイダンスによれば，「治療の第一義的目標は，できるかぎり患者の健康を回復しもしくは維持し，ベネフィット（benefit）を最大にし，そして害（harm）を最小にすることである。もし，意思決定を有する患者が治療を拒否するか，または，もし患者が意思決定能力を欠いていて，その治療が患者に対して最終的なベネフィットを提供することができなければ，その目標は達成できず，その治療は，倫理的および法的に，差し控えられるべきであるし，もしくは中止されるべきである。しかしながら，良き質をもったケアと症状の緩和は，継続されるべきである。」（para. 2.1）。ここに，BMA ガイダンスの基本的スタンスが出ている。そして，「必ずしも常にというわけではないが，患者の延命は，通常，その患者にベネフィットをもたらす。裁判所は，延命治療を提供することに好意的な強い推定があると強調したことがあるけれども，治療の質もしくは負担を無視して，いかなる犠牲を払ってでも延命することが医療の適切な目標であるとはかぎらない。」（para. 2.2）とも説く。これは，一般論として，妥当である。

　ここで延命治療とは，「患者の死を引き延ばす可能性のあるすべての治療もしくは措置」のことを言い，心肺蘇生，人工換気，化学療法ないし透析のような特殊な状況に用いられる特別治療，生命を脅かす可能性のある感染症に対して投与される抗生物質，人工栄養・水分が含まれる（para. 3.1）。また，「16 歳以上の患者は，反対のことが証明されないかぎり，自ら決定する能力を有する，と推定される。個人が当該決定を行う能力を有するかどうかについて疑いがある場合は，さらなる調査が行われるべきである。」（para. 4.1）とも述べる。これは，精神能力法 3 条 1 項の規定に沿うものである。その規定によれば，以下の 4 項目について行うことができなければ，その人は，意思決定ができない者とされる。⒜その決定にとって重要な情報を理解すること，⒝その情報を保持すること，⒞その情報を意思決定と行うプロセスの一部として利用し，もしくは重きを置くこと，⒟彼の決定を（会話か，サイン・ラ

ンゲージか，もしくはその他の手段によって）コミュニケートすること。

BMA ガイダンスの中で法的観点から重要なキーワードは，「ベネフィット」，「ハーム」，および「最善の利益」である[45]。そのうち，「最善の利益」について，BMA ガイダンスは，「自ら意思決定を行う能力がない患者の場合，治療が提供されるべきか否かの決定をするために用いられなければならないテストが，『最善の利益』である。これは，医療上の利益よりも広く，患者自身の願望および価値も含む。」と述べている（para. 9.1）。「最善の利益」が「医療上の利益」よりも広い点は，重要である。これは，純医学的判断では済まされないことを意味する。「これらの意思決定における重要な要因は，患者が自己の環境もしくは自己自身の生存について認識していると考えられるかどうか，である。」(para. 40.1)。この点について，精神能力法4条は，「最善の利益」の評価に際して考慮すべき3つの事項について，(1)本人の過去および現在の願望および感情（特に能力喪失以前に患者によってなされた書面による一切の言辞），(2)もし患者が能力を有していたならばその決定に影響を及ぼすであろう信念および価値，(3)もし患者がそうすることができるならば考慮するであろうその他の要因，を挙げている。

延命治療を提供することは，通常，精神能力を欠く患者の最善の利益であろうが，これは，必ずしもこの場合に常に当てはまるとはかぎらない。そこで，同ガイダンスは，延命治療の提供が患者の最善の利益となるかどうかを評価するに際して考慮されるべき要因の類型を以下のように9つ呈示している。(1)患者が意思決定能力を有していたときに行ったあらゆる文書による言辞を含む患者自身の願望および価値（これらが確認できる場合）。(2)提案された治療の効果に関する臨床上の判断。(3)手の施しようのない疼痛または苦痛を経験している患者の見込み (likelihood)。(4)患者が，例示されたようなその生存および環境について有している認知の程度。例えば，以下のものが挙げられる。——他者との交流能力。ただし，表明されたもの。——自ら方向づけた行動をする能力または自己の生のあらゆる面をコントロールする能力。(5)治療が提供された場合の患者の状態の改善の程度の見込みおよび範囲。(6)その

治療の侵襲性がその状況下で正当化されるかどうか。(7)患者が子どもの場合，その両親の見解。(8)指定されたヘルスケア代理人，福祉担当法定代理人，もしくは患者の弁護士の見解。(9)それについて患者が有益と見なすであろうことについての，患者と親しい人々，特に患者の近親者，パートナー，世話人の見解。

これらは，全体としてみると，良好なコミュニケーションに基づいた決定を重視しており，日本で「患者の最善の利益」について議論をする際にも考慮に値する内容である。そして，BMA ガイダンスが適切にも指摘するように，イギリスの裁判所は，意思決定能力のない成人の意思決定の基準として「代行判断」を拒否して，より客観的な「最善の利益」という評価を用いているが，実際は，「最善の利益」の評価の一部は，「代行判断」のいくつかの点に依拠している。したがって，「最善の利益」テストと「代行判断」テストとは，相矛盾するものではなく，相互補完的な部分もあるのではないか，と考える。そして，これらを前提として，BMA ガイダンスが「心理学的には治療を差し控えることのほうが，すでに開始された治療を中止することよりも容易であるけれども，その2つの行為の間に法的もしくは道徳的に重要な必然的相違はない。」(para. 15.1) と述べている点も重要である。日本では，事前の延命治療差控えに対してはかなり寛大に許容しつつ，一度開始した延命治療・措置に対しては，中止すれば殺人罪になる懸念があるとして過剰に抑制的であるが，これは，あまりに形式的な対応と言うべきである。

2010 年には最も権威のある英国一般医療審議会（General Medical Council＝GMC）報告書『終末期に向けた治療とケア：意思決定における良き実践』[46]が公表されたが，その基本的スタンスは，BMA ガイダンスと共通するものが多い。GMC ガイドラインの基本理念は，人の生命の尊重，患者の健康保護，尊重と尊厳をもって患者を処遇すること，および患者のケアであり，主に 12 か月以内に死亡するであろう患者を対象としている（para. 2）。延命治療の差控え・中止の場合，医師と患者の共同意思決定に基づき，しかも「患者の最善の利益」が中心に置かれる。また，(1)意思決定能力のある患者と (2)意思決

3 補完モデルとしての「最善の利益モデル」と「治療義務の限界モデル」 251

定能力のない患者に分けて対応をしている (para. 14-16)。特に後者の場合，患者の「最善の利益」のほか，家族の同意も考慮している (para. 17ff.)。さらに，「あなたは，患者の近親者およびヘルスケアチームに対して，その治療がチェックされ審査されることを明確に説明しなければならず，そして，その治療がベネフィットとの関係で患者にとって効果のない過大な負担を提供するものであれば，後の段階で中止することができる。」(para. 33) とも述べている。このように，GMC ガイドラインも，BMA ガイダンスと同様，延命治療の差控えと中止に法的・倫理的差異を認めていないのである。

　以上のように，「最善の利益モデル」を柱に，GMC ガイドラインが基本的枠組を示し，詳細は BMA ガイダンスが補足していくというのが，イギリスの終末期医療のルールである。


## 2　「治療義務の限界モデル」

　最後に，「治療義務の限界モデル」について論じておこう。フランスでは，2002 年に「病者の権利および保健制度の質に関する『法律』」が成立して，病者の権利を保障した後，2005 年に公衆衛生法典を一部改正した「病者の権利および終末期に関する法律」(Loi n° 2005-370 du 22 avril 2005 relative aux droits des malades et à la fin de vie：JO n° 95 du 23 avril 2005) が成立した[47]。その L. 1110-5 条1 項および 2 項では，予防，診察またはケアの「行為は，不合理な固執によって続行されてはならない。これらの行為が無益，不均衡，または生命の人工的な維持という効果のみをもたらすに過ぎない場合には，これらの行為を停止または差し控えることができる。」と規定する。ここには，生命・身体に関する問題をパブリックなものとして捉えるフランスの伝統が看取でき，人体への過剰な介入を規制するという意味での「治療義務の限界モデル」の一端を垣間見ることができる。確かに，これは重要である。川﨑協同病院事件第1 審判決が説く「治療義務の限界」がこの「不合理な固執」のことを意味するのであれば，第 2 審判決が批判するほどに不当とは言えないであろう。

　しかし，他方で，L. 1111-4 条 1 項は，「すべての者は，保健専門家ととも

252　第14章　人工延命措置の差控え・中止（尊厳死）問題の「解決」モデル

に，本人に提供された情報および勧奨を考慮に入れて，自らの健康に関する決定を行う。」と規定し，同条2項は，「医師は，本人の選択の結果に関する情報を提供した上で，その者の意思を尊重しなければならない。」と自己決定権の尊重を規定する。そして，同条5項で，「本人が意思を表明できなくなった場合には，その者の生命を危険に晒す可能性のある治療の制限または停止は，医師の職業倫理規範に規定された合議による手続を遵守することなく，かつL. 1111-6条に規定される受託者，または家族，もしくはそれがいない場合には近親者の1人の意見を，場合によっては本人の事前の指示書を参照することなく，行われてはならない。」と規定し，L. 1111-11条1項は，「すべての成年者は，将来意見を表明できなくなる場合のために，事前の指示書（directives anticipées）を作成することができる。これらの事前の指示書は，治療の制限または停止の要件に関する生命の末期についての本人の願望を示す。これらはいつでも撤回することができる。」と規定して，「事前の指示書」を導入している。したがって，ドイツと法形式こそ異なるものの，実質的には相違がないように思われる。ということは，「治療義務の限界モデル」は，それ自体では単独で「解決モデル」にはなりにくく，「自己決定モデル」を補完するモデルとして考えるべきことを意味している，と言えよう。

## 4　結　語

　以上の考察から，人工延命措置の差控え・中止（尊厳死）問題の「解決モデル」としては，「自己決定モデル」を基軸に据えて考え，事前の意思表示を何らしていない患者や自己決定を行使しえない患者の場合をも考慮して，「最善の利益モデル」と「治療義務限界モデル」を補完的に採用する「混合モデル」が妥当である，と考える。もちろん，刑法理論的には，「自己決定モデル」の範囲では違法性阻却が可能と考えるが，「最善の利益モデル」と「治療義務限界モデル」では違法性阻却がなお困難とも考えられ，責任阻却で対応するほかないであろう。後者の場合には，特にガイドラインでしっかり適正手続

を保障しておく必要がある。日本の刑事司法のこれまでの運用実態を分析すると，医師の独断による一方的な治療中止でないかぎり，こうした要件と適正手続に則っていれば，いわゆる尊厳死法がなくても，人工延命措置を中止しても医師が刑事責任を問われることがないであろう。しかし，いずれにせよ，患者の生存権および諸権利を十分に保障することがその前提であることは，私がこれまで何度も強調してきたところである[48]。安易な「他者決定」によって生命の切捨てが行われてはならない[49]。

1) 近年の動向については，甲斐克則編『医事法講座第 4 巻　終末期医療と医事法』（2013・信山社），甲斐克則＝谷田憲俊編『シリーズ生命倫理学 5　安楽死・尊厳死』（2012・丸善出版），理想 692 号「特集　終末期の意思決定──死の質の良さを求めて──」（2014・理想社）所収の諸論稿参照。
2) ベネルクス 3 国の安楽死の歴史および近年の動向については，山下邦也『オランダの安楽死』（2006・成文堂）の随所，ペーター・タック（甲斐克則編訳）『オランダ医事刑法の展開──安楽死・妊娠中絶・臓器移植──』（2009・慶應義塾大学出版会）1 頁以下，49 頁以下，59 頁以下，甲斐克則「オランダにおける安楽死・尊厳死」甲斐＝谷田編・前出注 1)『安楽死・尊厳死』218 頁以下，平野美紀「オランダにおける安楽死論議」甲斐編・前出注 1) 47 頁以下，甲斐克則「ベネルクス 3 国の安楽死法の比較検討」比較法学 46 巻 3 号（2013）85 頁以下〔本書第 10 章〕，〔甲斐克則「オランダの安楽死の現状と課題」前出注 1) 理想 692 号 18 頁以下〔本書第 11 章〕，および同誌掲載の関連論稿，盛永審一郎「ベネルクス 3 国安楽死法の比較研究(1)(2)」理想 691 号（2013）160 頁以下，同 692 号（2014）2 頁以下〔盛永審一郎監修『安楽死法：ベネルクス 3 国の比較と資料』（2016・東信堂），盛永審一郎『終末期医療を考えるために──検証オランダの安楽死から』（2016・丸善出版）〕参照。
3) この問題の動向については，神馬幸一「医師による自殺幇助（医師介助自殺）」甲斐＝谷田編・前出注 1) 163 頁以下，同「医師による自殺幇助（医師介助自殺）」甲斐編・前出注 1) 77 頁以下，谷直之「アメリカ合衆国における安楽死論議の礎石」同志社法学 56 巻 6 号（2005）741 頁以下〔佐藤雄一郎「PVS 患者の治療中止と政治的介入との関連をめぐって──アメリカ合衆国フロリグ州の一事件から──」生命倫理 Vol 15. No. 1（2005）135 頁以下〕等参照。
4) この点について，クンツ，カール＝ルートヴィヒ（神馬幸一訳）「スイスにおける臨死介助及び自殺介助」静岡大学法政研究 13 巻 2 号（2008）266 頁以下，シュワルツェネッガー，クリスティアン（神馬幸一訳）「自殺の誘発及び介助（スイス刑法第 115 条）における利己的な動機」静岡大学法政研究 13 巻

254 第 14 章 人工延命措置の差控え・中止（尊厳死）問題の「解決」モデル

2 号（2008）320 頁以下参照。
5）本判決の詳細については，甲斐克則「自殺幇助と患者の『死ぬ権利』──難病患者の『死ぬ権利』を否定した事例：プリティ判決」戸波江二ほか編『ヨーロッパ人権裁判所の判例』（2008・信山社）199 頁以下〔本書第 6 章〕参照。
6）詳細については，ペニー・ルイス（甲斐克則監訳：福山好典＝天田悠訳）「自殺幇助に関するインフォーマルな法の変容：検察官のための指針」早稲田法学 87 巻 1 号（2011）205 頁以下〔甲斐克則編訳『海外の安楽死・自殺幇助と法』（2015・慶應義塾大学出版会）25 頁以下所収〕，福山好典「自殺関与と刑事規制に関する一考察──イギリスの近時の動向を手がかりに──(1)(2・完)」早稲田大学大学院法研論集 143 号（2012）305 頁以下，144 号（2012）189 頁以下参照。
7）ルイス（甲斐監訳）・前出注 6)〔甲斐編訳・前出注 6)『海外の安楽死・自殺幇助と法』25 頁以下〕参照。
8）本件を含め関連事案について，2014 年 3 月 21 日にフランスのストラスブールにあるヨーロッパ人権裁判所に調査に行ったので，別途詳細に分析・検討する予定である。〔甲斐克則「自殺幇助についての近親者の権利──コッホ事件──」戸波江二ほか編『ヨーロッパ人権裁判所の判例 II』（2017・信山社刊行予定）参照。〕
9）2014 年 3 月 16 日から 22 日にかけてのドイツでのゲッチンゲン大学法学部グンナール・デュットゲ（Gunnar Duttge）教授，マックス・プランク外国・国際刑法研究所の名誉所長アルビン・エーザー（Albin Eser）博士およびハンス-ゲオルク・コッホ（Hans-Georg Koch）博士に対するヒアリング調査による。なお，ヘニング・ローゼナウ（甲斐克則＝福山好典訳）「ドイツにおける臨死介助および自殺幇助の権利」比較法学 47 巻 3 号（2014）216 頁以下〔甲斐編訳・前出注 6)『海外の安楽死・自殺幇助と法』83 頁以下所収〕参照。
10）甲斐克則『尊厳死と刑法』（2004・成文堂）1 頁以下参照。
11）20 世紀のアメリカの議論の詳細については，甲斐・前出注 10) 7 頁以下参照。
12）詳細については，甲斐・前出注 10) 192 頁以下，207 頁以下，同「意思決定無能力患者からの人工栄養補給チューブ撤去の許容性に関する重要判例──アメリカ・ニュージャージー州のコンロイ事件判決──」海保大研究報告 35 巻 1 号（1989）85 頁以下参照。
13）アメリカのその後の議論については，新谷一朗「アメリカにおける尊厳死」甲斐＝谷田編・前出注 1) 180 頁以下，同「アメリカにおける人工延命処置の差控え・中止（尊厳死）論議」甲斐編・前出注 1) 125 頁以下，谷直之「シャイボ事件──アメリカ合衆国における尊厳死をめぐる新展開──」同志社法学 57 巻 6 号（2006）355 頁以下，同「尊厳死に関する一考察──アメリカ合衆国の議論を素材として──」刑法雑誌 46 巻 3 号（2007）17 頁以下〔Nancy Berlinger ほか（前田正一監訳）『ヘイスティングス・センターガイドライン

生命維持治療と終末期ケアに関する方針決定』（2016・金芳堂）〕等参照。

14）日本の議論の整理については，甲斐克則「日本における人工延命措置の差控え・中止（尊厳死）」甲斐＝谷田編・前出注1）127頁以下，辰井聡子「治療不開始/中止行為の刑法的評価——『治療行為』としての正当化の試み」明治学院大学法学研究86号（2009）57頁以下，同「終末期医療とルールの在り方」甲斐編・前出注1）215頁以下，現代刑事法研究会「終末期医療と刑法」ジュリスト1377号（2009）95頁以下，井田良「終末期医療と刑法」ジュリスト1339号（2007）44頁以下参照。

15）詳細については，甲斐克則『安楽死と刑法』（2003・成文堂）163頁以下，同・前出注10）284頁以下参照。

16）第1審判決の詳細な分析については，甲斐克則「終末期医療・尊厳死と医師の刑事責任——川崎協同病院事件第1審判決に寄せて——」ジュリスト1293号（2005）98頁以下〔本書第1章〕，小林憲太郎「判批」刑事法ジャーナル2号（2006）84頁以下等参照。

17）町野朔「患者の自己決定権と医師の治療義務——川崎協同病院事件控訴審判決を契機として——」刑事法ジャーナル8号（2007）47頁以下，田中成明「尊厳死問題への法的対応の在り方」法曹時報60巻7号（2008）1頁以下参照。

18）例えば，辰井・前出注14）「治療不開始/中止行為の刑法的評価」95頁以下。なお，第2審判決については，橋爪隆「判批」『平成19年度重要判例解説』（2009）169頁以下，田坂晶「判批」同志社法学60巻8号（2009）443頁以下等参照。

19）最高裁決定については，武藤眞朗「判批」刑事法ジャーナル23号（2010）83頁以下，小田直樹「判批」『平成22年度重要判例解説』ジュリスト1420号（2011）200頁以下，同「治療行為と刑法」神戸法学年報26号（2010）1頁以下，加藤摩耶＝大城孟「判批」医事法26号（2011）219頁，甲斐克則「判批」甲斐克則＝手嶋豊編『医事法判例百選（第2版）』（2014）198頁以下等参照。

20）甲斐・前出注19）199頁。

21）当時の議論の詳細については，甲斐・前出注10）213頁以下，同「終末期医療における病者の自己決定の意義と法的限界」飯田亘之＝甲斐克則編『終末期医療と生命倫理』（2008・太陽出版）33頁以下〔本書第5章〕，武藤眞朗「ドイツにおける治療中止——ドイツにおける世話法改正と連邦通常裁判所判例をめぐって——」甲斐編・前出注1）185頁以下参照。

22）神谷遊「ドイツにおける無能力者制度および成年後見制度の新展開」ジュリスト967号（1990）82頁以下，同「成年後見制度をめぐる立法上の課題——いわゆる身上監護を中心として——」中川淳先生古稀祝賀論文集『新世紀へ向かう家族法』（1998・日本加除出版）337頁以下，新井誠「ドイツ成年者世話法の運用状況」ジュリスト1011号（1992）60頁以下，岩志和一郎「ドイツの世話制度と医療上の処置に対する同意」唄孝一＝石川稔編『家族と医療』

（1995・弘文堂）211 頁以下，同「ドイツにおける意思決定の代行——ドイツ世話法の動向を中心として」法律時報 67 巻 10 号（1995）17 頁以下，田山輝明『成年後見法制の研究（下巻）』（2000・成文堂），神野礼斉「医療における意思決定代行——ドイツ世話法の動向を中心として——」九州国際大学法学論集 8 巻 1 = 2 号（2001）89 頁以下参照。

23) 本判決の詳細については，甲斐・前出注 10) 233 頁以下，アルビン・エーザー（甲斐克則 = 三重野雄太郎訳）「近時の判例から見た臨死介助と自殺関与」刑事法ジャーナル 37 号（2013）57-58 頁参照。

24) 本決定の詳細については，武藤眞朗「人工的栄養補給の停止と患者の意思」東洋法学 49 巻 1 号（2005）12 頁以下，エーザー（甲斐 = 三重野訳）・前出注 23）58-59 頁参照。

25) これらの詳細については，甲斐・前出注 21) 35 頁以下，ドイツ連邦審議会答申（山本達監訳：松田純 = 宮島光志 = 馬淵浩二訳）『人間らしい死と自己決定終末期における事前指示——』（2006・知泉書館），カタリナ・ガウヘル「患者の自己決定権と臨死介助の規制——自己決定の手段としての患者指示に関するドイツ国家倫理評議会の報告（翻訳と解説）——」生命と医療・法と倫理 Vol. 1（2006・早稲田大学）36 頁以下参照。

26) アルビン・エーザー（甲斐克則 = 福山好典訳）「患者の事前指示と事前配慮代理権：臨死介助におけるそれらの刑法上の役割」比較法学 47 巻 2 号（2013）194 頁。

27) GA 2005, S. 553ff. 邦訳として，ドイツ語圏対案教授陣著（吉田敏雄訳）「対案臨死介護(1)(2)(3・完)」北海学園大学法学研究 42 巻 1 号（2006）317 頁以下，42 巻 2 号（2006）121 頁以下，42 巻 3 号（2006）99 頁以下がある。

28) 詳細については，甲斐・前出注 15) 80 頁以下参照。

29) 詳細については，エーザー（甲斐 = 福山訳）・前出注 26) 191 頁以下，特に 195 頁以下，新谷一朗「世話法の第 3 次改正法（患者の指示法）」年報医事法学 25 号（2010 年）201 頁以下，山口和人「『患者の指示（リビング・ウィル）』法の制定」外国の立法 240-2 号（2009）10 頁以下，神野礼斉「ドイツにおける任意後見制度の運用」公証法学 41 号（2011）1 頁以下，武藤・前出注 21) 190 頁以下参照。

30) 本判決の詳細については，甲斐克則「ドイツにおける延命治療中止に関する BGH 無罪判決」年報医事法学 26 号（2011）286 頁以下〔本書第 8 章〕，武藤・前出注 21) 194 頁以下，アルビン・エーザー（甲斐克則 = 天田悠訳）「治療中止，自殺帮助，および患者の事前指示——臨死介助における新たな展開と改正の努力について——」早稲田法学 88 巻 3 号（2013）246 頁以下，エーザー（甲斐 = 三重野訳）・前出注 23) 55-56 頁，59-61 頁参照。

31) 以上の事実の概要は，エーザー（甲斐 = 天田訳）・前出注 30) 246-247 頁による。

32) エーザー（甲斐 = 天田訳）・前出注 30) 248-250 頁。

33）ローゼナウ（甲斐＝福山訳）・前出注 9）210 頁〔甲斐編訳・前出注 6）『海外の安楽死・自殺幇助と法』88 頁〕。

34）本決定の詳細については，エーザー（甲斐＝三重野訳）・前出注 23）61-62 頁，エーザー（甲斐＝福山訳）・前出注 26）202-204 頁，武藤・前出注 21）198-201 頁，神野・前出注 29）21 頁以下参照。

35）以上の事実の概要は，エーザー（甲斐＝福山訳）・前出注 26）202-203 頁による。

36）エーザー（甲斐＝福山訳）・前出注 26）203-204 頁。

37）なお，ドイツの近時の学説の状況を入念に分析した論稿として，山本紘之「治療中止の不可罰性の根拠について」大東法学 23 巻 1 号（2013）97 頁以下がある。

38）松田純「事前医療指示の法制化は患者の自律に役立つか？――ドイツや米国などの経験から――」前出注 1）理想 692 号 86 頁参照。

39）前出注 9）で示したデュットゲ教授，エーザー博士およびコッホ博士へのヒアリングに加え，世話制度の専門家であるゲッチンゲン大学法学部フォルカー・リップ（Volker Lipp）教授（同大学医事法センター所長）および同大学医学部倫理アカデミーのアルフレッド・ジーモン（Alfred Siemon）博士へのヒアリングによる。Vgl. auch Torsten Verrel/Alfred Siemon, Patientenverfügungen. Rechtliche und ethische Aspekte, 2010.

40）詳細については，・武藤・前出注 21）201-205 頁参照。

41）神野礼斉「成年後見制度と終末期医療」甲斐編・前出注 1）135 頁以下は，この問題を包括的に考察している。〔さらに，神野礼斉「医療行為と家族の同意」広島法科大学院論集 12 号（2016）223 頁以下，甲斐克則「成年後見人と刑事責任」田山輝明編『成年後見：現状の課題と展望』（2014・日本加除出版）247 頁以下参照。〕

42）本件およびその判決の詳細については，すでに甲斐克則「イギリスにおける人工延命措置の差控え・中止（尊厳死）論議」甲斐編・前出注 1）147 頁以下〔本書第 12 章〕，特に 150 頁以下，および甲斐・前出注 10）271 頁以下参照。

43）以上の点は，甲斐・前出注 41）152-154 頁で指摘したところである。

44）British Medical Association（BMA), Withholding and Withdrawing Life-prolonging Medical Treatment ; Guidance for decision making, Third Edition, 2007.

45）これらの詳細については，甲斐・前出注 41）159 頁以下参照。

46）General Medical Council, Treatment and care towards the end of life : good practice in decision making 2010.

47）同法の邦訳については，本田まり訳・飯田＝甲斐編・前出注 21）223 頁以下，同法の成立経緯と内容の詳細については，本田まり「フランスにおける人工延命処置の差控え・中止（尊厳死）論議」甲斐編・前出注 1）165 頁以下

参照。以下の法文表記は，これらによる。なお，小出泰士「フランスの終末期における治療の差し控え・中止，緩和ケア，安楽死」前出注1）理想692号97頁以下，末道康之「終末期医療とフランス刑法」南山法学34巻2号（2011）29頁以下，藤野美都子「終末期：延命治療の拒否」ジュリスト1299号（2005）157頁以下参照。

48）甲斐・前出注10）289-290頁，同・前出注14）146頁等参照。

49）存在論的人格主義の立場からこの点を強調する見解として，秋葉悦子『人格主義生命倫理学――死にゆく者，生まれてくる者，医職の尊厳の尊重に向けて――』（2014・創文社）11頁以下，特に71-72頁参照。

## 終章

# 終末期の意思決定と自殺幇助
## ──各国の動向分析──

## 1 序──問題状況──

**1** 終末期医療と意思決定をめぐる問題は，各国で盛んに議論されている[1]。しかし，医師による積極的安楽死に関しては，それを立法で合法化したオランダ（2001年成立，2002年施行），ベルギー（2002年成立，2002年施行）およびルクセンブルク（2009年成立，2009年施行）といったベネルクス3国[2]を除けば，総じて積極的安楽死の合法化には消極的である。他方，人工延命措置の差控え・中止（尊厳死）の問題は，アメリカ合衆国のカリフォルニア州（1976年）をはじめ各州でリビング・ウィルを取り入れた制度（自然死法ないし尊厳死法）が立法化されたのを嚆矢として，フランスでも尊厳死法（2005年）が制定され，台湾では2016年1月に「患者自主権法」（尊厳死法）が成立し（施行は2019年），ドイツでは第3次世話法に基づき民法の中に「患者の事前指示」尊重を盛り込んだ法改正（2009年）がなされるなどしているほか，イギリス，スイス，日本のように医学界のガイドラインで対応している国もある[3]。尊厳死の問題は，一定の条件下で人工延命措置の差控え・中止を認める方向にある，と言ってよかろう。

**2** これに対して，医師による自殺幇助（physician assisted suicide＝PAS）をめぐる問題は，世界各国で揺れ動いている。1996年にアメリカ合衆国のオレゴン州で医師による自殺幇助を一定の条件下で合法化する「尊厳死法（Death with Dignity Act)」[4]が立法化されて以来，欧米を中心にこの問題が議論されてきた。2014年の11月にアメリカ合衆国のオレゴン州でブリタニー・メイナードさんの事件（その行動自体は同州の法律で合法）が起きたことを契機に，世界中に波紋が広がった。また，医師によらない自殺幇助も含め，スイスへの「自殺ツーリズム」がヨーロッパ各国で問題となっており，ヨーロッパ人権裁判所を巻き込んで議論がなされている。イギリスのように自殺関与罪の規定を有している国でも，検察官による訴追指針（2010年）が示されたほか，ドイツのように自殺関与罪の規定がない国で，業としての自殺幇助を処罰する刑法改正（2015年）がなされた例もある。

3　高齢社会が進行する中，終末期の意思決定の問題の一端として，自殺幇助をめぐる問題が深刻な問題解決を迫っている，ともいえる。もっとも，日本では，医師による自殺幇助の問題が具体的に発生しているわけではない。しかし，超高齢社会を突き進む現状からすると，海外の動向を正確に分析しておくことは，刑法解釈論としても，刑事政策論としても，さらには医事法の課題としても重要である，と考える。そこで，本章では，筆者が若いころから長年学術交流のある浅田和茂教授の古稀をお祝いすべく，終末期の意思決定と自殺幇助の問題について，ベネルクス3国（特にオランダ），アメリカ合衆国，イギリス，およびドイツを比較分析の対象として取り上げ，検討を加えることとする。

## 2　ベネルクス3国（特にオランダ）の動向

1　オランダでは，刑法294条2項で，「故意に他人の自殺を幇助し，またはその手段を提供した者は，自殺が実行されたときは，3年以下の拘禁刑または第4カテゴリーの罰金（18,500ユーロ）に処する。」と規定し，2001年に成立し2002年から施行された「要請に基づく生命終結および自殺幇助（審査手続）法」（以下「安楽死等審査法」という。）が要求する要件を充足すれば，医師に

よる積極的安楽死と同様に自殺幇助は刑事訴追をされない構造になっている[5]。

オランダにおける終末期の意思決定を主導的に調査している医学者のアグネス・ヴァン・デル・ハイデ（Agnes van der Heide）によれば，医師による自殺幇助は安楽死よりも優先されるべきにもかかわらず，安楽死よりもかなり頻度が低く，2005年の医師による自殺幇助は，死亡全体の0.1％，つまり約100件にすぎなかった[6]。医師による自殺幇助よりも安楽死が頻繁に選択される理由として，「医師は，生命終結行為をコントロールすることを望んでおり，また，患者が自ら薬剤を経口服用するときに生じやすい予想外の問題が生じた場合に医療上の援助をすることができるようにしておくことを望んでいる」点が挙げられている[7]。また，2014年のデータを見ても，安楽死は5,033件であるのに対して，自殺幇助は242件である[8]。自殺幇助以上に，オランダの安楽死の定着度をここに看取することができる。

**2**　オランダの刑法学者のペーター・タック（Peter J.P. Tak）によれば，むしろ最近問題になっているのは，「人生の完成と安楽死」である[9]。すなわち，タックは，安楽死等審査法が，人生が完成したという感覚に基づいて自己の生命を自ら終結したいと考える時に，自殺を幇助してもらいたい者たちへの答えになりうるか，という問題（いわば「自己安楽死」）を取り扱い，「同法は，人生が完成したと思った時に，医師の幇助を得て自己の生命を終結したいと望む者たちに，解決をもたらすには至らなかった。」[10]と指摘する。タックによれば，人生の完成に関する議論が1990年代初頭に始まった主な理由は，次の3点である。

第1に，いわゆるベビーブーマー（baby boomers）と呼ばれる人たちによる，人生における期待値（life expectancy）の増加である。すなわち，第2次世界大戦の終結から1950年代前半までに生まれた人々の多くは，高等教育を受けており，高給取りで，医療上のケアの発展のおかげで健康を保持しているので，苦しみ（suffering）は未知のものであり，人生はきわめて創造可能なもの

262　終章　終末期の意思決定と自殺幇助

であったし，多くの機会と選択肢に恵まれていたため，生命の尊厳に満ちた
終末期 (dignified end of life) への自由な選択は，彼らにとって，明白かつ自明な
ものであった。第2に，社会の世俗化 (secularization) である。すなわち，世俗
化は，宗教により押し付けられた規範と価値の喪失につながり，また同時に，
非宗教的な指導者と世論形成者らによる，新たな規範と価値の展開につな
がった，とする。第3に，個人主義化 (individualization) である。すなわち，世
俗化と，宗教的規範および価値の消滅，そして富の増加により，人々は，よ
り自分自身を重視するようになり，自身の幸福に関心を持つようになった，
と指摘する[11]。このような事情を背景に，人生の完成事案における安楽死の
議論をさらに加速させたのが，2002年のブロンヘルスマ事件 (Brongersma
case) における最高裁判決[12]である。

　本件は，有名な弁護士で，オランダ上院の元議員でもあったブロンヘルス
マ (要請当時86歳) が，耐え難い身体的苦痛もしくは精神的苦痛のいずれかに
より苦しんでいるわけでもないのに彼に対してなされた自殺幇助に関する事
案であり，彼の苦しみは，身体的および社会的衰弱と，他者への従属が強く
なることへの恐れ，そして孤独と彼自身の存在の喪失に起因する実存的性質
(existential nature) のものであった。高齢に由来するわずかな苦痛を除いて，
ブロンヘルスマには，いかなる身体的疾病も，精神医学上分類可能な疾患や
症状もなかった点が特徴的である。最高裁判決によると，このタイプの実存
的苦しみは，安楽死という医学的領域から外れるものであり，安楽死法の歴
史と，最高裁の独自の判例法に照らしてみると，実質的な意味において，医
学上分類可能な身体的または精神的疾病に起因する単なる苦痛こそが，医師
による故意の生命終結を適法化しうるものである[13]。しかし，この論理には，
なお判然としないものがある。このような事案まで安楽死法の趣旨を拡大し
てよいものであろうか。それにもかかわらず，オランダでは，王立オランダ
医師会 (KNMG) が，2003年に，人生の完成事案に関して王立オランダ医師会
に助言することを任務とする，ダイクース委員会 (Dijkhuis Committee) を立ち
上げ，2004年12月，「生の苦痛事案における生命終結の幇助の要請に，医師

はどう対応すべきか，という点に関する規範の調査」という題目で，ダイクース委員会の報告書が公表された[14]。しかし，その後，しばらくはこの議論は展開をみなかった。

　ところが，タックによれば，その後，By Free Will イニシアチブのいく人かの卓越した法律家たちは，安楽死法をモデルとした「高齢者に対してなされる死の幇助に関する審査手続法案」(Review Procedures on the Assistance to Die Administered to Elderly People Bill) を起草した。同法案は，相当の注意 (due care) を払い，かつ専門的な見地から，高齢者たちの要請に基づきその自殺を幇助する，資格を有し特別に訓練されたケア提供者 (care providers) のための，正当化抗弁 (justification defense) を導入するものだ，という。「正当化抗弁の必要不可欠な条件は，被幇助者が 70 歳以上でオランダ国籍を有していること，そしてケア提供者が相当の注意基準を満たしていること，である。特別に訓練されたケア提供者とは，心理学者やメンタルケア提供者を含む。ケア提供者は，その要請を表明した年配の者と何度も面談をする。なぜなら，当該年配者の意見に基づいて，その人生は完成するからである。」[15]この審査手続法案は，安楽死法とは異なり，厳格に医学的な視点ではなく，実存的な人間の本性の視点に立脚した，人生の完成をめぐる問題に焦点を当てたものである。したがって，この審査手続法案は，耐え難い苦痛を要請しないし，さらに，患者の自由な意思と完全な自己決定権から出発する。タックによれば，「これは，ケア提供者が，患者が専門的に支援を得るのを助けることを意味し，また，不可欠な条件が充足されているかどうかを確認した後，その生命終結を幇助することを意味する。また，主な違いとして，安楽死法における場合とは異なり，ケア提供者は自殺幇助を拒否することができない，という点も挙げられる。」[16]

　**3**　その後，王立医師会がこの問題の検討を行ったが，それ以上の動きは出なかったところ，2014 年から同法案が議会で審議され，専門家委員会が設置されて，2016 年 2 月に報告書「人生の完成 (Completed Life)」が公表された。

264 終章 終末期の意思決定と自殺幇助

詳細は割愛するが，タックによれば，同委員会は，完成した人生の状況を4つの群に分けている[17]。

1．安楽死法の範囲に入る状況。この状況において，耐え難い苦痛は，医学的な要因を有する。こうした状況は，これ以上に取り扱われることはない。なぜなら，同委員会は，同法の範囲から外れる群に集中しなくてはならなかったからである。
2．苦痛が医学的な要因を有するか否かが，必ずしも十分に明快ではない状況。
3．医学的な要因を伴う苦痛のない状況。および
4．まったく苦痛のない状況。

タックは，このような動きについて，次のように指摘している。すなわち，「人生の完成をめぐる議論は，倫理的問題にも対応しなければならない。主要な問題は，どのような道徳的および倫理的理由づけが，人生を完成させた人々に対してなされる自殺幇助が促進される，ということを正当化できるか，ということである。自律性（autonomy）と自己決定権は，絶対的に個人主義的なものというわけではなく，常に社会的な側面をも有している。自殺幇助を求める患者の利益だけでなく，自殺幇助をするよう求められている医師の利益もまた，そして人権保障と，とりわけ傷つきやすい市民群（vulnerable groups of citizen）の生命の保護を任務とする政府の利益もまた，議論においてひとつの役割を果たすべきである。なぜなら，正当化の抗弁，および要請された自殺幇助における刑事責任の免除が拡大される場合には，単なる患者の利益とは異なる利益，すなわち，公共の利益として生命を保護する政府の責任，といったような利益が，危険にさらされるからである。」[18]安楽死と同様，自殺幇助についても，やはりオランダから目が離せない。

4　なお，ベルギーでは，2002年に成立し施行された「安楽死に関する法

律」(安楽死法：2005 年，2014 年改正)[19]および刑法典は，自殺幇助について規定していておらず，人命不救助と法性決定される (刑法 422 条の 2 および 422 条の 3)。したがって，自殺幇助に関するデータは不明であるが，安楽死に含めて処理しているものと思われる。

これに対して，ルクセンブルクでは，2009 年に「安楽死および自殺幇助に関する法律」(安楽死法)[20]が成立し，自殺幇助についても規定に盛り込まれた。同法 2 条第 2 文によれば，「自殺幇助 (assistance au suicide) とは，本人の明白かつ自発的な要請に基づき，医師が，意図的に他者の自殺を助けるか，他者に対してそのような効果をもつ手段を提供することを意味する。」[21]と定義される。しかし，要件や手続は，安楽死とすべて同様であり，かなり詳細に規定されている。その意味では，自殺幇助に関してベルギーよりも厳格である，と言える。実施件数等のデータの有無は，まだ施行後の年数が短いことから不明である。

## 3　アメリカ合衆国の動向

**1**　アメリカ合衆国では，20 世紀末ころから，ミシガン州のジャック・ケヴォーキアン (Jack Kevorkian) 医師事件が注目されて以来，医師による自殺幇助が盛んに議論されるようになった[22]。ケヴォーキアン医師は，終末期の患者のために自殺装置 (死をもたらす効果のある一酸化炭素を投与するための装置) を開発して提供した一連の行為について自殺幇助罪で起訴されたが，1996 年，陪審裁判で無罪とされた[23]。しかし，これによって，医師による自殺幇助が一般的に適法となったわけではない。多くの州で，自殺幇助は依然として犯罪である。

しかし，医師が末期患者のために一定の要件のもとで行う自殺幇助を認めるべく，1994 年 11 月に住民投票によりオレゴン州の「尊厳死法 (The Oregon Death With Dignity Act ＝ Measure 16)」が成立した。同法は，末期病状の成人が自己の生命を終結させる明示的目的のために致命的な薬剤投与のための医師の

処方箋を得ることを認める内容であった。同法によれば，文書により処方・投薬を要求できる者は，18 歳以上で，「意思決定能力があり，オレゴン州の住民であり，そして主治医（attending physician）および顧問医（consulting physician）によって末期疾患に罹患していると確定された者，ならびに死にたいという自己の願望を任意的に表明した者」である（2 条 1 項）。同法に関しては，「末期疾患」についての分類もしくは保護範囲が，合理的に正当な国家の利益に必ずしも関係づけられてはおらず，合衆国憲法修正 14 条（平等保護条項）に違反するなどの理由で，同法の執行停止を求める訴えが提起され，1995 年 8 月 3 日，オレゴン州地方裁判所で違憲判決が下された[24]。これに対して，第 9 巡回区控訴裁判所は，1997 年 2 月 27 日，原告の「訴えの利益」を認めず，事件が成熟していない，という理由で地裁判決を破棄し，差し戻した[25]。これを契機に，オレゴン州では，同法の廃止提案（Measure 51）について住民投票が行われた結果，同法は維持されることになった[26]。そして，紆余曲折を経て同法は，1997 年に施行された。

　その後も，オレゴン州では，連邦薬物規制法（CSA）に関して 2001 年 11 月 6 日にジョン・アシュクロフト（John Ashcroft）司法長官が出したディレクティヴ（(1)規制薬物を自殺幇助に用いてはならない，(2)自殺幇助は「正当な医療目的」に当たらず，自殺幇助のために連邦法で規制された薬物を処方・使用することは CSA に違反する，(3)自殺幇助のために連邦法で規制された薬物を処方することによって，医師の司法相薬物取締局への登録は公益に反し，CSA の規定に基づきその登録を停止または取り消しうる。）に対して，翌 11 月 7 日，オレゴン州が司法長官らを相手に同ディレクティヴの差止め訴訟を提起した[27]。同連邦地裁は，2002 年 4 月 17 日，原告の訴えを認め，同ディレクティヴの効力を否定する差止め命令を出した[28]。連邦法の解釈問題として，正当な医療行為の内容・目的については各州の判断に委ねられるべきだ，というのがその論拠である。そして，2006 年 1 月 17 日，連邦最高裁は，オレゴン州法を維持する判決を言い渡した[29]。

　**2**　上記の動向と前後して，1997 年 6 月に，アメリカ合衆国連邦最高裁判

所がワシントン（グラックスバーグ）事件判決とヴァッコー（クゥイル）事件判決で自殺幇助の権利は存在しない、と明言するなど、歯止めがかかり始めた。

ワシントン（グラックスバーグ）事件では、ワシントン州の医師、末期患者および非営利団体 Compassion in Dying が、医師による自殺幇助の合法性を主張し、自殺幇助罪を規定する同州法が違憲であるという宣言的判決と、同法執行差止命令を求めて争った。同州連邦地裁は、同法がデュー・プロセス条項にも平等条項にも違反し、憲法違反である、と判断したが[30]、控訴審は、これを支持せず[31]、さらに限定的大法廷での再審理の結果、同法がデュー・プロセス条項違反として違憲と判断された[32]。ところが、連邦最高裁は、1997年6月26日、9対0の全員一致で、州法がデュー・プロセス条項に違反しないとして、破棄差戻しをした[33]。すなわち、「この国における自殺幇助の法律の取扱いの歴史は、ずっと、それを認めようとするほとんどすべての努力の拒絶の歴史であったし、現在もなおそうである。本件もそう言えるのであって、われわれの決定も、主張されている自殺幇助の『権利』は、デュー・プロセス条項によって保護された基本的な自由利益ではない、と結論づけざるをえない。」と判断したのである。

ニューヨーク州でも、類似の訴訟が起きた。3人の医師と3人の末期患者が、自殺幇助を犯罪とする同州法の違憲性を主張して訴訟を提起した。同州連邦地裁は、州法がデュー・プロセス条項にも平等条項にも違反しないとしたが[34]、控訴審は、人工延命措置の中止と死期を早める薬剤の処方箋を書いて患者が自己投与することに差異はないとして、医師による自殺幇助を禁止している州法が平等保護条項に違反し違憲である、と判示した[35]。これに対して、連邦最高裁は、1997年6月26日、生命維持治療を拒否することは自殺幇助と単純に同じだとは言えない、と判示し、同州法が平等保護条項に違反しないとして、9対0の全員一致で控訴審判決を破棄した[36]。

このような理解は、基本的に妥当である。人工延命措置の拒否の場合と医師による自殺幇助の場合とでは、日本の刑法に照らせば、構成要件レベルでは差異はないが、違法性判断において差が出る。なぜなら、前者の場合、「人

268　終章　終末期の意思決定と自殺幇助

工延命措置の強制に対する拒否権」の行使であり，生命維持利益とこれに対抗するプライバシー権（そっとしておかれる権利（right to be left alone））との拮抗の中で，後者に優越的利益を認めることができ，したがって，これは，正当な自己決定権の行使と考えられるが，後者の場合，最終的には患者が死ぬ行為を実行するとはいえ，致死薬を積極的に投与する医師の幇助行為は，「自殺の権利」が存在しないがゆえに生命維持に対抗する正当な利益を見いだしがたいからである[37]。

**3**　ところが，その後，医師による自殺幇助を合法化する州が少しずつ増えつつある。2008 年 11 月 4 日，ワシントン州では，「尊厳死法（The Washington Death With Dignity Act）」が成立した。同法は，オレゴン州尊厳死法に近い内容である。また，2009 年 12 月 31 日，モンタナ州最高裁判所は，同州司法長官に対して医師による自殺幇助を求めていた 70 歳代のロバート・バクスター氏らの主張を認める判決を下した[38]。これは，立法によらない手法であり，今後，他の州でもこの手法が採用される可能性がある。さらに，2013 年 5 月 20 日，ヴァーモント州で「終末期選択法（The End of Life Choices Law）」が成立し，即日施行されたほか，2014 年 1 月には，ニューメキシコ州でも「臨死介助法（Aid in Dying Act）」が成立している。このように，医師による自殺幇助が認められる州が増える傾向にあり，前述のオレゴン州のブリタニー・メイナード自殺事件（2014 年）の波紋もあって，世界中に議論が広がりつつある。

## 4　イギリスの動向

**1**　イギリスでは，積極的安楽死は認められていないが，自殺幇助については最近動きがあった。イギリスでは，自殺法（Suicide Act 1961）があり，自殺自体は処罰しないが，自殺関与罪が 2 条に規定されていることから，終末期にある病者が死を望んだ場合，その自殺に関与すると処罰されるため，そして，積極的安楽死は違法で処罰されるため[39]，終末期の意思決定をめぐり，

議論が起きた。すなわち，自殺幇助の合法性ないし不可罰性に向けた打開策を見いだす動きがある。

特に，進行性ニューロン病に罹患した女性が夫に自殺幇助を依頼するに当たり，公訴局長官（Director of Public Procecutions＝DPP）に起訴をしないよう請願書を出し，ヨーロッパ人権裁判所まで争った（そして最終的には棄却された）2002 年 7 月 29 日のダイアン・プリティ事件判決[40]は，世界の注目を浴びた。最終的に，「死ぬ権利」ないし「自殺の権利」はヨーロッパ人権条約には含まれない，という判決が下されたが，それ以後も，類似のいくつかの事件が起きたりして，制度が変容しつつある[41]。とりわけダニエル・ジェイムズ事件は，ラグビーの練習中に負傷して四肢麻痺と診断された青年（23 歳）が自殺に 3 度失敗した後，スイスの自殺幇助組織ディグニタス（DIGNITAS）に連絡し，両親と共にディグニタス・クリニックを訪れ，そこで医師が自殺を手助けした事案であるが，公訴局長官は，本件で両親および友人を刑事訴追することに公益はない，と判断した。両親が当初ダニエルに自殺をしないよう説得していた事情や非難可能性も先例より低い等の事情が考慮されて，そのような結論に至った[42]。

**2**　また，パーディ事件[43]では，治療法のない中枢神経系の慢性疾患である進行型多発性硬化症と診断されたデビー・パーディ（Debbie Purdy）が，症状の悪化に耐えられなくなり，自殺幇助を求めて，自殺幇助が適法な国（例えば，スイス）に渡航して死にたいと考えたが，夫を刑事訴追のリスクにさらしたくなかったので，2007 年 12 月 18 日に，事務弁護士（solicitor）を通じて自殺法 2 条 4 項に基づく DPP の裁量行使の基準を示す指針の策定などを求めた書簡を DPP に送付した。しかし，DPP はこれを拒否したので，パーディが司法審査を申し立てたが，高等法院女王座部合議法廷は，2008 年 10 月 29 日，彼女の訴えを却下し，控訴院も，2009 年 2 月 19 日，上訴を棄却した。ところが，彼女はさらに上訴して貴族院で争ったが，貴族院は，2009 年 7 月 30 日，欧州人権条約 8 条 1 項の「私生活の尊重を受ける権利」を考慮し，全員一致

でパーディの上訴を容認する判決を下した[44]。その理由は,「自殺幇助が合法な国に渡航する際に幇助を必要とする可能性が高い重度で不治の障害を負う者の事案において考慮される可能性が高い要素を明らかにすることを求める者にとって」,2004 年の検察官指針およびその後の展開が不十分という点にあった。かくして,貴族院は,DPP に対して,パーディ夫人のような事案において,「自殺法 2 条 1 項に基づく訴追に同意するか否かを決定する際に考慮するであろう事実関係を定める,当該犯罪に特化した指針を公表するよう要求する。」[45]と結論づけたのである。

**3**　その後,この判決を受けて,公訴局長官は,2009 年 9 月 23 日,自殺幇助の訴追について「自殺幇助事件に関する検察官のための暫定指針」[46]を公表し,その「暫定指針」についての意見募集を経て,2010 年 2 月 25 日,終局的な「自殺奨励または幇助事件に関する検察官指針」[47]が策定され,発効した。それは,訴追に有利な要素（Public interest factors tending in favour of prosecution）16 個（実質的には 14 個）と不利な要素（Public interest factors tending against prosecution）6 個を挙げており,それらが訴追の際の基準にされることになった。

　訴追に有利な公共利益要素は,以下のとおりである。(1) 被害者が 18 歳未満であった。(2) 被害者が自殺を遂行するためのインフォームド・ディシジョン（informed decision）に達する（Mental Capacity Act 2005 に定義されたような）能力を有していなかった。(3) 被害者が自殺を遂行するための自発的で明確で確定的なインフォームド・ディシジョンに達していなかった。(4) 被害者が被疑者に自己の自殺遂行のための決意を明確かつ明白に伝えていなかった。(5) 被害者が被疑者の奨励または幇助を自らまたは自己のイニシアチブで求めていなかった。(6) 被疑者が必ずしももっぱら同情によって動機づけられていなかった。例えば,被疑者は,自己または自己と親密な関係にある者が被害者の死から何らかの方法で利益を得ようという見込みによって動機づけられていた。(7) 被疑者が被害者に自殺を遂行するよう圧力をかけていた。(8) 他のいかなる者も被害者に自殺をするよう圧力をかけないようにするための合理的措

置を被疑者が講じていなかった。⑼被疑者が被害者への暴行または虐待歴を有していなかった。⑽幇助を構成する行為を被疑者が自ら身体的に行うことができた。⑾被疑者が被害者と面識がなく，かつ，例えば，ウェブサイトまたは刊行物を通して特定の情報を提供することにより，被害者が自殺を遂行し，または自殺未遂を遂行することを奨励または幇助した。⑿被疑者が相互に面識のない複数の被害者を奨励し，または幇助した。⒀被疑者が被害者または被害者と密接な関係にある者から自己の奨励または幇助にについて報酬を受けた。⒁被疑者が医師，看護師，その他ヘルスケア専門職者，ケア専門職者［有償か無償かを問わず］として，または看守のような監督者としての立場において行為しており，かつ被害者はその者のケアを受けていた。⒂公衆が現在するかもしれないと考えるのが合理的な公共の場所で被疑者が自殺しようとしていることを被疑者が知っていた。⒃（有償か無償かを問わず）他人が自殺するにまかせる物理的環境を提供することを目的とする組織または団体の管理者または従業員（有償か無償かを問わず）として被疑者が行為していた。

　これに対して，訴追に不利な公共利益要素は，以下のとおりである。⑴被害者が自発的で明確で確定的なインフォームド・ディシジョンに達していた。⑵被疑者がもっぱら同情によって動機づけられていた。⑶被疑者の行為は，犯罪の定義に十分該当するが，軽微な症例または幇助にすぎなかった。⑷被害者が自殺につながる行動をとるのを被疑者が思いとどまらせようとした。⑸被疑者の行為が被害者の確定的な自殺願望に直面して不本意な症例または幇助として特徴づけることができる。⑹被疑者が，被害者の自殺を警察に通報し，自殺または自殺未遂の状況および奨励または幇助における自己の役割分担に関する警察の捜査に十分に協力した。

　以上のDPP指針は，2010年の発効後，具体的事案に実際に適用されており，自殺幇助罪で訴追されたものはいない，という[48]。同指針による取組みは，イギリスらしい社会的実験であり，ペニー・ルイスが指摘する「インフォーマルな法の変容（informal legal change）」である。なお，2012年には「臨死介助に関する委員会（The Commission on Assisted Dying）」が400頁余りの浩瀚な『最

272 終章 終末期の意思決定と自殺幇助

終報告書』[49]を公表して，医師による自殺幇助のための明確な適用基準を設けることを提唱している。また，本章では紙面の都合で割愛したが，本章と関連する判例として，2014 年 6 月 25 日には，DPP 指針の明確化を求めるトニー・ニクリンソン（Tony Nicklinson）＝マーチン（Martin）事件の最高裁判所判決[50]が出されるなど，現在も揺れ動いており，こうした動向の最終評価を行うには，今後の動向に注目し続ける必要がある。

## 5 ドイツの動向

**1** ドイツでは，刑法典に自殺関与罪の規定がないにもかかわらず，古くから間接正犯の理論を用いて自殺関与者を殺人罪として一定の場合に処罰してきた[51]。しかし，終末期の患者については，自殺を図った患者を医師が死にゆくにまかせたヴィティヒ事件に関する 1984 年 7 月 4 日の連邦通常裁判所判決[52]が無罪（ただし，責任阻却が主な理由）を宣告して以後，議論が高まり，1986 年に公表された学者グループによる「臨死介助法対案（Alternative Entwurf der Sterbehilfe）」は，最終的には否決されたものの，215 条で「自殺不阻止」という項目のもとに，1 項で，「他人の自殺を阻止しない者は，その自殺が自由答責的で，明示的に表明されたかもしくは諸事情から真摯であると認識できる決定に基づいている場合，違法に行為するものではない。」と規定し，インパクトを与えた[53]。そして，1987 年 7 月 4 日のハッケタール事件ミュンヘン上級地裁決定[54]では，顔面の末期がんで苦しむ 60 歳の女性の自殺を医師が青酸カリ処方により幇助した事案（罪名は刑法 216 条の嘱託殺人罪）について，自己決定権の尊重という観点からその行為の正当化を認めた。それ以来，一定の場合に医師による自殺幇助を法的にも許容する方向が確認されていた。

**2** ところが，その射程範囲については必ずしも明確ではなかったこともあり，21 世紀になり，いくつかの事件が発生し，状況が変化する。以下，ア

5 ドイツの動向 273

ルビン・エーザーの分析[55]によりながら重要判例ないし事例を見ていこう。

　まず，2001 年 2 月 7 日の組織的自殺幇助に関するスイス「自由な死の同伴者事件」[56]では，スイスにある Exitus（英語で EXITS）という〔自殺援助〕団体の長であった被告人が，いわゆる「自由な死への同伴者」として長い間医師として働いていたところ，耐えがたい病状ゆえにもはやこれ以上長く生きたくないという多発性硬化症に苦しむドイツの女性に，自殺するための薬剤の調達を強く頼まれた。彼は，医師の所見と面談に基づいて，彼女の死の願望は本心によるものである，ということを確かめた後に，スイスで，致死量の 10 g のペントバルビタールナトリウムの粉末を調達し，ドイツの女性のもとへ届け，彼女に「自由な死の宣言書」に記入させ，彼女の夫の面前で薬を水に溶かして，それを女性に渡してすぐに服用させた。彼女は，3 分ほどで意識喪失状態に陥り，何らかの救助の試みがなされても無益に終わる状態であり，30 分以内に死にゆく状態であった。「自由な死への同伴者」である被告人は，麻薬の可罰的な輸入と譲渡でのみ訴追され，最終的には刑の留保（刑法 59 条）に付され，戒告となったが，連邦通常裁判所は，完全に有責な行為者の自殺への関与は，確かに，正犯行為がないので不可罰であろうが，自殺は法秩序により違法であると価値づけられ，他者による自由な死への関与は原則として承認されない，と述べた。

　つぎに，2003 年 5 月 20 日のハンブルク「ごみコンテナ事件」[57]では，兵役に服する 20 歳の看護師が，進行性の筋ジストロフィーを患った施設入所者に，通常外の性的興奮を満たすのを介助するよう頼まれたため，その入所者を裸の状態で 2 つのごみ袋に入れた。上方のごみ袋には，頭部用の隙間が切られていたが，2 つのごみ袋は，小さな隙間に至るまで完全に張り合わされていた。その後，入所者は，氷点程の外気温の中，一部，物で一杯となったコンテナに放置されたが，彼は，後に他のごみ袋でコンテナの隙間が埋められ，ごみ収集人により焼却施設に運ばれ，そこで焼かれるつもりであった。翌朝になってはじめて，窒息と寒さにより死亡した後に，彼は，コンテナの中から発見された。第 1 審の少年部では，その看護師は，故意殺人（刑法 212

条）または過失致死（刑法222条）について無罪判決を受けた。理由は，ロクシンが言う意味での「価値の考慮」の下では不可罰的な自己危殆化と同等な承諾に基づく他者危殆化であったため，それに関与することも不可罰だから，というものである。

連邦通常裁判所も，「自己答責的な行為の犠牲者の自己答責の原則」に則って，危険性に伴って意識されるようになったリスクが現実化した場合に，意図され，現実化された自己危殆化が傷害罪ないし殺人罪の構成要件に該当しないかぎりではこうした解釈を支持したが，有責な行為関与者が「死に至る現象の全計画を実行する際に危険支配が自由にできたのか，それとも自殺者の道具として振る舞ったのか」が重要であるとして，後者は，看護師自身の手による危殆化行為の実行に直面して，死に至る現象を通じて自殺者を生きることに疲れさせ，生じた錯誤の助けを借りて自殺者を彼自身の手で彼に対する道具にさせた場合にのみ認められるが，原審はその点の認定が不十分だとして，破棄差戻しにした。

さらに，2010年7月30日の，アルツハイマー型認知症（Alzheimer-Demenz）の疑いがあるとの診断を受けるまで，進行性の記憶障害で多くの神経科医を訪ねていた夫人の「お別れ会事件」[58]では，ゆっくりと進行する認知症による衰弱から逃れるために，その夫人は，完全に精神的に明晰なうちに，病状がはっきりと現れるまで生き永らえていたくない，という決意を固めた。医学的にも法的にも広範な情報を得た後，彼女は，その時点から2年後に，すでに何年も前から最終的な死の望みについて知らされていた家族をお別れ会に招待した。［家族と］一緒に晩餐を囲んだ後に，彼女は，致死量の薬剤を飲み込み，もう1度一緒にシャンパンを飲んだ後，眠くなってベッドに入り，その場で近親者らは，母親に別れを告げた。その後，近親者らは，最終的に死の発生が確認されるまで母親のベッドの傍に座り，その手を握りしめていたが，それ以前に彼女を救う何らかの試みは行われていなかった。以上の点について，居合わせた近親者らに対してミュンヘン検事局が不作為による故殺罪（刑法212条，13条）に基づく捜査手続を開始したが，その手続を中止した。

エーザーによれば，その主な理由は，第1に，上述のハッケタール事件ミュンヘン上級地裁決定が示したように，親族関係または医療行為の委任から発生しうる保障人義務は，自由答責的に捉えられた自殺者の自殺意思によって制限される，というものである。第2に，「自由答責的に下される人間の決定は，行為無能力状態ないし意識喪失状態となった後も拘束力を有するべきである。」ということが，刑法の領域についても言える，というものである[59]。

　以上のドイツ司法の動向は，基本的にはハッケタール事件ミュンヘン上級地裁決定以来の自殺幇助に対する一貫した立場である，と言えよう。


　**3**　しかし，ヨーロッパ人権裁判所判決との関係では，様相が異なる。上述の2001年2月7日の組織的自殺幇助に関するスイス「自由な死の同伴者事件」のように，組織的自殺幇助に関しては，ドイツも，慎重な姿勢を取っており，薬剤調達事件と呼ばれる2011年1月20日のハース（Haas）事件ヨーロッパ人権裁判所判決[60]では，一方で，その者が自身の意思を自由に形成し，それに従って行為しうることを前提として，「自己の生命をいかにして，どの時点で終結させるべきかを決める個人の権利」というものを，欧州人権条約8条における意味での「私生活を尊重される権利」の一部として理解しつつも，他方で，国家は，自殺の決定が自由に，かつすべての事情を知ったうえでなされたわけではない場合に，欧州人権条約2条で保障されている「生命権」の保護のために，「人が自殺するのを阻止すること」を義務づけられている，と述べた。しかし，いかにして国家がこの保護義務を履行し，考えられうる濫用を防ぐかは，国家に，相当な自由裁量の余地が認められており，それに応じて，国家は自殺を減らすための措置を講じることを拒むことができる，とも述べている。

　また，2012年7月19日のコッホ（Koch）事件ヨーロッパ人権裁判所判決[61]では，ドイツ在住の四肢麻痺の高齢女性が自殺のための薬物を連邦薬務局に申請して拒否され，ヨーロッパ人権裁判所に訴えたが，同裁判所は，2012年7月19日に訴えを却下した。事案を見てみよう。

申立人ウルリッヒ・コッホ（Ulrich Koch：1943年生まれの男性）の妻（B.K.）は，2002年に自宅のドアの階段の前で転んで以来，全身の感覚運動性四肢麻痺（total sensorimotor quadriplegia）に罹患し，人工呼吸とナーシングスタッフによる一貫したケアおよび援助が必要な状態であり，痙攣もあった。医学的所見によれば，少なくとも15年以上の生存の期待があった。ところが，申立人は，妻の自殺幇助をすることにより，尊厳なき生を終結させることを望んだ。申立人夫婦は，援助を受けるため，スイスの自殺援助組織であるディグニタス（DIGNITAS）に連絡を取った。2004年11月，妻は，連邦薬務局に睡眠薬ペントバルビタールナトリウム（pentobarbital of sodium）15gを獲得すべく認可申請したが，それは，自宅で死ぬことのできる致死量であった。しかし，同年12月16日，連邦薬務局は，ドイツ麻薬取締法（the German Narcotics Act＝Betäubungsmittelgesetz）5条1項6号を根拠にしてその承認を拒否した。連邦薬務局の認定によれば，自殺したいとの彼女の願望は，本人の必要なメディカルケアを保証するという同法の目的に完全に反するものであった。それゆえ，生存を支援するか生命を維持する目的のためにのみ認可は認められうるのであって，生命終結を手助けする目的のためには認められない，と。2005年1月14日，申立人と妻は，連邦薬務局に抗議し，同年2月，700キロメートル以上も離れた距離を10時間以上もかけて，ブラウンシュバイクからスイスのチューリヒまで妻を背中のストレッチャーに背負って旅した。同年2月12日，妻は，そこでディグニタスによる援助で自殺した。

本件でヨーロッパ人権裁判所は，2012年7月19日，ヨーロッパ人権条約8条の権利に基づく申立人の原告適格性を認めつつも，ドイツ連邦薬務局による制限に関するケルン行政裁判所の請求却下判決を退け，「死ぬ権利」を正面から認めることはしていない。その後も，同裁判所では，この種の裁判が続いているが，基本的スタンスは変わっていない[62]。

**4** しかしながら，ヘニング・ローゼナウによれば，2005年以降，ドイツでも，スイスへの自殺ツーリズムのみならず，国内で臨死介助組織，例えば，

ディグニタス（DIGNITAS）やイグジット（EXITS）のようなスイスの施設の支部が設立されてきたことから，政府は，この傾向に懸念を抱き，こうした行為の処罰を要求することにより，この動向に対応した[63]。それは，刑法草案の新217条「営業的な自殺促進（gewerbsmäßige Förderung der Selbsttötung）の罪」をめぐる議論として表れ，営業的な自殺促進の構成要件を創設するための2012年10月22日の連邦政府草案が議会で審議され，議論された。同草案には，以下の文言が含まれていた。

> 「⑴意図的に，営業として他人に自殺の機会を付与し，調達し，又は斡旋した者は，3年以下の自由刑又は罰金に処する。
> ⑵営業として行為しなかった関与者は，第1項に掲げる他人が自己の近親者又はその他の自己と親密な者であるときは，罰しない。」

この草案について，ローゼナウは，「キリスト教民主同盟／キリスト教社会同盟（CDU/CSU）内部の保守勢力が，さらなることを欲して，あらゆる組織的臨死介助の禁止を要求しているため，本草案は，さしあたり暗礁に乗り上げている。本草案は，幸運にも，暗礁に乗り上げている。なぜなら，本草案は，① 歴史を無視しており，② 解釈論的に無理があり，③ 憲法違反であり，④ 医療倫理的・法政策的に誤りであるからである。」と指摘していたし[64]，学説も総じてこの草案に批判的であった。ローゼナウは，その批判の中で，次のような興味深い論理を展開している。

「この提案は，正統な刑法の限界を無視するものである。合憲的な処罰規定の要件は，当該規定が他者または公共の保護に資することである。この場合にのみ，処罰規定は，比例性原則（Verhältnismäßigkeitsgrundsatz）に合致し，基本法2条2項第2文の人身の自由への侵害であるところの，差し迫る自由剥奪を正統化しうるのである。すでに刑法草案217条の保護法益について，疑問がある。なぜなら，自己の自殺権を実現する者は，その際，介助を受けることができなければならないからである。自由答責的に行為する自殺者の個人法益としての生命は，決して保護法益たりえない。比例性の吟味に関わり

うる，保護すべき法益は，まったく存在しない。

　営業的な行為は，この点を何ら変更するものではない。そもそも，営業性のような純粋に刑罰加重的な要素によって可罰性を創出することは，体系的に誤りであるように思われる。医師もまた営業的に行為し，それゆえ処罰規定の対象となることを排除しえないという理由からしても，営業性の概念にはきわめて問題がある。反復的な行為遂行により，ある程度の期間・範囲における継続的な収入源を獲得しようとする者は，営業的に行為するものである。なるほど，関連する料金規定は，自殺の看取りを独立の業務として決算することを予定していない。しかし，自殺の看取りは，医師の日常において，終末期の意思決定に関連する医師の通常の業務や助言から完全に切り離しうるものではないので，すでに医師の通常の報酬を通じて，同じくその報酬と結び付いた自殺幇助という営業的行為が行われることになるのである。」[65]

　この指摘は，この草案に対する核心を衝いた批判といえよう。ローゼナウは，現行法でも処罰の間隙はほとんど生じないという観点から，さらに踏み込んで，「生きることに疲れた者に自由答責性が欠ける場合，刑法222条の過失致死罪で処罰されるし，故意があれば，それどころか，刑法212条，25条1項後段の故殺罪の間接正犯で処罰されるからである。実のところ，本草案は，社会的に表明された憤慨に反応し，単なる道徳観を刑法の規範にまで高めるものである。これは，刑法における『最終手段』原理に違反するものである。この原理は，近時，連邦憲法裁判所が，近親相姦決定（Inzest-Entscheidung：BVerfGE 120, 224, 239f.）で，再び，立法者をして，刑法の限界として，留意させたものである。」[66]と厳しく批判する。しかも，「臨死介助組織の犯罪化は，自殺意思を有する者を悲惨な自殺に追い遣るものだ」として法政策的な誤りを指摘するに際して，「本草案からは，ドイツではだれでも自殺することが許されるが，そのためには，橋から飛び降りるか，列車の前に飛び込むか，または，首を吊るかしなければならない，という破滅的なシグナルが発されている。」[67]と説いているのは，迫力がある。

　しかし，2015年11月6日に，この草案は，「営業的な自殺促進（gewerbsmäßige Förderung der Selbsttötung)」が、「業としての自殺促進（geschäftsmäßige Förderung der Selbsttötung）」という文言に修正されて連邦議会で可決され，同年 12 月 10 日に施行されている[68]。新たな刑法典 217 条の条文は，以下のとおりである。

> 「(1) 意図的に，業として他人に自殺の機会を付与し，調達し，又は幹旋した者は，3 年以下の自由刑又は罰金に処する。
> (2) 業として行為しなかった関与者は，第 1 項に掲げる他人が自己の近親者又はその他の自己と親密な者であるときは，罰しない。」

　一部の文言が変わっても，本質的な内容の変更はないだけに，本条の運用に際して，ローゼナウが指摘する問題点が今後どのように克服されていくのか，注目したい。

## 6　結　語——日本における議論の方向性——

　以上，比較法的観点から，終末期の意思決定と自殺幇助に関する海外の動向を概観してきたが，日本の刑法解釈論および立法論からすると，これらをどう受け止めるべきでろうか。現行刑法 202 条の自殺関与罪を改正する必要がないことは，おそらく異論がないであろう。したがって，刑法解釈論として，特に自殺幇助のすべての場合が可罰的か，という問題設定をすることの是非になる，と思われる。より厳密に考えると，自殺幇助にも，致死薬を提供するといった積極的自殺幇助と自ら死にゆく状態を見守るといった消極的自殺幇助がある，と考えられる。一般論として，構成要件段階で両者を区別することは困難と思われる。しかし，終末期の意思決定との関係で，違法性阻却について考えると，積極的に致死薬や器具を提供するなどの行為は違法性阻却が困難であろうが，不作為の形式で死にゆく状態を見守るように消極的に関与する場合や，作為であっても消極的な形式で相談にのる程度の行為であれば，そこに結果発生への因果的な寄与はあまりなく，自殺患者の意思

280　終章　終末期の意思決定と自殺幇助

決定を尊重して，違法性阻却の余地があるかもしれないし，少なくとも，責任阻却は認められるであろう。あるいは，イギリスの DPP 指針のように，刑事訴追の段階で訴追を控える事案もある，と考えられる。今後，刑事政策論も射程に入れて，比較法的知見を参考にしつつ，これらの問題を慎重に検討すべきものと思われる。

1) 近時の動向については，甲斐克則編訳『海外の安楽死・自殺幇助と法』（2015・慶應義塾大学出版会），神馬幸一「医師による自殺幇助（医師介助自殺）」甲斐克則＝谷田憲俊編『シリーズ生命倫理学第 5 巻　安楽死・尊厳死』（2013・丸善出版）163 頁以下，同「医師による自殺幇助（医師介助自殺）」甲斐克則編『医事法講座第 4 巻　終末期医療と医事法』（2013・信山社）77 頁以下参照。

2) ベネルクス 3 国の安楽死の詳細については，甲斐編訳・前出注 1) 121 頁以下の所収の 3 つの論稿のほか，ペーター・タック（甲斐克則編訳）『オランダ医事刑法の展開——安楽死・妊娠中絶・臓器移植——』（2008・慶應義塾大学出版会）1 頁以下，甲斐克則「オランダにおける安楽死・尊厳死」甲斐＝谷田編・前出注 1) 218 頁以下，同「ベネルクス 3 国の安楽死法の比較検討」比較法学 46 巻 3 号（2013）85 頁以下〔本書第 10 章〕，同「オランダの安楽死の現状と課題」理想 692 号（2014）18 頁以下〔本書第 11 章〕，盛永審一郎監修『安楽死法：ベネルクス 3 国の比較と資料』（2016・東信堂）参照。

3) 最近の状況については，甲斐克則「人工延命措置の差控え・中止（尊厳死）の「解決」モデル」『川端博先生古稀記念論文集　上巻』（2014・成文堂）181 頁以下〔本書第 14 章〕，甲斐編・前出注 1)『終末期医療と医事法』所収の各論文参照。なお，アメリカの最新状況については，新谷一朗「終末期医療における代行判断の法理について——アメリカ合衆国の判例分析を素材として——」早稲田法学会誌 59 巻 1 号（2008）191 頁以下，同「終末期医療における『明白かつ説得力ある証拠』について——本人の意思に関するアメリカ合衆国の判例分析を素材として——(1)(2・完)」海保大研究報告 60 巻 1 号（2015）31 頁以下，60 巻 2 号（2015）31 頁以下等参照。

4) 甲斐克則『安楽死と刑法』（2003・成文堂）185 頁以下参照。

5) 詳細については，タック（甲斐編訳）・前出注 2) 31 頁以下，アグネス・ヴァン・デル・ハイデ（甲斐克則＝福山好典訳）「オランダとベルギーにおける安楽死と医師による自殺幇助」甲斐編訳・前出注 1) 123 頁以下，盛永監修・前出注 2) 119 頁以下参照。

6) ハイデ（甲斐＝福山訳）・前出注 5)（甲斐編訳・前出注 1)）128 頁。

7) ハイデ（甲斐＝福山訳）・前出注 5)（甲斐編訳・前出注 1)）128 頁。

8) 盛永監修・前出注2) 108 頁の資料参照。

9) 以下の情報は，ペーター・タック教授から 2016 年 4 月 1 日付で送られてき
たオランダの安楽死に関する最新動向を伝える未公表の論文（原題は，Pe-
ter J.P. Tak, Completed life and euthanasia.）による。この翻訳は，ペーター・
タック（甲斐克則＝礒原理子訳）「人生の完成と安楽死」として，刑事法ジャー
ナル 50 号（2016）71 頁以下に掲載されている。

10) タック（甲斐＝礒原訳）・前出注9) 72 頁。

11) タック（甲斐＝礒原訳）・前出注9) 72-73 頁。

12) HR (Supreme Court) 24 December 2002, NJ (Dutch case law weekly) 2003,
no. 167. タック（甲斐＝礒原訳）・前出注9) 73 頁。なお，タック（甲斐編訳）・
前出注2) 61-62 頁，平野美紀「オランダにおける安楽死論議」甲斐編・前出
注1)『終末期医療と医事法』72-73 頁参照。

13) タック（甲斐＝礒原訳）・前出注9) 73 頁。

14) タック（甲斐＝礒原訳）・前出注9) 73-74 頁。詳細については，この訳稿
を参照されたい。

15) タック（甲斐＝礒原訳）・前出注9) 75-76 頁。4 つの要件については，同訳
稿参照。

16) タック（甲斐＝礒原訳）・前出注9) 76 頁。

17) 詳細は，タック（甲斐＝礒原訳）・前出注9) 78-79 頁参照。

18) タック（甲斐＝礒原訳）・前出注9) 79 頁。

19) ベルギーの安楽死法の状況の詳細については，リュック・デリエンス（甲
斐克則＝福山好典＝天田悠訳）「安楽死──ヨーロッパおよびベルギーにお
けるスタンスと実践──」甲斐編訳・前出注1) 137 頁以下，本田まり「ベル
ギーにおける終末期医療に関する法的状況」盛永監修・前出注2) 37 頁以下，
ベルギーの安楽死法の邦訳として，同訳・盛永監修・前出注2) 151 頁以下，
平野裕之訳「ベルギー改正安楽死法等医事法関連法令（翻訳）──ルル教授講
演『病気と法律』の理解のために──」法学研究 88 巻 3 号（2015）160 頁以
下参照。

20) ルクセンブルクの状況については，シュテファン・ブラウム（甲斐克則＝
天田悠訳）甲斐編訳・前出注1) 155 頁以下，小林真紀「ルクセンブルクにお
ける終末期医療関係法の現状と課題」盛永監修・前出注2) 56 頁以下参照。

21) 小林・前出注20) 178 頁の邦訳による。

22) 当時の状況の詳細については，カール・F・グッドマン（甲斐克則訳）「ア
メリカ合衆国における自殺幇助と法の支配」甲斐編訳・前出注1) 3 頁以下参
照。

23) People v. Kevorkian, 534 N.W. 2d 172；People v. Kevorkian, 549 N.W. 2d
566；Kevorkian v. Michigan, 117 S. Ct. 296（1996）.

24) Cary Lee, et al, Plaintiffs v. State of Oregon, et al（D. Oregon）1995 WL
471792. 詳細については，甲斐・前出注4) 186 頁以下参照。

25) 107 F. 3d. 1382. なお，富田清美「米国の自殺幇助法」年報医事法学 13 号（1998）75 頁参照。

26) 連邦最高裁判所（Lee v. Harcleroad, ―U.S.―, 118 S. Ct. 328（1997））は，それに先立つ 10 月 14 日，裁量上訴を受理しない決定をしていたので，同法の違憲性を認めなかった控訴審判決が確定した。なお，香川知晶「オレゴン州尊厳死法をめぐって――米国における『死ぬ権利』法制化の動き――」理想 692 号（2014）66 頁以下参照。

27) 詳細については，織田有基子「オレゴン州尊厳死法の効力と連邦制度のあり方」ジュリスト 1228 号（2002）28 頁以下参照。

28) State of Oregon v. Ashcroft, 192 F. Supp. 2d. 1077. 織田・前出注 27）28 頁以下参照。

29) Gonzales v. Oregon, 546 U.S. 243（2006）.

30) Compassion in Dying v. Washington, 850 F. Supp. 1454.

31) 49 F. 3d 586.

32) 79 F. 3d 790.

33) Washington v. Glucksburg, 117 S. Ct. 2258（1997）.

34) Quill v. Koppel, 870 F. Supp. 78（1994）.

35) Quill v. Vacco, 80 F. 3d 716（1996）.

36) Vacco v. Quill, 117 S. Ct. 2293（1997）；521 U.S.（1997）. 本判決については，鈴木義男「自殺幇助処罰規定の合憲性――アメリカ合衆国最高裁の二判決をめぐって――」『松尾浩也先生古稀祝賀論文集　上巻』（1998・有斐閣）609 頁以下，富田・前出注 25）72 頁参照。なお，甲斐・前出注 4）189-191 頁，グッドマン（甲斐訳）・前出注 22）9 頁以下参照。

37) 以上の点は，甲斐・前出注 4）191-192 頁ですでに指摘しておいた。

38) Baxter v. Montana, 224 p. 3d 1211（2009）.

39) 甲斐・前出注 4）123 頁参照。

40) Pretty v. United Kingdom（2002）35 EHRR 1；Case of Pretty v. The United Kingdom. 29 July 2002 Reports of Judgements and Decisions 2002 Ⅲ. 詳細については，甲斐克則「自殺幇助と患者の『死ぬ権利』：難病患者の『死ぬ権利』を否定した事例――プリティ判決――（Pretty v. United Kingdom）[2002]」戸波江二ほか編『ヨーロッパ人権裁判所の判例』（2008・信山社）199 頁以下〔本書第 6 章〕，同「終末期医療における病者の自己決定の意義と法的限界」飯田亘之＝甲斐克則編『生命倫理コロッキウム④　終末期医療と生命倫理』（2008・太陽出版）25 頁以下〔本書第 5 章〕参照。

41) 近時のイギリスの動向の詳細については，今井雅子「イギリスにおける自殺幇助をめぐる最近の動き」東洋法学 53 巻 3 号（2011）217 頁以下，谷直之「終末期医療における患者の自己決定に関する一考察」『大谷實先生喜寿記念論文集』（2011・成文堂）336 頁以下，福山好典「自殺関与と刑事規制に関する一考察(1)(2・完)」早稲田大学大学院法研論集 143 号（2012）305 頁以下，

144 号（2012）189 頁以下参照。なお，イギリスの専門家の分析として，Penney Lewis, Informal legal change on assisted suicide：the policy for prosecutors, Legal Studies 2010, pp. 1-16 があり，邦訳として，ペニー・ルイス（甲斐克則監訳：福山好典＝天田悠訳）「自殺幇助に関するインフォーマルな法の変容：検察官のための指針」甲斐編訳・前出注1）25 頁以下〔初出は早稲田法学 87 巻 1 号（2011）〕がある。

42）福山・前出注 41）「⑴」310-312 頁，ルイス（甲斐監訳）・前出注 41）26 頁以下参照。

43）R（Purdy）v Director of Public Proceections［2009］UKHL 45,［2010］ac 345 at［56］.

44）R（Purdy）v Directors of Public Prosecutions［2009］UKHL 45,［2010］ac 345 at［56］. 詳細については，福山・前出注 41）「⑴」312-313 頁，ルイス（甲斐監訳）・前出注 41）26 頁以下参照。

45）福山・前出注 41）「⑴」313-314 頁。

46）DPP, Interim Policy for Prosecutors in Respect of Cases of Assisted Suicide, September 2009［http://www.cps.gov.uk/consultations/as_consul tation.pdf］. ルイス（甲斐監訳）・前出注 41）27 頁以下は，暫定指針について詳細に論じているので参照されたい。

47）DPP, Policy for Prosecutors in Respect of Cases of Encouraging or Assisted Suicide, February 2010［http://www.cps.gov.uk/.../prosecution/assisted_suicide_policy.pdf］. 暫定指針と終局指針との対比は，福山・前出注 41）「⑴」316-317 頁に表でまとめられているほか，内容の分析も，同論文 314-322 頁で入念に行われている。なお，福山好典「自殺幇助の検察官指針」年報医事法学 28 号（2013）210 頁以下参照。

48）福山・前出注 41）「⑵・完」190-196 頁参照。そこでは，具体的事案 4 件が挙がっており，詳細な分析もなされている。

49）THE COMMISSION ON ASSISTED DYING, The Final Report："The current legal status of assisted dying is inadequate and incoherent…", Demos, 2012. 同報告書については，神馬幸一「イギリス『臨死介助に関する委員会』最終報告書の要約」静岡大学法政研究 17 巻 1 号（2012）312 頁以下，および同・前出注 1）（甲斐編『終末期医療と医事法』）100-103 頁参照。

50）R（Nicklinson）v Ministry of Justice；R（AM）v DPP［2014］UKSC 38. 本判決は，長い内容であるが，要するに，今回は人権不適合宣言は出さないが，今度同様の事件があがってきたら不適合宣言を出すかもしれない，と議会に一定の立法的改革の猶予を与えたものである。

51）Vgl. Albin Eser, Sterbewille und ärztliche Verantwortung-Zugleich Stellungnahme zum Urteil des BGH im Fall Dr. Wittig, in Medizinrecht 1 (1985), S. 6ff. 邦訳として，アルビン・エーザー（甲斐克則訳）「死ぬ意思と医師の責任――あわせてヴィティヒ事件連邦通常裁判所判決に対する論

284　終章　終末期の意思決定と自殺幇助

評──」アルビン・エーザー（上田健二＝浅田和茂編訳）『先端医療と刑法』
（1990・成文堂）79頁以下がある。

52）BGH. Urt. V.4.7.1984-3 StR 96/84-LG Krefeld：BGHSt 32. 367＝NJW
1984. 2639. 本件の詳細については，甲斐・前出注4）67頁以下参照。

53）この対案の詳細については，甲斐・前出注4）80頁以下参照。

54）OLG München, Beschl. v. 31.7.1987. NJW 1987. 2940. 本件の詳細について
は，甲斐・前出注4）85頁以下参照。

55）アルビン・エーザー（甲斐克則＝三重野雄太郎訳）「近時の判例から見た臨
死介助と自殺関与」刑事法ジャーナル37号（2013）54頁以下参照。

56）BGHSt 46, 279-291-5 StR 474/00 vom 7. Februar 2001＝NJW 2001, 1802.
詳細については，エーザー（甲斐＝三重野訳）・前出注55）64-65頁参照。

57）BGH-5 StR 66/03 vom 20. Mai 2003＝NJW 2003, 2326-2328. 詳細について
は，エーザー（甲斐＝三重野訳）前出注55）65-66頁参照。

58）Staatsanwaltschaft München-125 Js 11736/09 vom 30. Juli 2010＝NStZ
2011, 345-346. 詳細については，エーザー（甲斐＝三重野訳）前出注55）66-
67頁参照。

59）エーザー（甲斐＝三重野訳）前出注55）67頁参照。

60）CASE OF HAAS v. SWITZERLAND, 20 January 2011, Application no.
31322/07. エーザー（甲斐＝三重野訳）前出注55）67-68頁参照。

61）Koch v. Germany, no. 497/09, 52, 19 July 2012. 詳細は，甲斐克則「自殺幇
助についての近親者の権利──コッホ事件──」戸波江二ほか編『ヨーロッ
パ人権裁判所の判例Ⅱ』（2019・信山社刊行予定）参照。

62）See eg. CASE OF GROSS v. SWITZERLAND, Application no. 67810/10, 14
May 2013.

63）ヘニング・ローゼナウ（甲斐克則＝福山好典訳）「ドイツにおける臨死介助
および自殺幇助の権利」甲斐編訳・前出注1））94頁〔初出は，比較法学47巻
3号（2014）〕。この背景，議会での議論，医師会の態度，刑法学者に批判等に
関する詳細な分析として，佐藤琢磨「ドイツにおける自殺関与の一部可罰化
をめぐる議論の動向」慶應法学31号（2015）347頁以下参照。

64）ローゼナウ（甲斐＝福山訳）・前出注63））（甲斐編訳・前出注1））95頁。

65）ローゼナウ（甲斐＝福山訳）・前出注63））（甲斐編訳・前出注1））97-98頁。

66）ローゼナウ（甲斐＝福山訳）・前出注63））（甲斐編訳・前出注1））99-100
頁。

67）ローゼナウ（甲斐＝福山訳）・前出注63））（甲斐編訳・前出注1））100頁。

68）この点について，渡辺冨久子「【ドイツ】業としての自殺幇助の禁止」外国
の立法（2016. 1）16-17頁〔神馬幸一「ドイツ刑法における『自殺の業務的促
進罪』に関して」獨協法学100号（2016）117頁以下，アルビン・エーザー（嘉
門優訳）「自殺関与の不処罰性──ドイツにおける新たな制限」浅田和茂先
生古稀祝賀論文集［上巻］』（2016・成文堂）567頁以下，山中敬一「ドイツに

おける臨死介助と自殺関与罪の立法の経緯について」同書611頁以下，只木誠「臨死介助協会と自殺援助処罰法——ドイツおよびスイスの現状」同書647頁以下，飯島暢「自殺関与行為の不法構造における生命保持義務とその例外的解除——ドイツ刑法217条の新設を契機とした一考察——」『山中敬一先生古稀祝賀論文集［下巻］』（2017・成文堂）59頁以下等］参照。総じて，ドイツの刑法学者の間では，刑法217条の新設に対して批判的な見解が多い。

## 著者略歴

# 甲 斐 克 則（かい かつのり）

1954 年10月　大分県朝地町に生まれる
1977 年 3 月　九州大学法学部卒業
1982 年 3 月　九州大学大学院法学研究科博士課程単位取得
1982 年 4 月　九州大学法学部助手
1984 年 4 月　海上保安大学校専任講師
1987 年 4 月　海上保安大学校助教授
1991 年 4 月　広島大学法学部助教授
1993 年 4 月　広島大学法学部教授
2002 年10月　法学博士（広島大学）
2004 年 4 月　早稲田大学大学院法務研究科教授
　　　　　　現在に至る（広島大学名誉教授）
　　　　　　日本刑法学会監事，日本医事法学会前代表理事，
　　　　　　日本生命倫理学会前会長，早稲田大学理事

## 主要単著書・単訳書

アルトゥール・カウフマン『責任原理―刑法的・法哲学的研究―』
　（2000 年・九州大学出版会・翻訳）
『海上交通犯罪の研究』（2001 年・成文堂）
『安楽死と刑法 ［医事刑法研究第 1 巻］』（2003 年・成文堂）
『尊厳死と刑法 ［医事刑法研究第 2 巻］』（2004 年・成文堂）
『責任原理と過失犯論』（2005 年・成文堂）
『被験者保護と刑法 ［医事刑法研究第 3 巻］』（2005 年・成文堂）
『医事刑法への旅 I ［新版］』（2006 年・イウス出版）
ペーター・タック『オランダ医事刑法の展開―安楽死・妊娠中絶・
　臓器移植』（2009 年・慶應義塾大学出版会，編訳）
『生殖医療と刑法 ［医事刑法研究第 4 巻］』（2010 年・成文堂）
『医療事故と刑法 ［医事刑法研究第 5 巻］』（2012 年・成文堂）
アルビン・エーザー『「侵害原理」と法益論における被害者の役割』
　（2014 年・信山社，編訳）
『臓器移植と刑法 ［医事刑法研究第 6 巻］』（2016 年・成文堂）
『企業犯罪と刑事コンプライアンス―「企業刑法」構築に向けて―』
　（2018 年・成文堂）
『講演録：医事法学へのまなざし―生命倫理とのコラボレーション』
　（2018 年・信山社）
『責任原理と過失犯論 ［増補版］』（2019 年・成文堂）

終末期医療と刑法
Terminal Care and Criminal Law
医事刑法研究第 7 巻

2017 年 11 月 20 日　初版第 1 刷発行
2020 年 11 月 1 日　初版第 2 刷発行

著　者　甲　斐　克　則

発行者　阿　部　成　一

〒162-0041　東京都新宿区早稲田鶴巻町 514 番地
発行所　株式会社　成　文　堂

電話 03(3203)9201(代)　Fax 03(3203)9206
http://www.seibundoh.co.jp

製版・印刷　三報社印刷　　　　　　　　　　　製本　弘伸製本
☆乱丁・落丁はおとりかえいたします☆　　検印省略
© 2017 K. Kai　　Printed in Japan
ISBN 978-4-7923-5228-8 C3032

定価(本体 2900 円＋税)

## 甲斐克則著　医事刑法研究シリーズ

| 第1巻 | 安楽死と刑法 | 本体2,500円 |
|---|---|---|
| 第2巻 | 尊厳死と刑法 | 本体2,800円 |
| 第3巻 | 被験者保護と刑法 | 本体2,500円 |
| 第4巻 | 生殖医療と刑法 | 本体2,800円 |
| 第5巻 | 医療事故と刑法 | 本体2,800円 |
| 第6巻 | 臓器移植と刑法 | 本体2,900円 |
| 第7巻 | 終末期医療と刑法 | 本体2,900円 |